歴史文化ライブラリー
249

飛鳥の宮と藤原京

よみがえる古代王宮

林部　均

吉川弘文館

目　次

「首都」飛鳥の誕生―プロローグ……………………………………1
激動の世紀／「首都」飛鳥の形成／飛鳥宮を発掘する／古代宮都研究のポイント／「王宮」・「王都」と「宮都」／天皇の名称

歴代遷宮の時代

飛鳥時代の幕開け……………………………………8
崇峻暗殺・推古即位／豊浦宮の発見／小墾田宮の造営／『日本書紀』にみる小墾田宮／復元は正しいか／継承される王宮／飛鳥の範囲／推古朝の飛鳥・藤原地域／斜め方位の遺構群／小墾田の開発／正方位による空間整備／正方位が意味すること

東アジア社会への飛躍……………………………………31
舒明の即位／飛鳥岡はどこに／飛鳥宮を発掘する／飛鳥宮Ⅰ期遺構／舒明と飛鳥／百済宮・百済大寺／破格の規模をもつ吉備池廃寺／百済大寺の発見／東アジアの中の舒明朝／新しい支配体制の模索／舒明の独自性と新しさ

「飛鳥宮」の時代

大化改新……48
皇極の即位／正方位の王宮の造営／歴代遷宮からの脱却／大化改新／大王の推戴・生前譲位／甘樫丘東麓遺跡／難波遷都／前期難波宮の発掘／朝堂とは何か／巨大な内裏南門をどうみるか／前期難波宮をめぐる新視点／前期難波宮の歴史的評価

斉明重祚と発掘された飛鳥宮……62
飛鳥還都／前期難波宮はどこまで完成していたか／稲淵川西遺跡／後飛鳥岡本宮の造営／飛鳥宮Ⅲ—A期遺構／内郭の北と南／内郭の南区画の正殿／掘立柱建物／正殿とは／遺構の呼称方法／後飛鳥岡本宮の朝堂／内郭北区画の正殿／幢幡施設／巨大な正殿の発見／儀式のための「庭」／公的な空間と私的な空間／公的な正殿・私的な正殿／後飛鳥岡本宮の歴史的位置／朝堂が継承されない意味／斉明の飛鳥へのこだわり

「飛鳥宮」の成立……83
「時に興事を好む」／「時の人の謗りて曰はく」／「狂心の渠」／「宮の東の山に累ねて垣とす」／亀形石槽の発見／石神遺跡／飛鳥宮の北辺を探す／斉明による飛鳥の荘厳化／漏剋の発見／時間の支配／苑池の造営／苑池は「白錦後苑」か／古代中国の苑池／「飛鳥宮」への飛躍／飛鳥寺の位置／飛鳥の荘厳化と地域支配／斉明の「京」の可能性／飛鳥の荘厳化はふたたび中断

律令国家への胎動 …… 107
外交政策の破綻／防衛ラインの整備／近江遷都／近江大津宮の検証／朝堂は復元できるか／内裏南門／飛鳥宮Ⅲ―A期遺構との共通性／近江大津宮の正殿／近江大津宮の歴史的評価／考古学からの王宮の比較研究／大津宮の「京」の可能性／天智の死

「飛鳥京」の成立

天武の即位と飛鳥浄御原宮 …… 120
天武の挙兵／飛鳥への凱旋／エビノコ郭の造営／内郭の継承／飛鳥浄御原宮の命名／天武はなぜ王宮をつくらなかったか／「新城」の造営／簒奪王権／エビノコ郭の構造／エビノコ郭には朝堂はなかった／復元は試行錯誤の繰り返し／飛鳥宮の復元の精度／エビノコ郭の特殊な形態／「南門」・「西門」／Ⅲ―B期の内郭の改作

大極殿の成立 …… 137
三つの正殿区画の出現／エビノコ郭正殿は「大極殿」／『日本書紀』にみる「大極殿」／「大極殿」であることの検証／飛鳥浄御原宮の朝堂／大極殿とは何か／天武はなぜ「大極殿」を必要としたか／内裏の成立／飛鳥浄御原宮の殿舎名比定／「大安殿」／「外安殿」／「内安殿」／「向小殿」／内郭の門／飛鳥宮から古代宮都をみなおす／飛鳥浄御原宮の歴史的位置

「飛鳥宮」の継承 …… 157

天武朝の飛鳥／「飛鳥宮」の継承／飛鳥寺西の槻の樹／王権の工房・飛鳥池遺跡／最初の貨幣・富本銭／「天皇」号木簡の発見／工房の操業開始時期

「飛鳥京」の形成 …………………… 165

天武朝の飛鳥・藤原地域／飛鳥宮の西方の空間整備／西にのびる道路の整備／飛鳥宮西面の整備／飛鳥宮の南方の空間整備／島庄遺跡／飛鳥宮の北方の空間整備／「新城」の造営による空間整備／宮造営に先行する建物群／「新城」と藤原京の相違／正方位による空間整備の拡大／「飛鳥京」の形成／『日本書紀』にみる「京」／「京」の範囲／「京」の成立の要因／難波の「京」をどうみるか／条坊制をもたない「京」／天武の死

藤原京の形成

持統の即位と藤原宮 …………………… 184

持統の即位／持統の即位儀礼／持統の王都建設／条坊制導入の複雑な様相／遷都の実態／藤原宮／宮中枢の形態の原形／朝堂の発掘調査／内裏と官衙／浄御原令と大宝令／宮内先行条坊と建物群／王宮の位置決定はいつか／王宮周囲の空閑地／王宮と王都の不整合／外濠の存在／藤原宮の歴史的位置

「新益京」と藤原京 …………………… 204

藤原京と「新益京」／藤原京の条坊復元／四条遺跡の発掘調査／京極の発見と十条十坊説／藤原京の実像／藤原京の条坊道路／「朱

雀路」／不完全な朱雀大路／王都づくりの基準／南北軸の決定／中国都城のイメージ／グリッドプランの幻惑／条坊制導入の意義／十条十坊説の行方／藤原京と『周礼』／「アラマシノミヤコ」／「新益京」の実態／「新益京」の京域／大宝令後の藤原京／大宝令と藤原京との齟齬／これまでの京域論の問題点／藤原京のモデル／四条遺跡の調査から二〇年／平城京の京域はいかに／見せかけの羅城／日本古代都城の完成形態／藤原京の歴史的位置／平城京へ

環境史の視点からみた都城―エピローグ……241
都城研究の今後／中国における環境史研究／藤原京の環境問題／方形街区の導入／ゴミ問題／「飛鳥型」と「平城京型」／上水の確保／トイレの発見／伝染病の流行／森林伐採／葬地の問題／都城の環境史

あとがき

参考文献

「首都」飛鳥の誕生――プロローグ

1　「首都」飛鳥の誕生

激動の世紀

大阪、もしくは京都から奈良方面への電車に乗って約六〇分、橿原神宮前《かしはらじんぐうまえ》駅につく。ここが飛鳥への出発点である。レンタサイクルでめぐる人、周遊バスに乗り込む人、その方法はさまざまである。しかし、飛鳥に想いを馳せ出発することには変わりはない。ところで、この駅のホームの端にたって南東を見れば、ビルや民家の間から緑に覆われた小高い丘がみえる。見瀬《みせ》（五条野《ごじょうの》）丸山《まるやま》古墳である。

見瀬（五条野）丸山古墳は奈良県橿原市見瀬から五条野にかけて所在する前方後円墳である。全長約三一〇メートル、後円部に日本最大の全長約二八メートルの横穴式石室がある。欽明《きんめい》天皇の檜隈坂合陵《ひのくまのさかあいのみささぎ》とも、蘇我稲目《そがのいなめ》の墳墓ともいわれる。このような巨大な前方後円墳をつくりつづけた時代が古墳時代である。本書であつかうのは、まさに、その古墳時代が終わりを告げようとした頃から、大宝《たいほう》元年（七〇一）の大宝律令《りつりょう》の制定、和銅《わどう》三年（七一〇）の平城京《へいじょうきょう》への遷都といった律令国家の成立までの約一〇〇年である。

この間、わが国は、倭国《わこく》から日本と自称するようになり、隋唐《ずいとう》帝国を中心とした東アジア社会の中で、まがりなりにも独立国として歩み始めることとなる。その道のりは決して平坦なものではなかった。激動の東アジアの中で対外的な危機と国内の矛盾を克服するため、ヤマト王権は、さまざまな模索を試みつつ、紆余曲折を経て律令制を導入して、その国家としての装いを大きく変化させた。この約一〇〇年間を飛鳥時代という。いうまでもなく、その政治的拠点である王宮が、飛鳥におかれたからである。

「首都」飛鳥の形成

飛鳥は、奈良盆地東南部に位置する小盆地である。東西約六〇〇メートル、南北一〇〇〇メートル。その地に立てば、誰もがこんな狭いところが、ほんとうに新しい国づくりをするための拠点であったのかという疑問をもつであろう。とくに現代の明日香村は、豊かな自然にめぐまれた農村がひろがっている。疑問は深まるばかりだ。しかし、近年の考古学による発掘調査や研究は、飛鳥が確かにそのような場所であったことを検証しつつある。

本書では、飛鳥に営まれた王宮とその周辺の遺跡に徹底的にこだわることにより、飛鳥がいかなる過程を経て政治的な支配拠点として整備されていったのか、そして、藤原京が成立したのかについて、近年の考古学の発掘調査や研究成果をもとに、具体的にのべてみたい。考古学の成果だけでは不十分なところは、もちろん文献によった研究の成果をできるかぎりとり入れたい。

ここで「首都」飛鳥としたが、「首都」とは近代の国民国家の形成とともに成立したものので、古代においては適切な用語ではない。「主都」（主たる都）の方が実態に合う。それは知りつつも、国家の中心となる政治的な支配拠点というぐらいの意味で使っている。

飛鳥宮を発掘する

二〇〇二年秋から、私は、飛鳥へ通うことが多くなった。飛鳥宮の発掘調査を担当するようになったからである。そして、翌年の秋から、飛鳥宮の中心部分の調査に直接かかわるようになり、一年の半分以上を飛鳥で過ごすようになった。それから四年にわたって、飛鳥宮の発掘調査に深く関係することになった。

飛鳥宮の発掘調査では、これまで考えていたことが検証できたり、また、あらためて考え直さなければならなくなったりと、多くの知的な刺激を受けた。私にとっては、何ものにも代えがたい貴重な経験をすることができた。また、あらためて、飛鳥というところは、とんでもない遺構が見つかり、歴史を勉強していくうえで、ほんとうに恐ろしいところだと実感した。

本書では、飛鳥宮の発掘の間に考えたこと、また、それ以前から考えていたことをも含めて、できるだけ素直に、そして具体的にまとめたつもりである。そういった意味で、発掘現場で日々、遺跡と格闘する一研究者の生の声とみていただいてよい。

そして発掘により姿をあらわしてきた古代の飛鳥・藤原京の世界に読者のみなさんを導くことができればと考えている。本書で飛鳥宮、藤原京にかかわる記述がとくに詳しいのは、そのためである。

古代宮都研究のポイント

王宮・王都（宮都《きゅうと》）には、王権の形態や政治システムが端的に現れる。とするならば、律令国家と呼ばれる新しい国づくりの様相は、王宮・王都（宮都）の形態に端的に反映されるはずである。本書では、こうした視点から王宮・王都（宮都）を分析し、指標として、律令国家の形成過程を私なりに考えてみたい。また、飛鳥とは何か、飛鳥時代のもつ特質についても考えることにしたい。

ただ、当然のことながら、飛鳥時代の王宮・王都（宮都）について、すべてが明らかとなっているわけではない。諸説があり、一つの解釈に至らないものが大半である。本書では、私自身の考えをのべるとともに、できるだけ多くの意見をも紹介する。そういった諸説との議論から、新しい解釈などが生まれてくる可能性があると考えるからである。その点において、読者に混乱を招くことを危惧するが、一つ一つの解釈を丁寧に書き分けていくつもりでいるので、お付き合いを願いたい。

ところで、王宮・王都の研究では、一般的に「宮都」という用語が使われる。「宮都」とは、『日本書紀』天武《てんむ》一二年（六八三）一二月庚午《こうご》条にみえる「都城・宮室」からつくられた造語である。古代宮都研究のパイオニアで多くの成果をあげられた岸俊男の提唱にもとづく。

「王宮」・「王都」と「宮都」

もともと「宮」（ミヤ）は、建物を意味する「屋」（ヤ）に尊敬をあらわす接頭語である「ミ」がついたもので、高貴な方のお住まいを意味していた。そこから天子の住まいとなった。そして、「都」（ミヤコ）は、「ミヤ」＋「コ」で、「コ」は、そこらあたりということを意味し、「宮」とその周辺を指す言葉であった。そこで、天子の居住空間をも指すようになった。「宮都」は、こういった「宮」と「都」（「京」）の総称として使われた。本書も基本的には、その立場にしたがう。

しかし、「宮都」という用語は、日本独自の用語であり、東アジアの各国では通用しない。東アジア世界の中で、王権や、その支配拠点を比較検討していく立場からは適切な用語ではない。より普遍的な用語である「王宮」・「王都」を使用することが望ましい。

そこで、本書では、これまで「宮都」という用語を使用してきた学史をふまえつつも、「王宮」・「王都」という用語の使用を試みたい。ただ、学史上、やむをえない場合や「王宮」・「王都」を総称する用語として「宮都」を使いたい。

なお、本書では、天皇号の成立を天武朝からとみる立場をとる。しかし、大王や天皇の名称は、慣例にしたがい、推古《すいこ》、舒明《じょめい》などといった漢風諡号《かんふうしごう》（おくりな）を用いる。

天皇の名称

また、皇子の称号も、天武朝以降になって使われるようになった。そこで、皇子の名称は、その名に王子・王女をつけて記すことにする。たとえば、聖徳太子《しょうとくたいし》は、通常、厩戸《うまやど》皇子と呼ばれているが、厩戸王子と記すという具合である。

それでは、飛鳥にある王宮・王都とその周辺の遺跡を具体的にとり上げて、分析する作業にとりかかろう。

歴代遷宮の時代

飛鳥時代の幕開け

飛鳥時代は、わが国にとって、対外的にも国内的にも激動の時代であり、変革の時代であった。その幕開けも激動の時代に相応しいものであった。

崇峻暗殺・推古即位

崇峻《すしゅん》五年（五九二）一一月、崇峻は蘇我馬子《そがのうまこ》が送りこんだ東漢直駒《やまとのあやのあたいこま》によって、東国の調を献上する儀礼の場、すなわち倉梯柴垣宮《くらはしのしばがきのみや》において暗殺された。ヤマト王権の大王が暗殺されるという異常事態の中で、同じ年の一二月、額田部《ぬかたべ》王女が群臣《まえつきみたち》の推挙を受け、豊浦宮《とゆらのみや》で即位した。推古《すいこ》である。推古は欽明《きんめい》と蘇我稲目《いなめ》の娘である堅塩媛《きたしひめ》の王女で、敏達《びだつ》の大后《おおきさき》である。わが国最初の確実な女性の大王である。

推古の即位した豊浦宮は明日香村豊浦《とようら》にあったといわれる。崇峻までのヤマト王権の大王は、磯城《しき》・磐余《いわれ》地域（現在の桜井《さくらい》市西南部地域）に王宮があった。飛鳥・藤原地域に王宮を営んだ最初の大王が推古である。磯城・磐余地域から飛鳥・藤原地域へと王宮の場所が移動した。このような支配拠点の移動に、ヤマト王権の大きな変化を読みとっても問題はない。

豊浦宮の発見

一九八五年、明日香村豊浦に所在する向原寺《こうげんじ》の庫裏《くり》建て替えにともなって、豊浦寺の講堂《こうどう》が調査された。その講堂基壇《きだん》の下層から北から西に約三〇度振れた総柱《そうばしら》の掘立柱《ほったてばしら》建物と石敷やバラス（砂利）敷がみつかった。また、二〇〇四年に実施された調査でも講堂基壇の下層からバラス敷が検出されている（考古学では、発掘調査でみつかる遺構は「検出」、遺物は「出土」ということばで表現する）。

『元興寺伽藍縁起《がんこうじがらんえんぎ》并《ならびに》流記資財帳《るきしざいちょう》』や『日本三代実録』元慶《がんぎょう》六年（八八二）八月二三日条に引かれた太政官符《だじょうかんぷ》によると推古の旧宮（豊浦宮）を寺として豊浦寺となしたとある。さらに、建物の周りを石やバラスで敷きつめる手法は、飛鳥の宮殿遺構の特徴であり、出土した土器の年代ともとくに矛盾はなく、みつかった遺構が豊浦宮の一部である可能性はきわめて高い。

しかし、豊浦宮は西からは甘樫丘《あまかしのおか》、東からは飛鳥川が迫った狭隘《きょうあい》な地に位置しており、それほど大きな王宮であったとは思われない。また、みつかった建物の向きは、そういっ

図1　豊浦寺下層遺跡
（奈良文化財研究所提供）

た地形条件に制約され、北から西に大きく振れている。

もともと甘樫丘の東麓から北麓、西麓は蘇我氏の本拠がおかれた場所のひとつであった。のちに蘇我蝦夷《えみし》も甘樫丘の東麓に居宅を構えている。推古は欽明と蘇我稲目の娘である堅塩媛の間に生まれた、いわゆる蘇我氏系の王女である。その推古が即位前の居宅を蘇我氏の本拠に営んでいたとしても何ら不思議なことではない。推古はそれを即位にあたって、そのまま王宮としたのであろう（ただ、『日本書紀』用明《ようめい》元年〈五八六〉五月条に額田部王女の別業《べつぎょう》として海石榴市宮《つばいちのみや》の記事がある。これはあくまでその記述の通り別業とみてよい）。

小墾田宮の造営

推古はその一一年（六〇三）、豊浦宮から小墾田宮《おはりだのみや》に遷居《せんきょ》する。推古が造営した本格的な王宮である。『日本書紀』によると、推古一二年（六〇四）九月条に「朝礼を改む」として宮門の出入りにあたって礼儀作法が改定されている。小墾田宮はこれまでの王宮の構造とは異なった斬新かつ画期的な王宮であったのであろう。

推古は六〇〇年に遣隋使《けんずいし》を派遣した。わが国が五世紀の倭《わ》の五王による遣使以来、約一〇〇年ぶりに中国に派遣する外交使節であった。しかし、このときの遣隋使は、中国側の史書である『隋書《ずいしょ》』にのみ記録され、日本側の『日本書紀』には記事はない。おそらく、その結果は、『隋書』を読むかぎり、日本側にとって、記録するには忍び難い内容であったのであろう。推古をはじめとしたヤマト王権を構成する諸豪族は、東アジア世界の国際秩序、政治システムにもとづいた新しい国づくりの必要性を痛感したにちがいない。

推古一一年（六〇三）と翌一二年（六〇四）と相次いで出された冠位十二階や十七条の憲法の制定は、こういった東アジアの国際秩序や政治システムに対応すべくなされたものであろう。これと同じことは小墾田宮の造営についてもいえる。東アジア世界の中で対外的にその威信を示すために小墾田宮は、これまでの王宮とは隔絶した規模・構造をもった王宮として荘厳に造営されたのであろう。

ところで、このような小墾田宮にかかわる遺構は、明確なかたちでは確認されていない。かつては、明日香村豊浦の北方に位置する古宮土壇《ふるみやどだん》一帯（古宮遺跡）が有力な候補地であった。また、発掘調査でも飛鳥時代前半の建物や石組溝《いしぐみみぞ》、苑池《えんち》の遺構がみつかっていた。

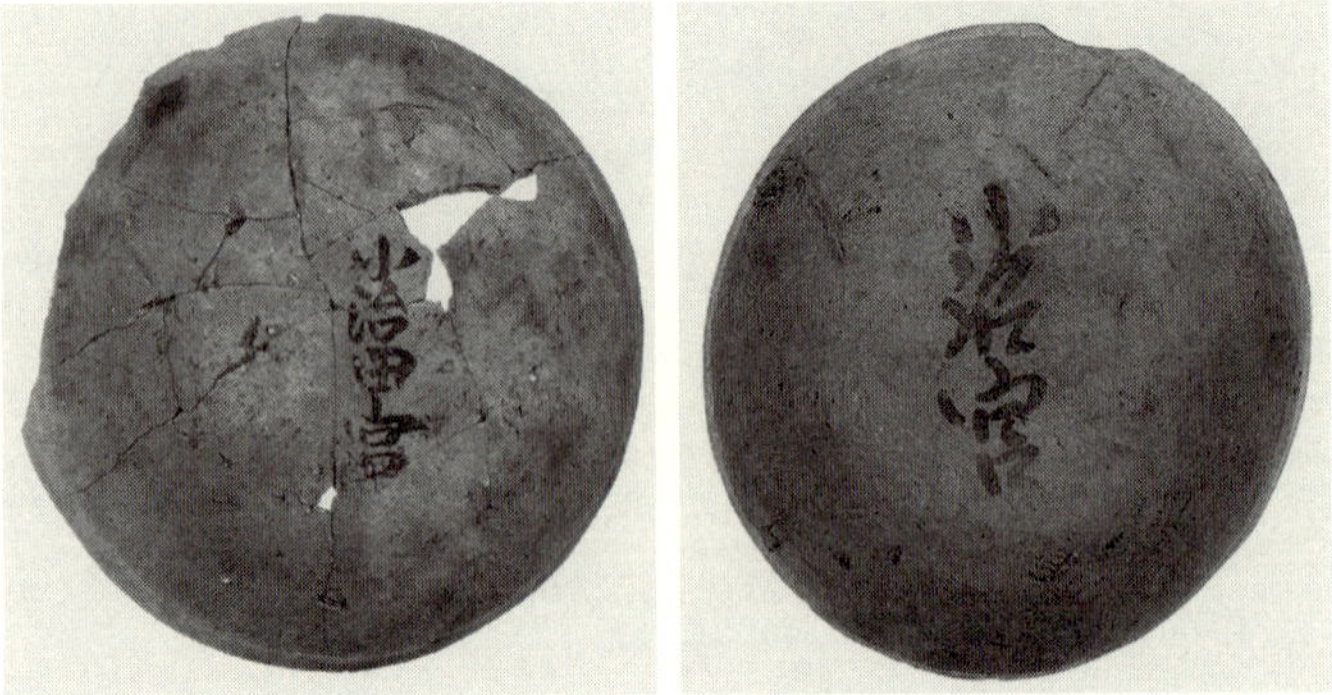

図２　「小治田宮」「小治宮」墨書土器（明日香村教育委員会提供）

しかし、一九八七年になって飛鳥川の東岸に位置する雷丘東方《いかずちのおかとうほう》遺跡の平安時代の井戸から「小治田宮」と墨書《ぼくしょ》した土器が大量に見つかるに至って、飛鳥川東岸の明日香村雷の一帯がにわかに有力な候補地となった。「小治田宮」「小治宮」などと書かれた墨書土器は十数点におよぶ。それが出土した井戸は、何らかのかたちで小治田宮にかかわる施設とみるのが自然であり、少なくとも、奈良・平安時代の小治田宮は雷丘東方遺跡の一帯にあったとみてまちがいない。そして、飛鳥時代の小墾田宮も、建物などの遺構そのものは未確認であるが、ほぼ同じ場所にあったとみられる。

なお、「小墾田宮」と「小治田宮」の表記が異なる問題であるが、『日本書紀』は「小墾田宮」を使うという表記上の特徴がみられるだけで、同じものを指している（直木孝次郎「小治田と小治田宮の位置」『飛鳥―その光と影』吉川弘文館　一九九〇年）。

『日本書紀』にみる小墾田宮

ところで小墾田宮は『日本書紀』にその構造を知る手がかりとなる記事がみられる。先にものべたように、小墾田宮への遷居とともに、王宮での礼儀作法が改められている。小墾田宮は、これまでの王宮と大きく変化した画期的な構造であったとみられるが、その構造について、『日本書紀』をもとに復元してみよう。

『日本書紀』推古一二年（六〇四）九月条は、先にも紹介したもので、「宮門」の出入りにあたっての作法が定められている。「宮門」の梱《とじきみ》を越えるときには、両手を地につけ、跪《ひざまず》いて進むという、匍匐礼《ほふくれい》が規定される。そして、その後は中国風の立礼をとることが規定されている。この記事から小墾田宮に「宮門」があったことがわかる。

『日本書紀』推古一六年（六〇八）八月壬子《じんし》条は、隋から使者を小墾田宮に迎えての儀式のようすを記したもので、隋の使者裴世清《はいせいせい》は導者の阿倍鳥臣《あべのとりのおみ》・物部依網連《もののべのよさみのむらじ》抱《いだき》に導かれて王宮の「庭中《おおば》」に入り、隋の皇帝からの親書をもって使いの旨を言上した。そして、その親書を阿倍鳥臣が受け取り、さらに大伴囓連《おおとものくいのむらじ》に渡し「大門《みかど》」の前の「机《つくえ》」にそれを置いて奏上したというもので、王宮には「庭中」があり、そこで外交儀礼がおこなわれたことがわかる。そして、「庭中」の奥には「大門」があった。「大門」の前の「机」に親書を置いて奏上しているので、「大門」の奥にさらに大王の空間があったと考えるのが自然であろう。

『日本書紀』推古一八年（六一〇）一〇月丁酉《ていゆう》条は、新羅《しらぎ》と任那《みまな》からの使者を迎えての儀式のようすを記したもので、新羅の使者は秦造河勝《はたのみやつこかわかつ》と土部連菟《はじのむらじうさぎ》、任那の使者は間人《はしひとの》連塩蓋《むらじしおふた》と阿閉臣大籠《あへのおみおおこ》に導かれて王宮の「南門《みなみのみかど》」より入って「庭中」に立つ。大伴咋《くいの》連《むらじ》、蘇我豊浦蝦夷臣《とゆらのえみしのおみ》、坂本糠手臣《さかもとのあらてのおみ》、阿倍鳥子臣《とりこのおみ》が「位《くらい》」より起って「庭《おおば》」に伏す（跪《き》礼《れい》）。使者は使いの旨を奏上し、四人の大夫はそれを大臣に取り次ぐ。大臣は「位」より起って「庁《まつりごとどの》」の前でそれを聞くというもので、この記事から「南門」を入ったところに「庭中」があったことがわかる。ここでも「庭中」で外交儀礼がおこなわれている。そして、「庭中」には大臣の座する「庁」があった。ただ、この記事からは、「庁」がどのように配置されていたのか、また一棟であったのか、二棟ないしは、それ以上あったのかまでは読みとれない。ましてや左右対称に配置されていたのかは不明である。

推古没後、欽明の孫で押坂彦人大兄《おしさかひこひとのおおえ》王子の子である田村《たむら》王子（後の舒明）と厩戸《うまやど》王子の子の山背大兄《やましろのおおえ》王子が王位継承をめぐって争うことになるが、この事件にかかわって、『日本書紀』舒明即位前紀に小墾田宮の構造を知る手がかりとなる記事がある。それは山背大兄王子が推古から聞いた遺詔《いしょう》をのべたくだりである。

山背大兄王子は、推古が病であることを聞いて小墾田宮に駆けつけ、「門下《みかきもと》」で待った。そうすると中臣連弥気《みけ》が「禁省《みやのうち》」から出てきて「王の命によって喚《め》す」と言う。そこで、さらに進んで「閤門《うちつみかど》」に向かう。そして、栗隈采女黒女《くるくまのうねめくろめ》が「庭中」に迎えて、「大《おお》殿《との》」に引き入れる。その中には病臥する推古とその側に侍る栗下《くるもと》女王ら采女八人をはじめとして数十人の人たちがいたという。この記事から、小墾田宮には山背大兄王子が侍した「門下」と推古に召喚されて向かった「閤門」があったことがわかる。そして、その奥の「大殿」に推古は病臥していたのである。すなわち、小墾田宮には「大殿」を囲んだ空間があり、その周囲にさらに王宮全体を区画する施設があったことがわかる。また「閤門」は大王の居所にもっとも近い門であり、推古一六年八月壬子条にみられる「大門」と同じ門を指すとみるのが自然である。

このように『日本書紀』には、小墾田宮を復元するための手がかりとなる記述がみられる。これらをあらためて整理すると、王宮は推古が病臥する「大殿」がある空間を中心として二重の区画施設によって囲まれていた。そして、その外側に開く門が「宮門」「南門」「門」で、内側の空間に開く門が「大門」「閤門」であった。そして、「南門」を入ったところには外交儀礼をおこなう「庭中」があった。また「庭中」には大臣が侍する「庁」があった。そして「庭中」の奥には「大門」があった。「大門」「閤門」の中には

図3　小墾田宮の復元
（岸俊男『日本の古代宮都』所収）

「大殿」があり、そこが推古の生活空間であった。

　これが『日本書紀』から復元される小墾田宮である。大王の居する空間と、その周囲に儀式などをする空間があったことがわかる。このような小墾田宮の構造を『日本書紀』をもとに最初に復元したのが岸俊男である（岸俊男「朝堂の初歩的考察」『日本古代宮都の研究』岩波書店　一九八八年）。それを図示したのが図3である。内裏《だいり》と朝堂《ちょうどう》が対置される構造は、藤原《ふじわら》宮《きゅう》や平城宮《へいじょうきゅう》でもみられ、その後の王宮の中枢形態の原形として評価されている。

復元は正しいか

　私も、このような意見を否定するものではない。むしろ、『日本書紀』を素直に読む限り、「南門」・「宮門」、「庭中」、「大門」・「閤門」、「大殿」は王宮の中軸線上に南から順に配置されていたとみるのが自然であろう。すなわち、遣隋使が持ち帰った「天子、南面す」という中国の思想をとり入れ、中心となる建物を王宮の中軸線上に配置するという中国の王宮にならった王宮がはじめて造営された。これが従来の王宮にはみられない小墾田宮のもつ画期的な要素のひとつであったと考える。しかし、こういった『日本書紀』をもとにした小墾田宮の復元には、まったく問題がないわけではない。

まず一つ目は、推古一八年一〇月丁酉条にみられる「庭中」にあった「庁」である。「庭中」では外交にかかわる儀式がおこなわれており、朝庭に相当する。そうすると「庁」は朝堂にあたる。朝庭を囲んで朝堂が左右対称に配置される復元がなされているが、『日本書紀』の記事を素直に読む限り、「庁」がどのように配置されていたのかまではわからない。ましてや左右対称に整然と配置されていたのかは不明である。もともと「庁」が、大王のもとに豪族たちが侍る場であったとするならば、とくに左右対称であることにこだわる必要はないのかもしれないが、少なくとも、『日本書紀』から、従来いわれているような復元は単純にはできないことだけは確認しておきたい。

もう一つは、「庁」の配置の問題は、ひとまずおくとしても、図3に示されたような内裏と朝堂が対置される王宮の構造が、小墾田宮以降の飛鳥時代中頃から後半の王宮に継承されないということである。少なくとも、飛鳥宮Ⅱ期遺構（飛鳥板蓋宮《いたぶきのみや》）、Ⅲ—A期遺構（後飛鳥岡本宮《のちのあすかおかもとのみや》）、Ⅲ—B期遺構（飛鳥浄御原宮《きよみはらのみや》）、近江大津宮《おうみおおつのみや》（大津市錦織《にしこおり》遺跡）には継承されていない。

なお、大化改新《たいかのかいしん》のときの孝徳《こうとく》の難波長柄豊碕宮《なにわながらとよさきのみや》（前期難波宮）が、内裏と朝堂を対置させる構造をとる。小墾田宮が、それだけ突出した王宮であったと考えることも可能であるが、その形態が継承されない意味を考える必要がある。ただ、この問題は、『日本書紀』から復元される建物の位置関係は、あくまで漠然としたものであり、小墾田宮は、それほど整然としたものではなかったと考えれば解釈をつけることもできるが、その場合、小墾田宮の歴史的な評価をどのように考えるのかという問題が生じる。

さらに、もう一つ、これまでの発掘調査では、小墾田宮に直接かかわる建物はみつかっていない。小墾田宮の有力な推定地である雷丘東方遺跡では、七世紀前半までさかのぼる建物や苑池遺構の一部はみつかっているが、いまだ、その全体像はよくわからない。雷丘東方遺跡とその北方において七世紀前半にさかのぼる大規模な整地土がひろがっていることが確認されているにすぎない。そして、その一部みつかっている小墾田宮にかかわる可能性の高い遺構群が、北から西に大きく振れていて、建物などの造営方位が正方位をとらないことである。この点は、これまでの『日本書紀』をもとにした小墾田宮の復元と齟齬《そご》をきたす。このあたり、今後、発掘調査の成果と『日本書紀』の記述をどのように整合的に解釈するかという大きな問題がある。もちろん、『日本書紀』の記述をどこまで信用してよいかという問題とも深くかかわることは言うまでもない。

小墾田宮の構造について、『日本書紀』の記事をもとに考えてみた。これまでの学説を整理し、その問題点を整理したにすぎないが、図3のような復元に、まったく問題がないわけではないことは、おわかりいただけたであろう。

ただ、小墾田宮は、中国の思想や王宮の影響を受けた画期的な王宮であったことはまちがいない。このあたり、六世紀の磯城《しき》・磐余《いわれ》地域に置かれた王宮が発掘調査で確認されれば、より鮮明になるものと思われる。このことは、列島各地で発掘が進む豪族居館との比較からも、その隔絶性、画期性はいうことができる。さらに発掘調査が進み、小墾田宮そのものが地中から発見されることを期待したい。

継承される王宮

小墾田宮は、他の飛鳥宮が、藤原京への遷都、平城京への遷都に伴って速やかに廃棄されているにもかかわらず、推古没（六二八年）後も長く継承される。皇極《こうぎょく》元年（六四二）一二月、皇極は小墾田宮に遷居している。また、大化五年（六四九）三月、中大兄王子《なかのおおえ》から謀反《むほん》の疑いをかけられた蘇我倉山田石川麻呂《くらやまだいしかわまろ》が山田寺金堂《やまだでらこんどう》前で自死する事件がおこるが、そのとき、石川麻呂の子の興志《こごし》が小墾田宮を焼くことを進言しているので、難波遷都の間も、推古の小墾田宮はおそらくそのまま維持・管理がなされていたのであろう。さらに斉明はその元年（六五五）一〇月に小墾田に瓦《かわらぶ》葺きの宮殿の造営を意図するが失敗する。天武《てんむ》元年（六七二）六月にも小墾田の兵庫の記事が見られる。ともに何らかのかたちで小墾田宮にかかわる施設の存在を推測させる。さらに天平宝字《てんぴょうほうじ》四年（七六〇）八月、淳仁《じゅんにん》は小治田宮に行幸《ぎょうこう》し、御在所としている。そして、その付近を「新京」と呼んでいる。また、天平神護《じんご》元年（七六五）一〇月にも称徳《しょうとく》が紀伊《きい》国への行幸の途中に小治田宮に滞在している。

実際、小墾田宮の有力な推定地である雷丘東方遺跡の発掘調査では、飛鳥時代の遺構とともに淳仁・称徳の小治田宮にともなうと思われる大規模な建物がみつかっている。また、先にのべた「小治田宮」の墨書土器は九世紀前半のものであり、それが出土した井戸は、九世紀後半に埋められていた。また、その時期にともなう大型の建物も検出されている。小墾田宮は平安時代の前半まで、何らかのかたちで存続した可能性が高い。飛鳥の王宮のほとんどが平城京へ遷都すると廃絶するにもかかわらず、なぜ小墾田宮が長く存続したのであろうか。このことは、小墾田宮のもつ重要性を示すに他ならないが、それが意味することは何であったのであろうか。

小墾田の地は、飛鳥の盆地の入り口にあたり、大和の古道の一つである阿倍山田道《あべやまだみち》に隣接した交通の要衝に位置している。また、飛鳥とは異なり、広大な平坦地がひろがり、王宮をはじめとしたさまざまな施設を造営するには、十分な土地が確保できる場所であった。そういった地勢上の重要性が長く小墾田の地に王宮が継承され続けた理由と私は推定する。

本書では冒頭で飛鳥とその周辺地域の遺跡に徹底的にこだわって、王宮や王都がどのように整備されていくのかを考えるとのべた。それでは、飛鳥時代において飛鳥と呼ばれた範囲はどういった地域であったのであろうか。推古が造営した小墾田宮とのかかわりであらためて定義しておきたい。

飛鳥の範囲

今日、一般的に飛鳥と呼ばれるか、飛鳥と多くの人々から考えられている地域は、奈良県高市《たかいち》郡明日香《あすか》村を中心として、北は橿原《かしはら》市の一部、南は高取《たかとり》町の一部、東は桜井《さくらい》市の一部といった広い範囲を指すことが多い（図4）。

しかし、古代において飛鳥と呼ばれた範囲は意外と狭い。岸俊男は『日本書紀』にみられる「飛鳥」を冠した宮名やその用例を検討するなかで、香具山《かぐやま》以南で橘《たちばなでら》寺より北の飛鳥川右岸の地域を中心として一部左岸を含む地域が、古代に飛鳥と呼ばれた範囲であるとした（岸俊男「飛鳥と方格地割」『日本古代宮都の研究』岩波書店　一九八八年）。

いっぽう、小澤毅氏は飛鳥川右岸に位置する雷丘東方遺跡での「小治田宮」の墨書土器の出土を受けて、小墾田の範囲を再検討し、岸俊男説をふまえつつ、より限定して小墾田より南の地域こそが古代において飛鳥と呼ばれる地域であったとした（小澤毅「小墾田宮・飛鳥宮・嶋宮」『日本古代宮都構造の研究』青木書店　二〇〇三年）。

本書では、後者の説を妥当とする立場にたつ。すなわち、現在の行政区分でいうと明日

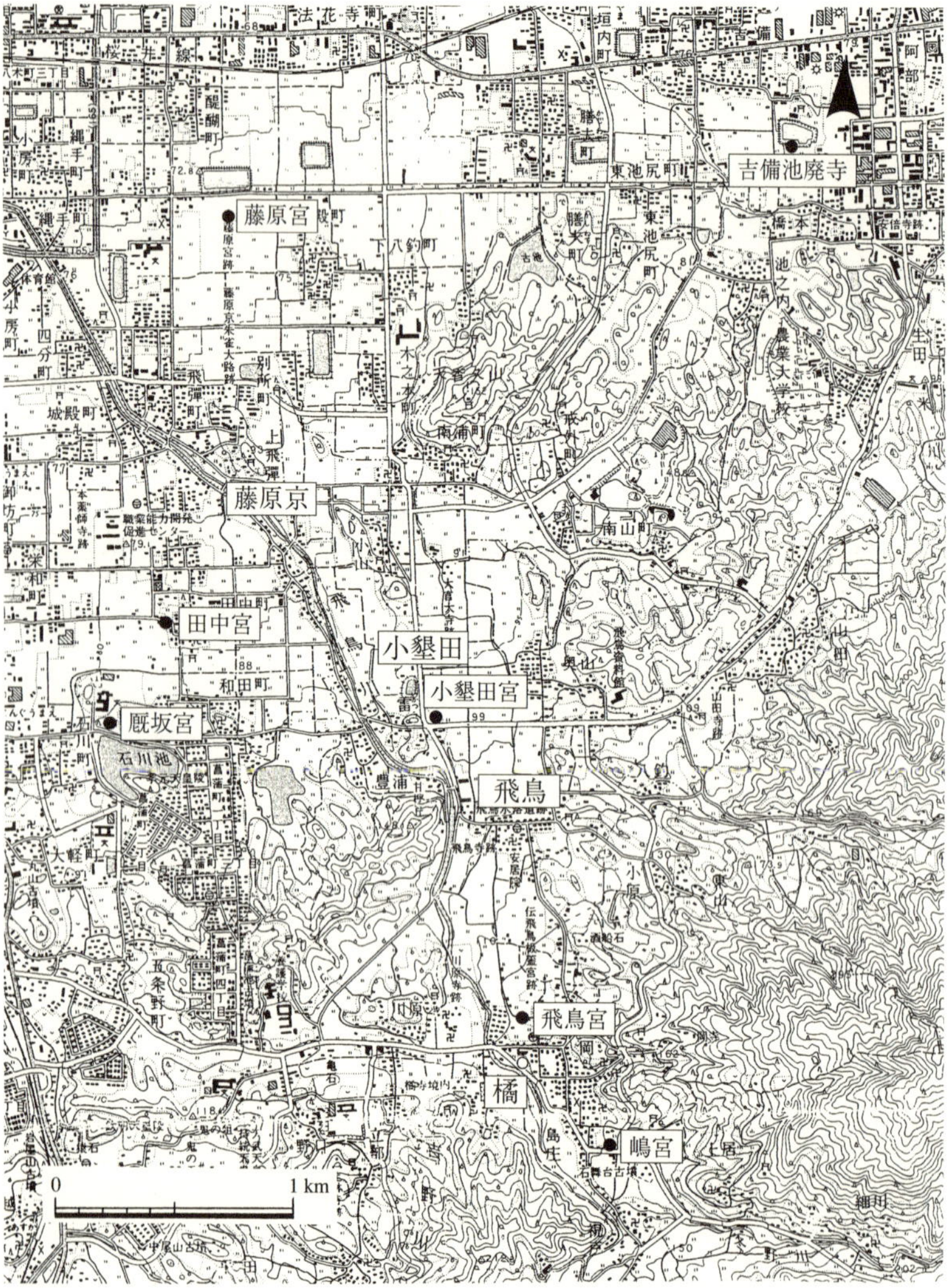

図4　飛鳥の宮と藤原京

香村飛鳥・岡《おか》と川原《かわはら》の一部の地域が古代に飛鳥と呼ばれた地域であった。東を岡寺山、西を甘樫丘に挟まれた東西約六〇〇メートル、南北約一〇〇〇メートルの範囲が古代の飛鳥であった。この狭い空間の中に飛鳥時代、飛鳥板蓋宮といった飛鳥を冠した王宮がつくられ続けたのである。本書では、この空間を飛鳥と呼び、さらにその周辺の一般的に飛鳥と考えられている地域を飛鳥・藤原地域と呼んで厳密に区別したい。

このように古代に飛鳥と呼ばれた範囲を定義すると、推古が造営した小墾田宮は厳密な意味で飛鳥につくられた王宮ではない。小墾田は飛鳥の北に隣接する地域であった。推古は、確かにそれまで王宮が営まれていた磯城・磐余地域から飛鳥・藤原地域へと王宮を遷したわけであるが、いまだ飛鳥には王宮を造営していない。飛鳥は崇峻元年（五八八）に造営がはじまった飛鳥寺がほぼ完成に近づきつつあっただけで、王宮にかかわって、ほとんど土地利用がなされていないというのが実状であった。

推古は飛鳥に拠点をおく蘇我氏に対抗するかのように、その北に隣接し飛鳥の入り口を塞ぐかのような位置にあたる小墾田を支配拠点として積極的に開発しようとした。推古が厳密な意味で、飛鳥に入らなかったことを積極的に評価すべきではないかと考える。

推古朝の飛鳥・藤原地域

推古の時代に飛鳥・藤原地域はどのような状況であったのであろうか（図5）。まず、飛鳥の南には蘇我馬子《うまこ》の邸宅「嶋大臣《しまのおおおみ》の家」があった。島庄《しまのしょう》遺跡がそれにあたるといわれている。近年の発掘調査でも、一辺約四二㍍《メートル》の大型の方形池をはじめとして、七世紀前半までさかのぼる大型の建物群がみつかっている。そして、これらの建物群は、北から西に約二〇度前後振れているものが多い。

斜め方位の遺構群

飛鳥・藤原地域では、地形は大まかにみて、南東に高く北西に向かって傾斜している。こういった地形を、もっとも地形改変を少なくして最大限の土地活用をしようとするならば、等高線に平行、ないしは直交した土地利用が有効である。そこで、こういった方向の建物群がつくられたものと推定される。先に紹介した小墾田宮の有力な推定地である雷丘東方遺跡や石神《いしがみ》遺跡で検出される七世紀前半までさかのぼる遺構も、この造営方位をとることが多いが、これも同じ理由によるものと思われる。

小墾田の開発

さらに、雷丘東方遺跡の北から西の地域でも、阿倍山田道に沿って、奥《おく》山廃寺《やまはいじ》、古宮《ふるみや》遺跡、和田《わだ》廃寺など、七世紀前半までさかのぼる遺跡が点在する。また、山田道の北方では、七世紀前半までさかのぼる大規模な整地のあとが確認されている。こういった遺跡で確認される遺構も、寺院をのぞくと自然地形の傾斜にあわ

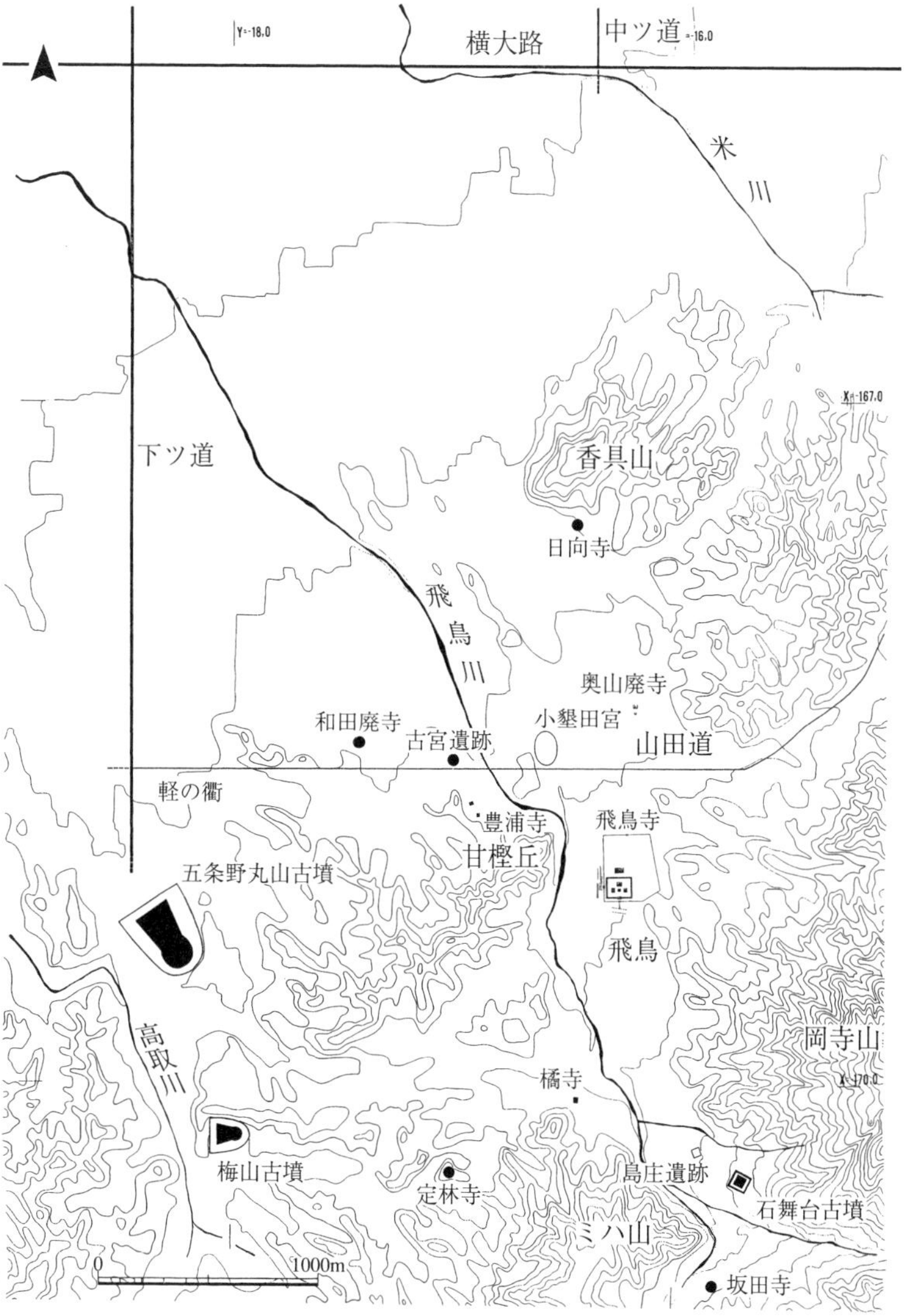

図５　推古朝の飛鳥・藤原地域

せて、北から西に大きく振れるものが多い。

このように、推古の時代、飛鳥・藤原地域では、いわゆる古代に飛鳥と呼ばれた地域を大規模に開発した形跡はない。むしろ、その北に接した小墾田宮を中心とした阿倍山田道に沿った地域で多くの遺跡の存在が知られる。しかも、みつかっている遺構は地形の方向に沿ったものが大半で、とくに方位を意識した計画的な土地開発はおこなわれていない。

また、この地域は、古墳時代の中期の韓式系《かんしきけい》土器（朝鮮半島の影響を受けた土器）が点々と出土する地域でもある。飛鳥・藤原地域で、もっとも早く開発が進んだ地域が、このあたりであったとみてまちがいはない。そういった飛鳥・藤原地域でも、比較的開発が進んだ地域に推古は小墾田宮を造営したともいえる。飛鳥には、いまだ飛鳥寺があるのみで、まさに飛鳥は、夜明けの段階にあったといえる。

正方位による空間整備

本書では、飛鳥・藤原という地域の遺跡にこだわるとともに、建物などの造営方位、すなわち、どのような方位で建物などが造営されているのかということに注目する。ここで、その意味についても説明を加えておこう。

先にも少しのべたように飛鳥・藤原地域は、大まかにみて南東から北西に傾斜した地形をなす。このような地形に対して、地形改変を最小にして、最大限有効に土地利用を意図するならば、等高線に平行、あるいは直交して建物などを造営することがもっとも望ましい。すなわち、北から西に大きく振れた方向で建物などを造営するのがもっともよい。先にのべた推古の時代の飛鳥・藤原地域の遺跡で検出される建物が、まさにこの方向をとる。いいかえるならば、推古の時代の建物などは、それほど地形を大きく改変することなく造営されていたということになる。

それが、飛鳥時代のある段階から、正方位、すなわち建物の造営方位を真北に向けるようになる。南東から北西に傾斜する地形に正方位の建物などを造営するということは、それだけ大規模な地形改変を必要とすることになる。飛鳥では、七世紀中ごろの飛鳥宮Ⅱ期遺構（飛鳥板蓋宮）から、そして、その周辺の飛鳥・藤原地域では天武朝ごろから、建物などの造営方位が北を向きはじめる。すなわち正方位を重視した都市計画がなされるようになる。

本書では、こういった地形に制約され、北から西に大きく振れていた建物などが、いつから正方位、真北を指向した造営方位に変わるのかを、飛鳥とその周辺地域の歴史を考えるうえで重要な視点の一つとする。

なぜならば、周辺地域が地形に制約された土地利用をしているなか、飛鳥とその周辺地域のみが正方位を指向した造営方位の建物などが建ち並んでいたとするならば、視覚的に周辺地域とは異なる特別な空間と認識できるからであり、王宮、王都として象徴的な空間となったといえると考えるからである。

古墳時代のヤマト王権の大王の宮は発見されていないが、列島各地の豪族居館は各地で発掘調査されている。しかし、これらは、地形条件に制約され、その造営方位を真北に向けることは少ない。

先に小墾田宮の造営方位を問題にしたが、『日本書紀』をもとにした、これまでの研究では、南北軸線が正方位にとる復元がなされてきた。しかし、実際、発掘調査で検出される遺構は北から西に大きく振れるものが多かった。『日本書紀』との齟齬《そご》をどのように考えるのかという問題が残った。

いずれにしても、飛鳥時代のある段階以降、王宮は正方位をとって造営される。これは地方官衙《かんが》（役所）についてもいえる。たとえば仙台市郡山《こおりやま》遺跡のⅠ期官衙（七世紀中ごろから後半）は、北から東に大きく振れているが、七世紀末から八世紀はじめにつくられたⅡ期官衙は正方位をとる。郡山遺跡の機能を継承した多賀城《たがじょう》はそのⅠ期から正方位をとる。また、福岡県小郡《おごおり》市小郡官衙遺跡では七世紀中ごろに造営された建物群は北から東に大きく振れていたが、それを建て替えた建物群は正方位をとっている。このような変遷をする地方官衙は意外と多い。

このような地方官衙にみられる正方位による建て替えも、基本的には飛鳥とその周辺地域でみられた王宮・王都の特別な空間への飛躍とその視覚的な表現、象徴的な空間の出現と同じ現象なのである。王宮、王都の特別な空間としての視覚的な表現がその出先である地方官衙におよんだのである。

正方位が意味すること

それでは、なぜ地形を大きく改変してまで、わざわざ正方位、すなわち真北を指向するようになるのであろうか。私は、この背後に中国からもたらされた新しい思想の影響をみる。すなわち、「天子、南面す」という思想を含めて、新しく導入された中国の世界認識、宇宙論が深くかかわると考える。

中国では天は丸く、地は方形と認識され、その天の中心である北極星と四角い地の方形の交差するところが天子の居住地、すなわち王宮と観念されていた。そして、北極星と太陽の南中する点を結んだ天の子午線が地上に投影された南北軸がきわめて重視された。中国ではこのような世界認識、宇宙論にもとづいて王宮、王都の整備がなされ、皇帝支配の正統性が確立された。また、都城を造営するにあたっても、最初に設定されるのは、北極星と太陽の南中点を結んだ南北軸であった。中国の世界認識、宇宙論において、正方位、南北軸はその支配の正統性を象徴的に示すものであった（妹尾達彦『長安の都市計画』講談社　二〇〇一年）。

このような中国思想が新たに伝わり、飛鳥での王宮、王都の造営に強く影響を与えた。

そこで、本書では、建物などの造営方位の向きを重視して、飛鳥とその周辺地域の変遷を分析する。それでは本題にもどり、推古以降の王宮、王都についてみていこう。

東アジア世界への飛躍

舒明の即位

推古は、その三六年（六二八）小墾田宮で没した。その後、王位継承をめぐって蘇我蝦夷が推す田村王子派と、蘇我氏の一族である境部摩理勢《さかいべのまりせ》が推す山背大兄王子派が対立した。田村王子は欽明の孫である押坂彦人大兄王子（敏達の子）の子であり、山背大兄王子も欽明の孫である厩戸王子（用明の子）の子である。ともに有力な王位継承者であった。結果は蘇我蝦夷が境部摩理勢を攻め滅ぼし、田村王子が即位した。舒明である。

飛鳥岡はどこに

舒明は、その二年（六三〇）一〇月、飛鳥岡《あすかおか》の傍《かたわ》らに王宮をつくって遷る。『日本書紀』では、「天皇、飛鳥岡の傍《ほとり》に遷りたまふ。是を岡本宮と謂《い》ふ」と記す。飛鳥岡本宮である。飛鳥に造営された最初の王宮である。

飛鳥岡本宮の位置は飛鳥岡がどこかであるのかがわかれば、必然的に王宮はその傍ら、しかも岡本宮と呼ばれたからには、丘陵（岡）裾、ならびに麓の平坦地に造営されたものとみてよいので、おのずと確定する。

飛鳥岡は、これまで明日香村雷にある雷丘、同じく奥山の北の小丘や奥山南部の丘にあてる説などがあった。また、『類聚三代格《るいじゅうさんだいきゃく》』にある神護景雲《じんごけいうん》元年（七六七）一二月一日の太政官符《だじょうかんぷ》に記された「岡本田」をもとに明日香村小山《こやま》に所在する大官大寺《だいかんだいじ》付近に飛鳥岡本宮を求める考えもあった。

しかし、和田萃氏は、「倭京」とのかかわりや『日本書紀』斉明二年是歳条や『万葉集』にみられる「逝回岡《ゆきみおか》」の解釈、そして飛鳥の甘南備《かんなび》山の位置に厳密な検討を加え、飛鳥岡を現在の飛鳥坐《あすかにいます》神社から岡寺《おかでら》にかけての丘陵、すなわち細川山《ほそかわやま》（岡寺山）から西にのびる尾根の先端部の総称とした。したがうべき見解であろう。そして、飛鳥の王宮（岡本宮や飛鳥浄御原宮）の所在地についても、飛鳥岡の傍らで求めうるならば、飛鳥寺のすぐ南の地域は低湿地がひろがるので、その所在地としては適切ではなく、さらにその南の飛鳥宮（伝承飛鳥板蓋宮跡）付近こそが可能性が高いのではないかとする重要な指摘をおこなった（和田萃「飛鳥岡について」『橿原考古学研究所論集　創立三十五周年記念』吉川弘文館　一九七五年）。

確かに古代に飛鳥と呼ばれた地域で、王宮をつくれる適当な地形は少ない。南の明日香村岡の集落が所在する岡段丘と呼ばれる高台と北の明日香村飛鳥の集落がある微高地しかない。そして、北の微高地には崇峻元年（五八八）から飛鳥寺が造営されているので、王宮を造営する適地は南の岡段丘しか残されていない。また、飛鳥寺と飛鳥宮（伝承飛鳥板蓋宮跡）との空間には、それらの地域の発掘調査の経験からも、かなり低湿な地形が広がっており、役所などの王宮に付属する施設は配置できても、王宮の中枢部がおかれたとはとうてい考え難い。そこで、飛鳥におかれた正式な王宮、すなわち飛鳥岡本宮、飛鳥板蓋宮、後飛鳥岡本宮、飛鳥浄御原宮は、南の岡段丘に位置し、一九五九年から継続して発掘調査がおこなわれている飛鳥宮（伝承飛鳥板蓋宮跡＝飛鳥京跡）にすべて所在したと考えるのが適切であろう。

飛鳥宮を発掘する

実際、飛鳥宮の発掘調査では、大まかにみて三時期の宮殿遺構がみつかっている。下層からⅠ・Ⅱ・Ⅲ期遺構と呼んでいる。個々の遺構については、あらためてのべるとして、結論だけを記すと、Ⅰ期遺構が本章の主題である舒明の飛鳥岡本宮（六三〇〜）、Ⅱ期遺構が皇極の飛鳥板蓋宮（六四三〜）、Ⅲ期遺構が斉明・天智の後飛鳥岡本宮（六五六〜）、天武・持統の飛鳥浄御原宮（六七二〜）とみる意見が有力である（図6）。

すなわち、江戸時代以来、飛鳥の王宮の所在地については、さまざまな議論がなされてきたが、文献による検討、発掘調査の進展により、そのすべてが明日香村岡にある飛鳥宮(伝承飛鳥板蓋宮跡)に所在したことが明らかとなった。

舒明の飛鳥岡本宮は、飛鳥宮の発掘調査で検出される宮殿遺構の中でも、そのもっとも下層のⅠ期遺構が該当するといわれる。ただ、飛鳥宮の発掘調査では、上層にある遺構を保存しつつ、下層にある遺構を発掘調査しているので、下層へいけばいくほど、その実態はつかみがたい。Ⅰ期遺構となると、断片的に調査できるにすぎないのである。

飛鳥宮のⅠ期遺構は、掘立柱建物・塀・石敷・石組溝などがみつかっている。それらは北から西に約二〇度振れる特徴をもっている。

飛鳥宮Ⅰ期遺構

この造営方位は、先にも説明を加えたとおり、飛鳥・藤原地域の地形条件に制約されたものである。すなわち南東から北西に緩やかに傾斜する地形に沿うように建物などが造営されていた。いいかえるならば、飛鳥宮Ⅰ期遺構は、それほど大規模な地形改変をすることなく造営されていた。発掘調査からは、いまだ規模・構造を把握できる段階ではないが、地形条件に制約されて建物などを造営していることから、それほど大規模かつ整然としたものではなかった可能性が高い。

ところで、二〇〇三年秋から実施したⅢ期遺構の内郭中枢の調査において、たまたまⅢ

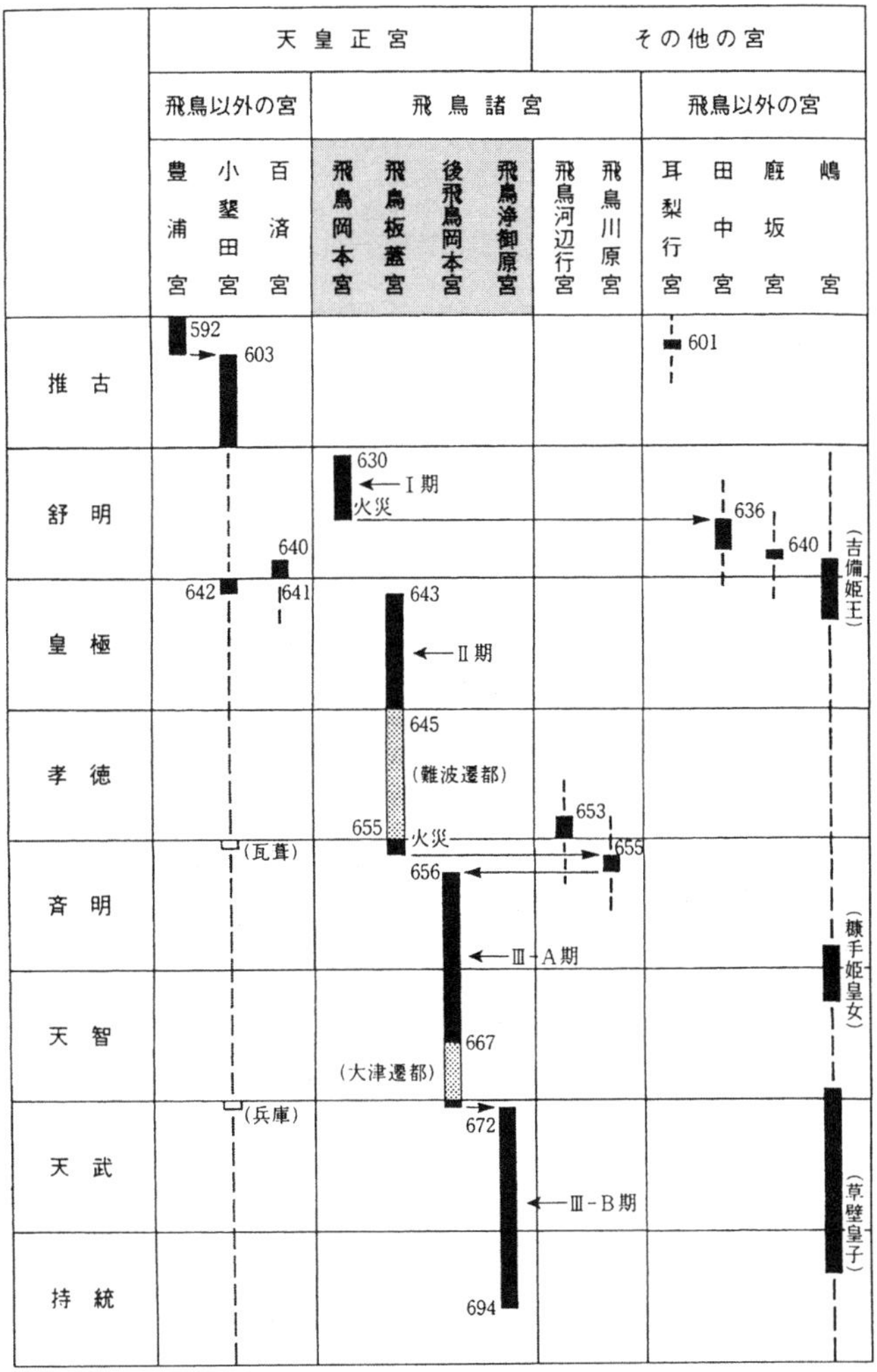

図6　飛鳥の諸宮の移り変わり
(小澤毅『日本古代宮都構造の研究』所収，一部加筆)

図7　飛鳥宮Ⅰ期遺構（奈良県立橿原考古学研究所提供）

期にともなう石敷が後世の耕作のため抜きとられている箇所がみられた。当然のことながら、Ⅲ期遺構の下層にあるⅠ・Ⅱ期遺構の調査を進めたのであるが、その結果、Ⅰ期遺構の柱列が、さきにのべたような特徴をもって検出することができた。柱穴は一辺約一・二メートルを超える巨大なもので、調査区のなかでL字に曲がっていた。大型建物の一部、もしくは区画塀の一部と考えられる。また、柱はすべて抜き取られていて、その埋め土には大量の焼土や炭が混ざっていた。つまり、この建物は焼失していることが明らかとなった。

『日本書紀』によると舒明の飛鳥岡本宮は舒明八年（六三六）六月に焼失しているので、その記録とうまく合致する。ただ、飛鳥板蓋宮も斉明元年（六五五）の冬に焼失しているので、この検出したⅠ期遺構を舒明の飛鳥岡本宮とする決め手とはならないが、それを否定するものでもない。

また、このⅠ期遺構の柱穴を掘り下げたところ、深さが約〇・三メートルしかなく、明らかに削平を受けていることがわかった。Ⅱ・Ⅲ期遺構は、当時の石敷などがすぐ上で、ほぼ同じ高さで検出されていることから、この削平がⅡ期遺構の造営にともなうものであることはまちがいない。すなわち、Ⅰ期遺構、飛鳥岡本宮から、Ⅱ期遺構、飛鳥板蓋宮を造営するときに大規模な地形改変をしていることが、発掘調査でも確認できた。このことは、遺構の造営方位が北から西に約二〇度振れをもつもの（Ⅰ期）から、正方位（Ⅱ期）に変化することと対応している。

舒明と飛鳥

ところで、舒明は確かにはじめて飛鳥に王宮を造営したが、それほど意識的に飛鳥を支配拠点として整備しようとした形跡はみられない。その証拠に舒明八年（六三六）に飛鳥岡本宮が焼失してしまうと、舒明は、飛鳥を出てしまいふたたび戻ることはない。飛鳥岡本宮焼失とともに田中宮《たなかのみや》に遷る。田中宮は橿原市田中町にあったといわれ、王宮廃絶後は寺院になったらしく、今もその地に田中廃寺が所在する。また、舒明一一年（六三九）一二月には伊予温湯宮《いよのゆのみや》に行幸する。愛媛県松山《まつやま》市に所在する久米官衙《くめかんが》遺跡群で見つかっている回廊で囲まれた方形の区画施設が、それにあたるのではないかとする意見がある。そして、翌年、伊予から戻り厩坂宮《うまやさかのみや》に入る。厩坂宮は橿原

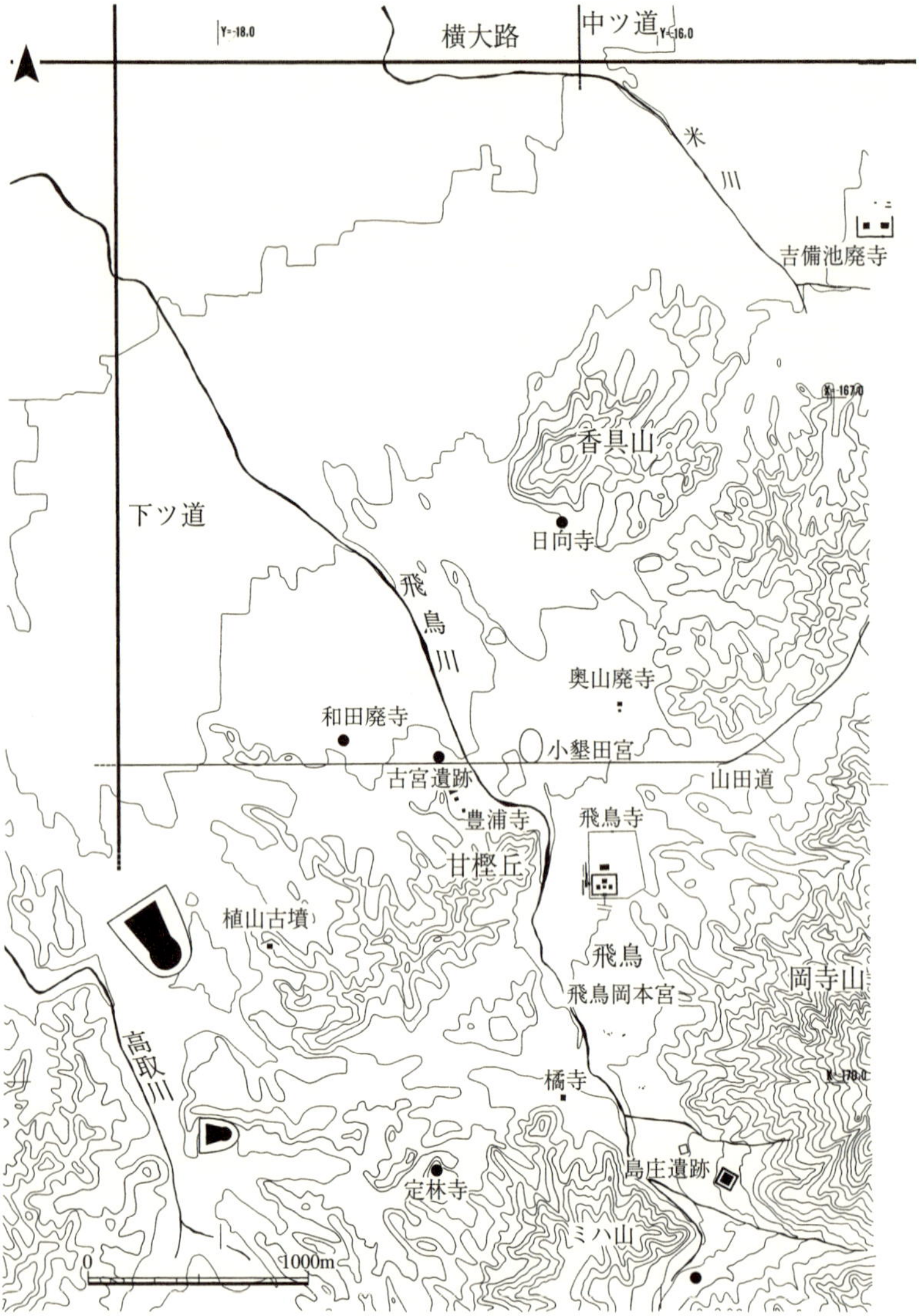

図８　舒明朝の飛鳥・藤原地域

市大軽町にあったといわれ、田中宮と同様、王宮廃絶後、廐坂寺となっている。廐坂寺跡については、近年、発掘調査がおこなわれ法起寺《ほっきじ》式の伽藍《がらん》配置であることが判明し、また、寺域を区画する施設もみつかっている。

さらに、舒明は、伊予行幸に出る前の七月には、百済川のほとりに大宮（百済宮《くだらのみや》）と大寺（百済大寺《くだらのおおてら》）の造営をはじめる。すなわち、舒明は、まったく飛鳥に戻る意思はなかったとみられる。むしろ、推古が飛鳥に対抗するかのように、その北隣接地の小墾田に拠点をおいたように、舒明も飛鳥に対抗するかのように百済の地を王権の支配拠点として空間整備しようとしたのである。

百済宮・百済大寺

百済宮・百済大寺の所在地は、最近まで北葛城《きたかつらぎ》郡広陵《こうりょう》町百済が有力であったが、一九九七年、桜井市吉備《きび》に所在する吉備池《きびいけ》廃寺の発掘調査において、破格なまでの巨大な金堂基壇が確認され、出土した瓦の年代などから百済大寺であることが確実となった。百済宮は、いまだ確認されていないが、百済大寺が確認できたことから、それに隣接した地に想定することが可能となった。舒明は飛鳥から北へ約四㌔離れた、磐余の地に王宮を造営し、支配拠点としようとした。これは、ある意味で、前代の王宮の所在地への回帰であった。曾祖父欽明の王宮（磯城嶋金刺宮《しきしまのかなさしのみや》）、祖父敏達の王宮（百済大井宮《くだらのおおいのみや》・訳語田幸玉宮《おさだのさきたまのみや》）の造営された地に戻ることによって、もともとこの地に権力基盤をもたなかった舒明はみずからの王位継承の正統性を示そうとしたのではないだろうか。

破格の規模をもつ吉備池廃寺

さて、吉備池廃寺は、一九九七年から二〇〇二年にかけて継続して発掘調査され、講堂を除く主要殿舎の配置や規模が明らかとなった（図9）。その成果によると、東に南面する金堂、西に塔を配置する一塔一金堂式のいわゆる法隆寺《ほうりゅうじ》式の伽藍配置で、金堂は東西三七メートル、南北二五メートル、高さ二メートルを超える基壇をもつ。飛鳥時代の第一級の寺院とされる飛鳥寺の中金堂が東西二一・二メートル、南北一七・五メートル、川原寺の中金堂が東西二四・〇メートル、南北一九・二メートル、ほぼ同じ時期に造営された山田寺金堂の東西一九・五メートル、南北一六・八メートルと比べると、いかに他の寺院を超越した規模であるのかがわかる。

吉備池廃寺の塔は一辺三二メートルで、その中央に東西六メートル、南北八メートルもの巨大な心礎《しんそ》の抜き取り穴があった。飛鳥寺の塔が一辺一二メートル、川原寺のそれが一辺一一・七メートルであるから、その規模の巨大さがわかる。九重塔が聳《そび》えたっていたと推定される。

また、伽藍中心の東西規模、すなわち東と西の回廊の外側柱間の距離は一五六・二メートルもある。飛鳥寺で一一二メートル、法隆寺西院《さいいん》伽藍で九〇メートルであるから、破格の規模である。また、塔と金堂の中心間の距離も八四メートルもあり、法隆寺西院伽藍の三一・五メートルとこれも隔絶した

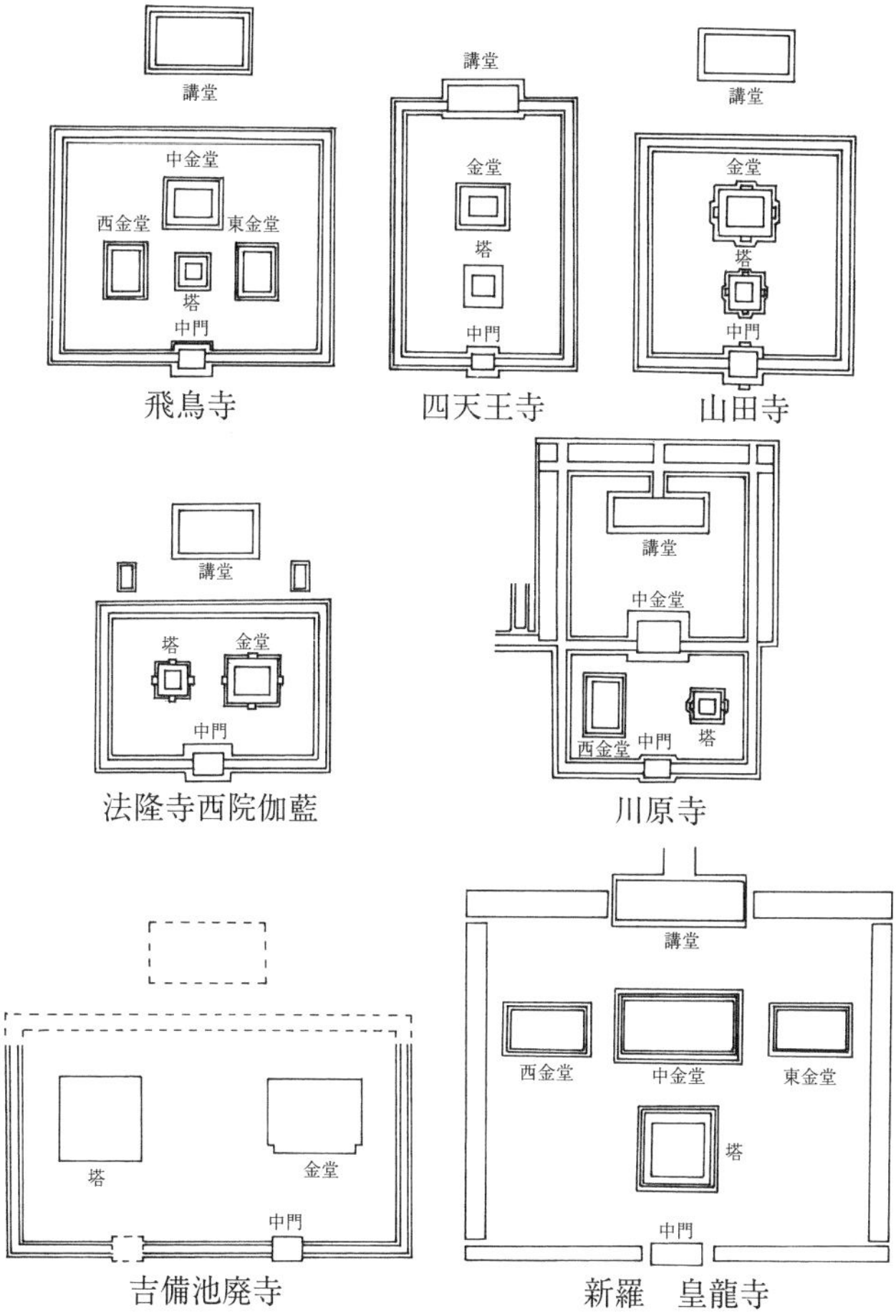

図9　日本および朝鮮半島の伽藍配置の比較
（奈良文化財研究所『飛鳥・藤原京展』所収，一部加筆）

規模をもつ。多くの人々が集まり仏教の法会《ほうえ》が施されたのであろう。吉備池廃寺がもつ重要な役割の一端を考えさせる。これらの建物規模の単純な比較だけでも、吉備池廃寺がいかに常識をはるかに超えた規模をもった寺院であったことがわかる。

百済大寺の発見

ところが、吉備池廃寺は巨大寺院であるにもかかわらず、瓦の出土量が極端に少ない。建物の屋根の軒先を飾る軒丸瓦《のきまるがわら》・軒平瓦《のきひらがわら》で屋根に葺《ふ》かれた量の約一〇分の一、丸瓦・平瓦にいたっては一〇分の一以下しか出土しないという。礎石もすべて抜き取られている。吉備池廃寺は、心礎の抜き取り穴から出土した土器の年代から飛鳥時代後半に解体され、瓦をはじめとした礎石や柱材などの建築資材は移建先の寺院である高市大寺《たけちのおおでら》に運ばれた可能性が指摘されている。

吉備池廃寺は、出土した軒瓦・土器の年代や規模、そして、その廃絶の状況から舒明が造営した百済大寺とみてまちがいない（奈良文化財研究所『吉備池廃寺発掘調査報告―百済大寺の調査―』二〇〇三年）。それでは、なぜ舒明はこれだけの規模をもつ寺院の造営をはじめたのであろうか。

これまで、古代史の分野では、舒明はどちらかといえば、それほど評価されてはこなかったのではないかと思われる。しかし、考古学の発掘調査の成果は、それに再検討を迫るに充分なものである。

東アジアの中の舒明朝

舒明の治世は一二年間である。その二年（六三〇）、遣唐使《けんとうし》を派遣している。中国で隋が滅び、唐が建国したのは六一八年であり、最初の遣唐使の派遣は舒明によってなされている。もちろん、これは推古三一年（六二三）に帰国した僧恵日《えにち》らの「大唐国は、法式《のり》備《そなわ》り定れる珍《たから》の国なり。常に達《かよ》ふべし」という進言を受けてのものであろうが、舒明には、推古の外交方針を継承するだけではなく、あらたな段階に進める意図があったのではなかろうか。

その証拠に『旧唐書《くとうじょ》』や『新唐書』によると、留学生を送って舒明四年（六三二）に来朝した唐使の高表仁《こうひょうじん》が「表仁、綏遠《すいえん》の才無く、王と礼を争い、朝命を宣《の》べずして還る」とあり、何らかの外交問題が発生したことを記す。『日本書紀』でも、そのあたりは唐使高表仁が難波《なにわ》まで来たことは記すが、推古のときの裴世清《はいせいせい》とは扱いが大きく異なる。唐からの冊封《さくほう》を受けないという推古の時代の外交方針の継承はもちろんのこと、何らかの新しい外交路線を模索していたのかもしれない。

とくに、先に詳しく紹介した吉備池廃寺では、その塔基壇の巨大さから九重塔であった可能性がいわれている。六・七世紀は、東アジアの中国をはじめとした朝鮮半島でも九重塔が建立されている。中国の北魏《ほくぎ》の都である洛陽城《らくようじょう》の永寧寺《えいねいじ》では、孝文帝《こうぶんてい》の遺志を受け継ぎ、五一六年に九重塔が建立されている。北魏の永寧寺は発掘調査がおこなわれ、一辺三八・二メートル、高さ二・五メートルの基壇であったことが明らかとなっている。
また、朝鮮半島の百済では『三国遺事《さんごくいじ》』によると武王の時代（六〇〇〜六四一）に王の命令により益山弥勒寺《えきさんみろくじ》が造営され、木造九重塔が建立されたという。さらに新羅でも皇龍寺《こうりゅうじ》において善徳王《ぜんとくおう》一四年（六四五）に九重塔が建立されている。皇龍寺も発掘調査がおこなわれ、塔基壇が一辺三二メートルである。まさに吉備池廃寺が造営された同じ時期に新羅でもほぼ同規模の塔が建立されていたのである。

吉備池廃寺、すなわち、百済大寺の造営は、このような東アジア世界の動向と無関係であったとは思えない（木下正史『飛鳥幻の寺、大官大寺の謎』角川書店　二〇〇五年）。東アジア世界のなかで、倭国の位置を明確に示そうとした舒明の姿が読みとれるのではないだろうか。百済大寺の発見は、その一端を示すものと思われる。

新しい支配体制の模索

また、舒明八年（六三六）には、敏達の王子、大派王《おおまたおう》が蘇我蝦夷に「群卿《まえつきみたち》及び百寮《つかさつかさ》、朝参《みかどまいり》すること已《すで》に懈《おこた》れり。今より以後《のち》、卯の始《うのとき》に朝《まい》りて、巳《みのとき》の後に退《まか》でむ。因《よ》りて鐘《かね》を以て節《ととのえ》とせよ」といったが、蝦夷はしたがわなかったという記事がある。具体的に時刻を指定して朝参《ちょうさん》を求めるということで、推古の時代よりは一段階進んだ制度が整えられつつあったことが推定できる。

さらに、先に紹介した百済大寺の造営にあたっては、『日本書紀』によると、「西の民は宮を造り、東の民は寺を作る」と記されている。部民《べみん》制といったタテ割り的な収奪方法とは異なる新たな労働力の大規模な動員体制が模索されはじめたといえる。もちろん、七世紀後半以降成立してくる公民制には程遠いものであったかもしれないが、地域支配にあたっても新しい試みが実施された可能性がある。

このような点を考えると、舒明とその時代をもう少し評価してもよいのではないかと思うのである。倭国が舒明のもと、東アジア世界のなかに大きく飛躍をはじめた時代であった。また、列島の支配についても、新しい試みがなされた時代であったと考える。

舒明の独自性と新しさ

飛鳥に関しては、舒明は確かに、はじめて王宮をつくったが、長く存続することはない。その焼失とともに飛鳥から外へ出て行き、ふたたび飛鳥に戻ることはなかった。この段階において、王権が飛鳥を支配拠点として整備しようとした形跡はない。また、飛鳥岡本宮も、地形条件に制約された王宮であった。むしろ、舒明は、飛鳥を離れた百済の地で、飛鳥に基盤をおく蘇我氏に対抗するかのように支配拠点を整備しようとした。ここに私は舒明の独自性と新しさをみたい。

しかし、舒明は、その一二年（六四〇）、百済宮に遷るが、翌年、その王宮で没することになる。舒明がめざした新しい国づくりへの模索は、大后《おおきさき》の宝《たから》王女、すなわち皇極、そしてその王子である中大兄王子、すなわち天智《てんじ》、大海人《おおあま》王子、すなわち天武へと多くの紆余曲折を経つつ継承され、一つ一つ実現されていくことになる。

「飛鳥宮」の時代

大化改新

皇極の即位

舒明《じょめい》の死後、大后《おおきさき》であった宝《たから》王女が即位する。皇極《こうぎょく》である。このときも、厩戸《うまやど》王子の子である山背大兄《やましろのおおえ》王子、そして、舒明の子である古人大兄《ふるひとのおおえ》王子、中大兄《なかのおおえ》王子がいて、王位の継承にあたっては紛糾する可能性があった。そのため大后であった宝王女がその危機を回避するために即位した。

皇極は即位すると、その元年（六四二）九月に「朕《われ》、大寺《おおでら》を起《おこ》し造らむと思欲《おも》ふ。近江《おうみ》と越《こし》との丁《よぼろ》を発《おこ》せ」と詔《みことのり》して、舒明が発願《ほつがん》し、その一一年（六三九）に百済《くだら》川のほとりに造営を開始した大寺、すなわち百済大寺の造営を継承することを宣言する。また、同じ九月には「是《こ》の月に起して十二月より以来《このかた》を限りて、宮室《おおみや》を営《つく》らむと欲《おも》ふ。国国に殿屋材《とのき》を取らしむべし。然《しか》も東は遠江《とおとうみ》を限り、西は安芸《あき》を限りて、宮造る丁を発せ」と詔して、

「宮室」の造営を開始する。飛鳥板蓋宮《あすかいたぶきのみや》である。このときも、地域を限定して、労働力を確保しており、部民《べみん》制とは異なる新たな支配システムによる収奪方法にもとづいて「大寺」や「宮室」の造営がおこなわれた。皇極はその即位に至った経緯は、王位継承時の紛糾を回避するためという事情であったかもしれないが、さまざまな施策を構想し、実施へと移していった。

即位した皇極は、元年一二月に小墾田宮《おはりだのみや》に遷る。そして、翌年四月には「飛鳥の板蓋の新宮」に遷居する。これが飛鳥板蓋宮であり、飛鳥宮のⅡ期遺構が該当する。王宮はふたたび飛鳥に戻ることとなった。

正方位の王宮の造営

飛鳥宮Ⅱ期遺構は、飛鳥でその造営方位を正方位にとるはじめての王宮である。Ⅰ期遺構である舒明の飛鳥岡本宮《おかもとのみや》とほぼ同じ場所に、先にものべたごとく大規模な土地造成をして造営された。また、Ⅰ期遺構は北から西に約二〇度振れていたので、建物群などの継承関係はみられない。東西約一九〇㍍、南北約一九八㍍以上の掘立柱塀《ほったてばしらべい》や回廊《かいろう》状の区画施設が方形に廻っていることが発掘調査で確認されている。しかし、その中枢部にどのような建物が配置されていたのかなどは、調査が十分に進んでおらず、よくわからない。Ⅱ期遺構の構造解明は、これからの飛鳥宮の発掘調査の大きな課題といえよう。

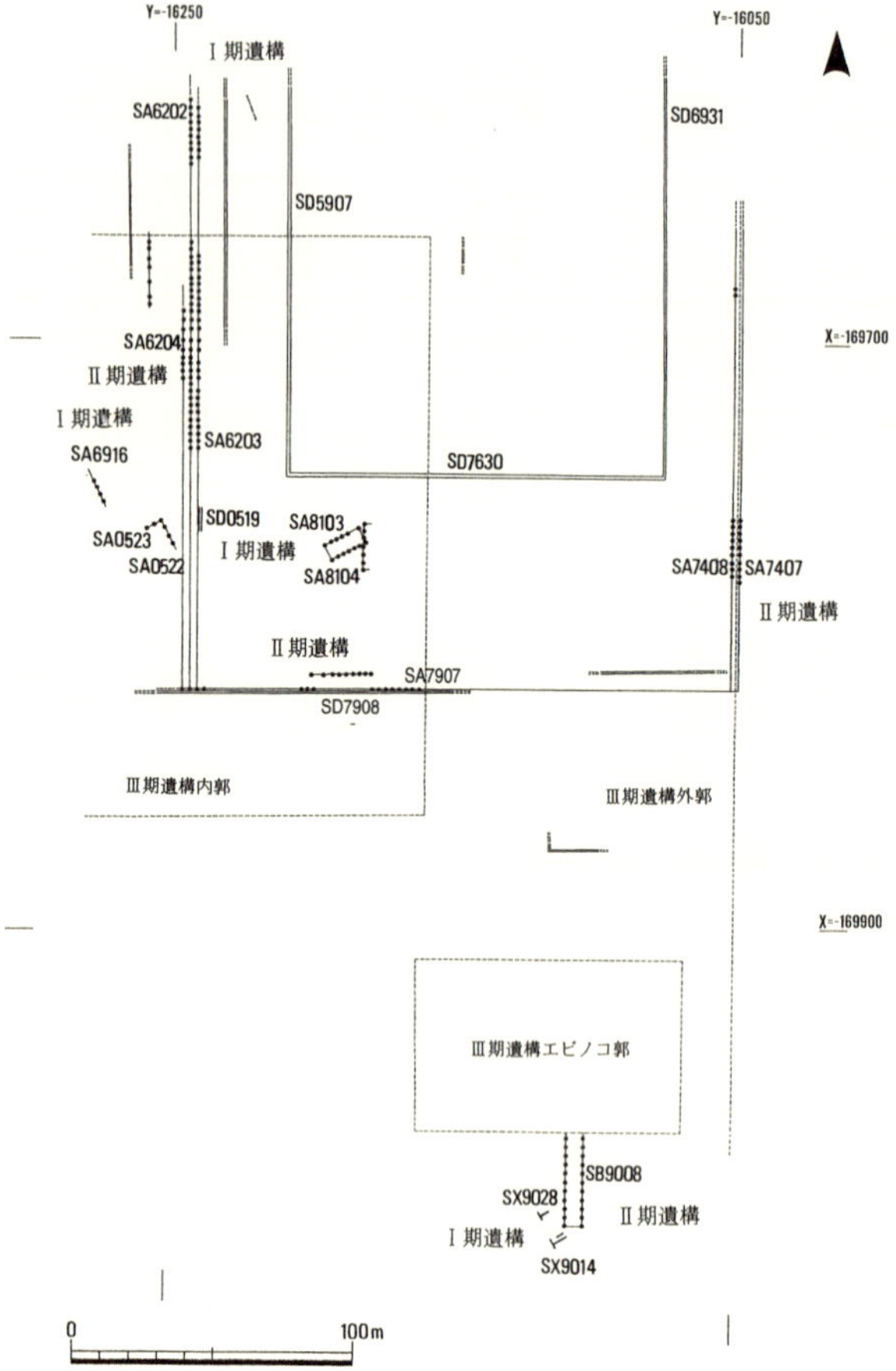

図10　飛鳥宮Ⅰ期遺構（飛鳥岡本宮）・Ⅱ期遺構（飛鳥板蓋宮）

飛鳥宮Ⅱ期遺構は、これまで地形条件に制約されて、北で西に大きく振れていた建物群の造営方位を、大規模な土地造成をしたうえで、地形条件とはかかわりなく、南北軸を重視した正方位にあらためていた。私は、このことを積極的に評価して、飛鳥宮Ⅱ期遺構、すなわち飛鳥板蓋宮の段階を、王権が飛鳥を支配拠点として意識的に整備をはじめる端緒とみたい。王権が飛鳥を支配拠点として本格的に荘厳に整備しようと意図するのは、皇極からであった。そういった意味でも、わずか四年という、短い在位期間であったが、皇極の存在を評価したい。

歴代遷宮からの脱却

飛鳥宮Ⅱ期遺構の地割《じわり》（たとえば掘立柱塀の位置など）は、建物そのものの継承は認められないものの、後のⅢ期遺構の建物群の配置に確実に影響を与えていた。さらにⅢ期遺構の造営にあたっては、Ⅱ期遺構の造営面を大規模に改変した形跡が認められないので、Ⅱ期遺構からⅢ期遺構への変遷、すなわち飛鳥板蓋宮から後飛鳥岡本宮《のちのあすかおかもとのみや》への建て替えにあたっては、それほど大規模な地形改変はおこなわれなかった可能性が高く、連続性が認められる。

さらに、飛鳥宮Ⅱ期遺構、すなわち飛鳥板蓋宮（六四三年〜）は、孝徳《こうとく》の難波《なにわ》遷都（六四五年）にともなっても廃絶することなく存続し、皇極がふたたび王位につき斉明《さいめい》になったときも利用された（六五五年）。そして、Ⅱ期からの地割などの連続性が考えられるⅢ

期遺構、すなわち後飛鳥岡本宮も、天智《てんじ》が近江《おうみ》に遷都しても（六六七年）、留守司《るすのつかさ》が置かれ、そのまま維持管理され、天武の飛鳥浄御原宮《きよみはらのみや》として利用された（六七二年）。ここに飛鳥宮のⅠ期遺構とⅡ期遺構との間にみられたような断絶とは異なる様相が見てとることができる。

ところで、飛鳥時代以前の王宮は、大王一代ごとにその位置を遷していたといわれる。いわゆる歴代遷宮《せんぐう》である。歴代遷宮の理由は、建物の耐用年数から解釈する意見や、前大王の死の穢《けが》れの問題をはじめとして、新大王が即位前に住んでいた王子宮《おうじきゅう》をそのまま利用して即位したため、遷宮することになったという意見など、さまざまな解釈がみられる。しかし、飛鳥宮Ⅱ期遺構からは、少なくとも同じ空間に王宮が継続して営まれるようになり、歴代遷宮とは明らかに異なった様相を呈するようになる。すなわち、歴代遷宮の段階から脱却し、ほぼ王宮の位置が固定される段階へと発展しつつあったといえる。これは藤原京《ふじわらきょう》や平城京《へいじょうきょう》といった本格的な条坊制都城《じょうぼうせいとじょう》へと発展していく一つの重要な過程であった。

飛鳥宮Ⅱ期遺構、すなわち飛鳥板蓋宮は、飛鳥における支配拠点の整備過程のうえでも、また、王宮の発展過程のうえでも、大きな変化点となる王宮であった。

しかし、皇極の飛鳥板蓋宮は正宮としては、それほど長く存続しなかった。皇極四年（六四五）六月に蘇我入鹿《そがのいるか》を暗殺するクーデター、すなわち、乙巳《いっし》の変が発生するからである。その直前の『日本書紀』には、蘇我氏の専横なふるまいに対する批判的な記事が散見される。ここには、乙巳の変を正当化しようとする書紀編者の作為が見られる。とはいえ、乙巳の変は、飛鳥で政治を執ろうとして、その整備と荘厳化を意図していた王権にとっては、重大なできごとであった。

大王の推戴・生前譲位

これまでのヤマト王権の大王は、みずからの意思で王位に就いたり、王位から降りることはできなかったといわれる。すべて大臣《おおおみ》や大連《おおむらじ》、そして大夫《まえつきみ》などとの合議・合意が必要であった。また、生前譲位という制度もなかった。

乙巳の変によって、蘇我入鹿が暗殺され、その父蝦夷《えみし》が自殺すると、皇極は、まず中大兄王子に王位を譲ろうとするが固辞して受けず、次に古人大兄王子に譲ろうとするが、これも立場上、受けることができず、皇極の弟で王族の中でも年長者であった軽《かる》王子に王位が譲られる。孝徳である。そして、これが、はじめての王位の生前譲位といわれる（吉村武彦「古代の王位継承と群臣」『日本古代の社会と国家』岩波書店　一九九六年、同『古代天皇の誕生』角川書店　一九九八年）。

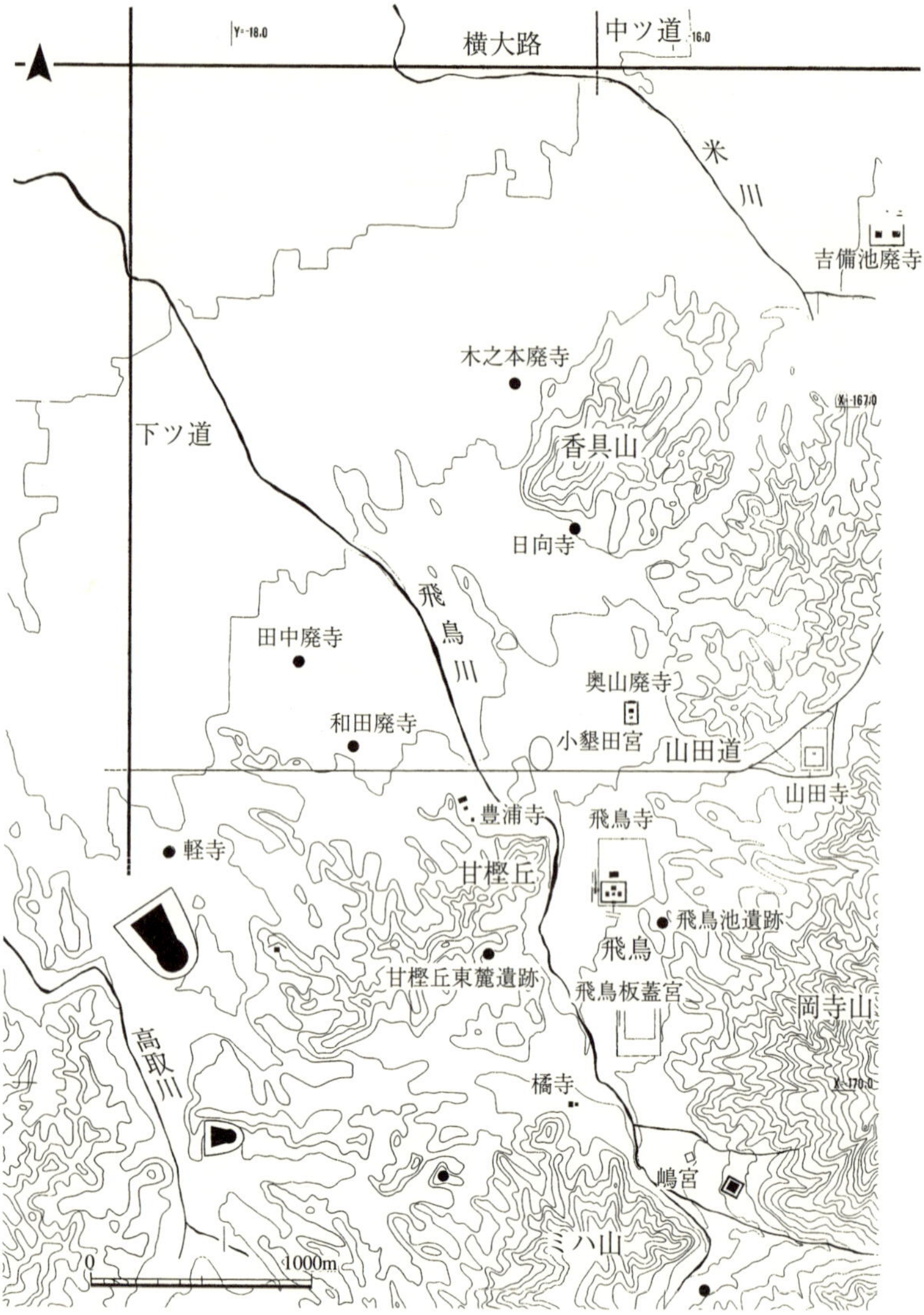

図11　皇極朝の飛鳥・藤原地域

大王がみずからの意思で次の大王を選ぶということが可能となったということで、乙巳の変は、王権の権力構成にも大きな変化をもたらしたものと推定される。すなわち、王権を構成するメンバーの中で、大王のもつ権力がより強まり、専制的な性格が強まったと推定される。このことは、皇極が飛鳥をみずからの支配拠点として整備、荘厳化しようとした動きと揆を一にする。

甘樫丘東麓遺跡

二〇〇五年一〇月、甘樫丘《あまかしのおか》の東麓で、飛鳥時代の掘立柱建物が検出され、蘇我蝦夷・入鹿の邸宅跡ではないかと大きく報道された。翌年、さらに調査が進められ、七世紀中ごろを確実にさかのぼる大規模な整地と石積《いしづみ》などが検出された。蘇我蝦夷・入鹿の邸宅である可能性がさらに高まったといわれた。

私も、この遺跡が蘇我蝦夷・入鹿の邸宅の一部である可能性は、もちろん否定しないが、遺構の具体的な解釈にあたっては、もう少し検討が必要であろう。

話を乙巳の変に戻そう。

難波遷都

乙巳の変の結果、皇極は弟の軽王子に譲位する。孝徳である。孝徳は後に大化改新《たいかのかいしん》と呼ばれることになる一連の政治改革をおこなうべく、その一二月、王宮を飛鳥から難波へと遷した。

飛鳥板蓋宮で皇極が政治を執ったのは、皇極二年（六四三）四月から四年（六四五）六月までの、わずか二年あまりであった。結局のところ、皇極が意図した飛鳥での板蓋宮を中心とした支配拠点の整備、荘厳化は、その時間的な問題から、ほとんどが未着手の状況で頓挫することになった。飛鳥で、これまで皇極の時代の遺跡がそれほど見つからないのも、そのためであろう。そして、皇極によって意図された、飛鳥の支配拠点としての整備、荘厳化は、皇極がふたたび王位につき、斉明になるのを待たねばならない。

しかし、飛鳥板蓋宮で成立した南北軸を正方位に向ける王宮の形態は、確実に難波へと継承された。孝徳による難波遷都の後、王宮は難波にある既存の王宮を転々とするが、難波でも本格的な王宮が造営される。難波長柄豊碕宮《ながらとよさきのみや》である。現在、大阪市中央区法円坂《ほうえんざか》で発掘調査が進む前期難波宮がそれに当たる。南北軸線を正方位に向ける王宮である。

前期難波宮の発掘

北に内裏《だいり》、南に朝堂《ちょうどう》を配置した巨大な王宮である。内裏には内裏前殿《ぜんでん》（SB一八〇一）と後殿《こうでん》（SB一六〇三）が南北に配置される。そして、この二つの建物をつないで軒廊《こんろう》がある。前殿は、東西九間、南北五間の巨大な建物である。建物の外側の柱の外には、小柱穴がならび、木装の基壇をもっていたことがわかる。大王が出御《しゅつぎょ》して重要な儀式をする殿舎とみてよい。

内裏前殿の南には内裏南門（SB三三〇一）が配置される。東西七間、南北二間の巨大な門である。古代の王宮の門としては、最大級の規模である。そして、その南には朝堂が

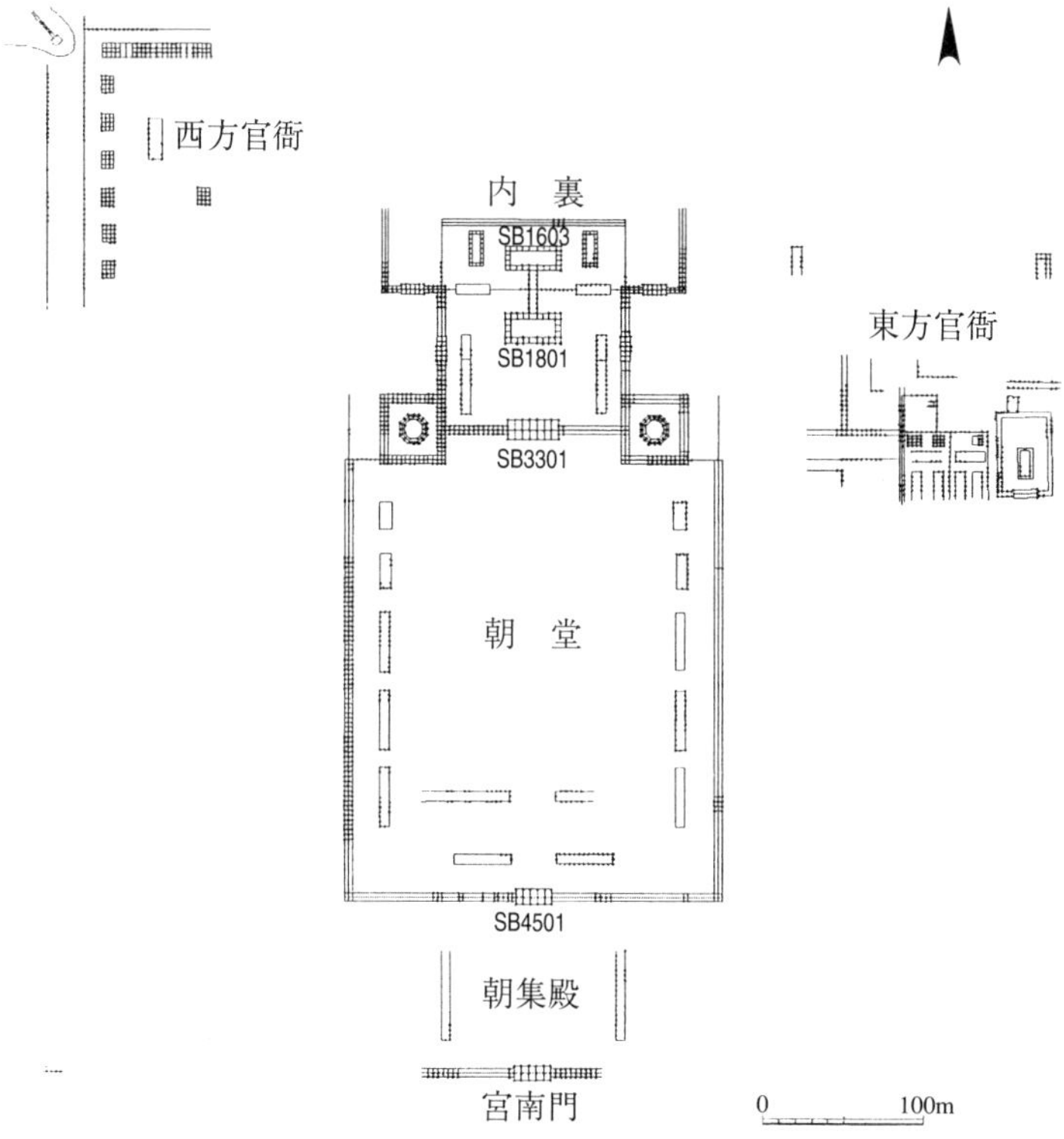

図12　前期難波宮（難波長柄豊碕宮）

ひろがる。朝堂は東西各七堂、あわせて一四堂がみつかっている。朝堂に囲まれた空間が、朝庭《ちょうてい》である。朝堂の規模は、古代の王宮の中で最大規模である。

前期難波宮の朝堂は、発掘調査で朝堂が確認できる最初である。この朝堂の形態が、藤原宮、平城宮へと継承されることになる。ところで、この朝堂は何に起源するものなのであろうか。

朝堂とは何か

吉川真司氏は、「朝堂」は、本来的に大王のもとに大臣・大夫たちが親しく侍《はべ》り、大王から命令を待ち、外国使節などの応対をし、上奏《じょうそう》をとり次いだ空間であったとされる（吉川真司「王宮と官人社会」『列島の古代史三　社会集団と政治組織』岩波書店　二〇〇五年）。朝堂院の起源を大王の宮にあった庁と朝庭の一郭にもとめることには、私も賛成である。また、王宮には、そういった空間が必要である。

ただ、前期難波宮で検出されている遺構をみるとき、朝堂が、仮に大王のもとに、親しく侍る場、侍候空間であったとするならば、東西一四堂もある、巨大な朝堂（院）が、なぜ必要だったのであろうか。

巨大な内裏南門をどうみるか

また、前期難波宮の内裏の南門の巨大さも気にかかる。内裏南門は、大王の居所にもっとも近い場所に設けられた門であるので、後の時代の「閤門《こうもん》」にあたるものと思われるが、この巨大さは、確かに、大王がこの門まで出御してきて、朝堂で儀式などがおこなわれたと考えれば、整合的に解釈はできるが、逆に、その巨大さゆえに、内裏南門から北の空間と南の空間が明確に分かれていたとみることもできる。すなわち、内裏南門までが、本来の大王の宮であり、そのために、それに開く正門である南門が巨大となったと考えることもできる。

そして、文献史料のうえでは、『日本書紀』で、すでに小墾田宮にかかわって朝堂（庁）の存在が確認できるが、考古学の立場からすると、朝堂空間は、前期難波宮ではじめて付加された空間とみなさざるをえない。それ以前から、朝堂（庁）に該当する役割をもった建物があったとしても、少なくとも、前期難波宮にみられる朝堂の形態は、この王宮にはじまるとみるのが自然である。そのようなことからも、内裏南門から北の空間が、本来の大王の宮であったと考えることができるのではないだろうか。

そうすると、小墾田宮の庁を含めて、大王への侍候空間である朝堂は、本来的に内裏南門の中の公的空間にとり込まれていたと考えた方が、その機能からも適切ではないか。実際、後にのべる飛鳥宮、すなわち後飛鳥岡本宮、飛鳥浄御原宮においては、内裏に相当する内郭の南門の中に朝堂にあてうる可能性をもった建物が存在している。ただ、これについても、大臣や大夫たちは、「閤門」の中には侍候しなかったという指摘もあり、単純に解釈できるものではない。

いずれにしても、私は前期難波宮において、内裏と朝堂とが、一体化していない気がする。そして、何よりも、この朝堂空間（形態）は、次の飛鳥宮には継承されないのである。それについて、説得力のある説明は出されていない。飛鳥宮も含めて前期難波宮を整合的に解釈する視点が必要であろう。

前期難波宮をめぐる新視点

以前は前期難波宮について、孝徳朝創建、天武朝創建とで議論があった。しかし、発掘調査で明らかとなった事実を丹念に検討する限り、その中枢部は、確実に七世紀中ごろに造営されており、天武朝とする根拠はなく、孝徳朝の難波長柄豊碕宮とみて問題はない。

ただ、注意しておきたいのは、私たちが、発掘調査で見ることのできる前期難波宮は、その最後の廃絶段階のものであるということである。難波宮そのものは、朱鳥《しゅちょう》元年（六八六）年正月に焼失するまで、三〇年余りにわたって存続しており、その間、どのような改作がおこなわれたのか、孝徳の難波長柄豊碕宮の段階には、どれだけ整備がおこなわれていたのかを厳密に見きわめる作業が、飛鳥宮との比較のうえでも、大化改新の評価のうえでも、今後は必要となるのではないかと考える（林部均「難波宮から飛鳥宮へ」『難波宮と飛鳥宮─新たな歴史像を語る─』（古代都城制研究シンポジウム）大阪市文化財協会　二〇〇六年）。

前期難波宮の歴史的評価

このような問題はあるにせよ、前期難波宮は、内裏と朝堂を南北に配置するもので、飛鳥宮とくらべて、規模や構造のうえで画期的な王宮であった。とくに、広大な朝庭とそれを囲むように配置される一四ないし一六もの朝堂の存在は注目される（吉川真司「難波長柄豊碕宮の歴史的位置」『日本国家の史的特質　古代・中世』思文閣出版　一九九七年）。

後世、大化改新と評価されるさまざまな政治改革が、その実効性はともかく、意図された可能性は否定できない。また、この王宮を造営した財政基盤の問題を考えるとき、新しい支配体制は確実に整備されつつあったとみなくてはならない。律令国家と呼ばれる新しい国のかたちの模索がはじまったとみてよい。この王宮の発掘調査の成果は、飛鳥宮の評価だけではなく、飛鳥時代の歴史像にも大きな影響を与えることだけはまちがいないであろう。

斉明重祚と発掘された飛鳥宮

飛鳥還都

白雉《はくち》四年（六五三）、完成ほどない難波長柄豊碕宮で、中大兄王子は孝徳に倭京、すなわち飛鳥への還都を奏上する。孝徳は許可しなかったが、中大兄王子は、母の皇祖母尊《すめみおやのみこと》・宝王女（皇極）、大后の間人《はしひと》王女、大海人《おおあま》王子らをひきいて、飛鳥に戻り、飛鳥河辺行宮《かわべのかりみや》に居した。孝徳は王位から退き、山崎に王宮をつくろうとするが、失意の中、白雉五年一〇月に難波宮の「正寝《おおとの》」で亡くなる。乙巳の変から、わずか一〇年足らず、その政治路線の違いからであろうか、孝徳を中心とした新政権の結束はもろくも崩れ去った。

前期難波宮はどこまで完成していたか

難波長柄豊碕宮が完成したのは、白雉三年（六五二）年九月である。「其の宮殿《おおとの》の状《かたち》、殫《ことごとく》に論《い》ふべからず」と『日本書紀』で賞賛された豊碕宮は、わずか二年あまりで、正宮ではなくなった。白雉元年（六五〇）一〇月の「将作大匠荒田井直比羅夫《たくみのつかさあらたいのあたいひらふ》を遣《つかわ》して、宮の堺標《さかいのしめ》を立つ」という記事がその造営にかかわるものとするならば、白雉五年（厳密には四年の中大兄の還都の奏上によって、その造営は中断された可能性がある）までの間に、どれだけの施設が完成していたのであろうか。

前期難波宮が難波長柄豊碕宮であることは、前章でのべたとおりでまちがいない。前期難波宮では、宮中枢の内裏、朝堂、朝集殿《ちょうしゅうでん》、宮南門が七世紀中ごろに造営されたことは、発掘調査で出土した土器などの年代的な検討から確実といえるが、その周囲の外郭《がいかく》まで含めて、はたしてどの程度まで完成していたのか、具体的な検討が必要である。

私は、宮中枢は孝徳の頃に造営されているが、その周辺地域の整備、とくに外郭は意外と遅れ、天武一二年（六八三）一二月の複都《ふくと》の詔《みことのり》まで年代的に下がるのではないかという見通しをもっている。

また、最近の古代の王宮の研究では、藤原宮《ふじわらきゅう》や平城宮《へいじょうきゅう》においても外郭を含めて、ある程度の完成をみるまでには、相当の年月を要したことが明らかにされているので、前期難波宮についてもそういった視点からの分析が必要であろう（林部均「難波宮から飛鳥宮へ」前掲書　二〇〇六年）。

ただ、前期難波宮は孝徳の死とともに正宮ではなくなったが、そのまま存続し、斉明も百済《くだら》の救援のための九州への西征にあたって使用された。そして天武一二年一二月の複都の詔によって、ふたたび正宮となり、朱鳥元年（六八六）正月に焼失するまで存続したことは、王宮の変遷や律令国家の形成過程を考えていくうえでも、考慮しなくてはならない重要な事実であろう。

稲淵川西遺跡

ところで、中大兄王子が飛鳥に戻り、居したといわれる飛鳥川辺行宮は、明日香村稲渕《いなぶち》に所在する稲淵川西遺跡がその有力な候補地として考えられている。

稲淵川西遺跡は、飛鳥川の上流の西岸に位置する。一九七七年に発掘調査がおこなわれ、長大な掘立柱建物を南北にならべ、その脇にも南北棟建物が配置されていたことが明らかとなった。さらに、建物と建物との間の空間には人頭大の石が敷きつめられていた。また、掘立柱建物も低い基壇をもっていたと推定される。出土した土器から七世紀中ごろに造営され、平城遷都の頃に廃絶している。中大兄王子が使用した飛鳥川辺行宮であるかどうかはともかく、有力な王子宮、もしくは有力氏族の邸宅とみなしてよい。というのは、古代において「飛鳥」と呼ばれた範囲が、このあたりまで及んでいたのかは、はなはだ疑問であり、飛鳥川辺行宮に比定するには、なお慎重な検討が必要であると考えるからである。

図13　稲淵川西遺跡（奈良文化財研究所提供）

後飛鳥岡本宮の造営

斉明は、その元年（六五五）正月、かつて皇極であったときに使用していた王宮である飛鳥板蓋宮でふたたび即位した。これを重祚《ちょうそ》という。そして、その一〇月に小墾田に瓦葺《かわらぶ》きの宮殿を造営しようとするがうまくいかず、宮殿の材木が腐ったという。さらに、その冬には飛鳥板蓋宮が火災に遭い、飛鳥川原宮《かわらのみや》に遷る。それにかかわると推定される遺構は、川原寺《かわらでら》の発掘調査において、その下層から石組溝《いしぐみみぞ》などがみつかっている。

『日本書紀』斉明二年（六五六）の是歳条によると「飛鳥の岡本に、更《さら》に宮地《みやどころ》を定む」「遂に宮室《おおみや》を起《た》つ。天皇、乃《すなわ》ち遷りたま

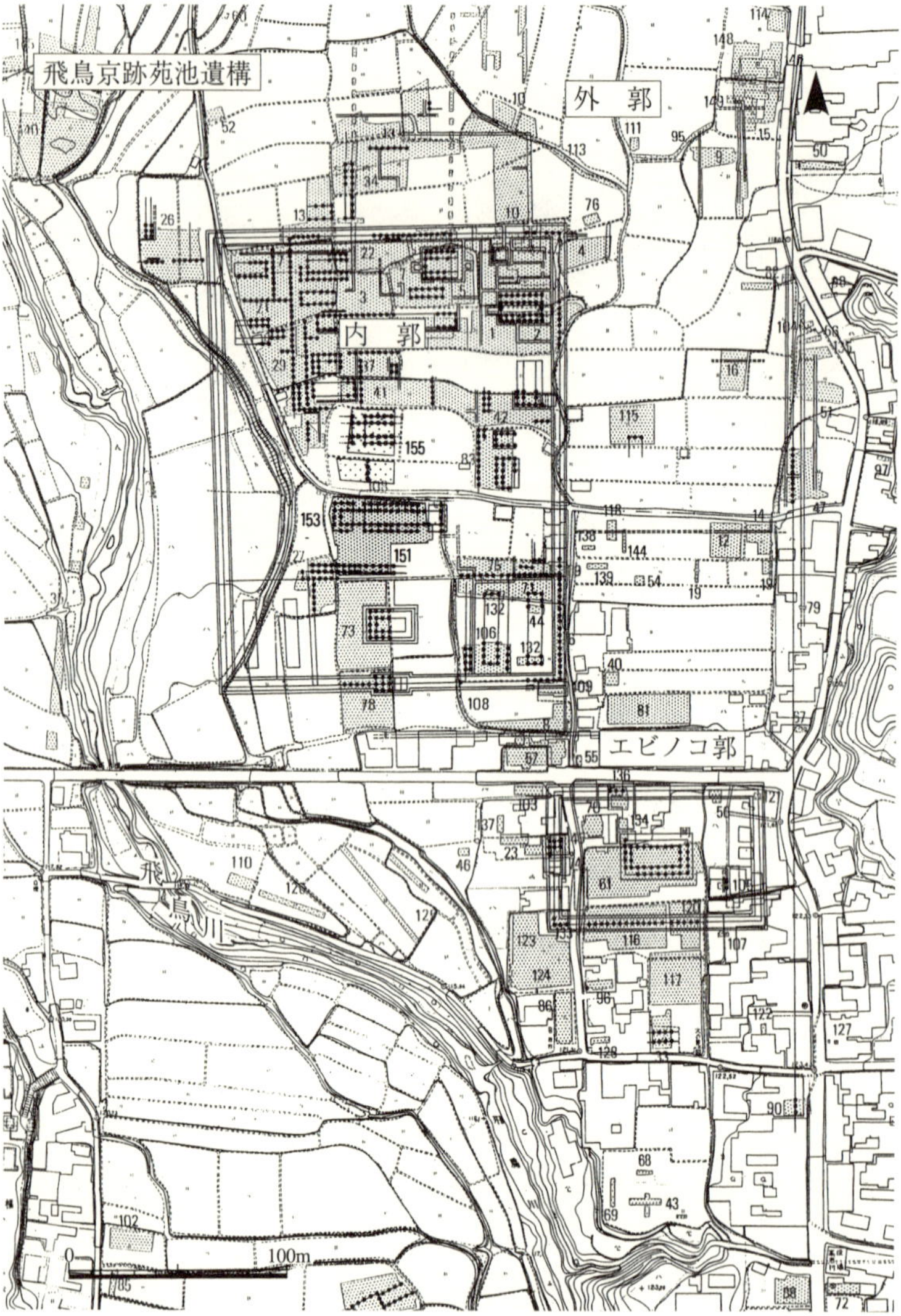

図14　飛鳥宮の発掘調査

ふ。号《なづ》けて後《のちの》飛鳥岡本宮と曰《い》ふ」とある。斉明は、飛鳥板蓋宮の跡地に、後飛鳥岡本宮を造営し、そこに遷る。舒明の飛鳥岡本宮とは、飛鳥岡の麓に造営されたという点では、ほぼ同じ場所に造営されたため、それと区別するために「後」を冠して呼ばれることになった（ただし当時は、ただ単に宮、もしくは飛鳥岡本宮、岡本宮と呼ばれていた）。飛鳥宮のⅢ—A期遺構が該当する。

飛鳥宮Ⅲ—A期遺構

飛鳥宮Ⅲ期遺構は、飛鳥宮の発掘調査でもっとも上層からみつかる宮殿遺構である。内郭とエビノコ郭と外郭とから構成される。内郭だけの段階と内郭をそのまま継承し、その東南にエビノコ郭を造営した段階の二つの時期に区分することができる。前者をⅢ—A期、後者をⅢ—B期と呼んでいる。本章で扱う斉明の後飛鳥岡本宮は、Ⅲ—A期、すなわち内郭だけの段階である。

内郭は南北約一九七㍍、東西一五二～一五八㍍の逆台形を呈する区画で、周囲を屋根付きの掘立柱塀で囲む。その中心部分の発掘調査が二〇〇三年から継続して進められ、その建物配置と変遷がほぼ明らかとなった。今しばらく、その調査成果に依拠しつつ、後飛鳥岡本宮、飛鳥宮Ⅲ—A期のようすについてのべてみよう（図15）。

飛鳥宮Ⅲ—A期遺構は、Ⅱ期遺構である飛鳥板蓋宮が焼失した後に、ほぼ同じ場所に造営された。そのため、Ⅱ期遺構の地割などを継承して造営された。

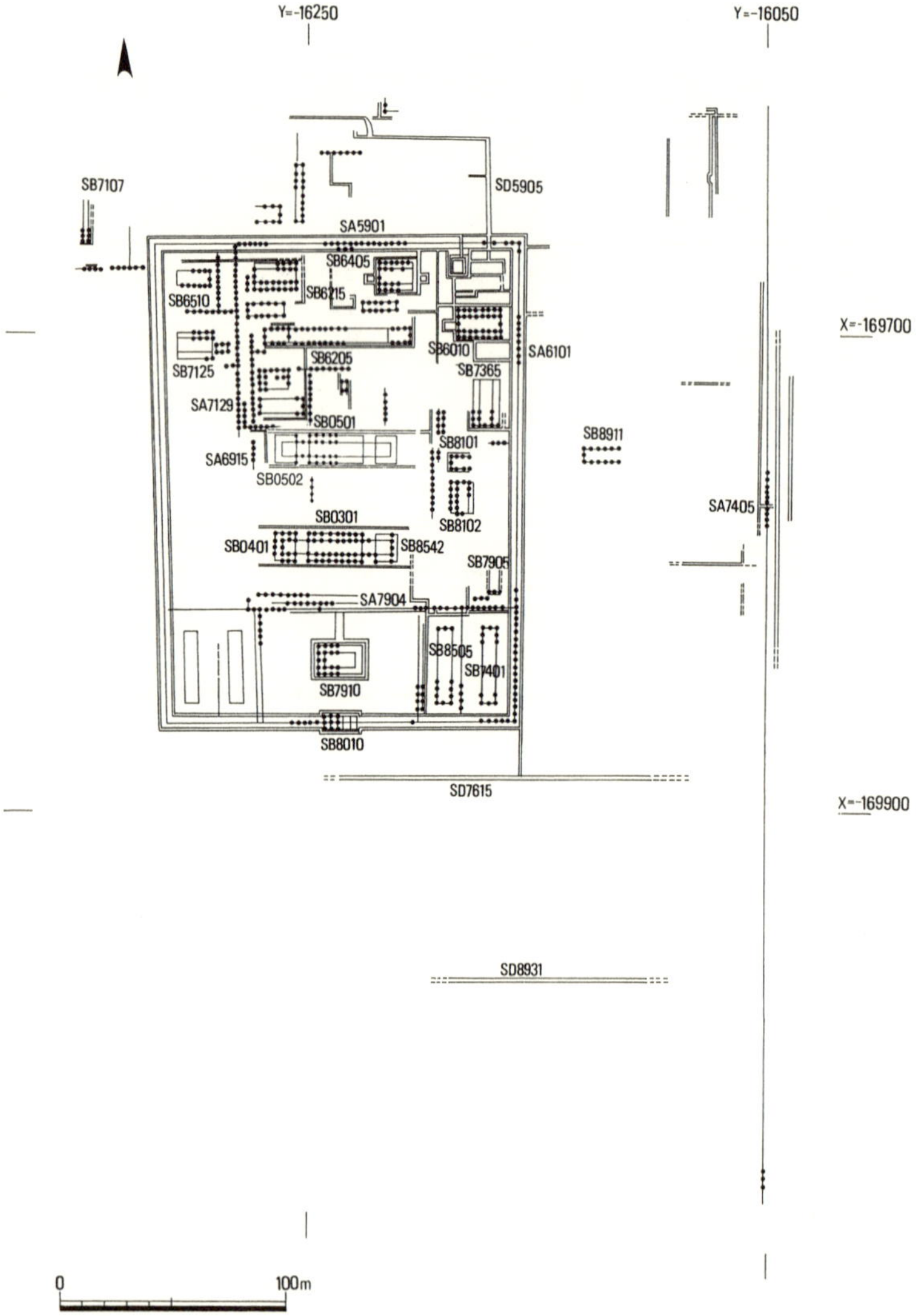

図15　飛鳥宮Ⅲ—A期遺構（後飛鳥岡本宮）

内郭の北と南

内郭はその南よりに位置する東西方向の掘立柱塀（SA七九〇四）を境にして、北と南に分かれる。その北の空間には人頭大の玉石が敷かれ、その南の空間にはバラス（砂利）が敷きつめられている。前者を内郭の北区画、後者を南区画と呼んでいる。この二つの空間は、地面の舗装方法が大きく異なることから、その使われ方も含めて性格が大きく異なったものと推定される（今尾文昭「伝承飛鳥板蓋宮内郭における南と北」『飛鳥京跡―第74次〜第89次および嶋宮推定地第17次調査概報』一九八二年）。

内郭の南区画の正殿

内郭の南北中心軸線上の南辺には、南門（SB八〇一〇）がある。東西五間、南北二間で、両側に掘立柱塀が取りつく。内郭全体の正門である。内郭の南門の前面には、儀式をおこなう広場である「庭《てい》」が存在したと推定される。

南門の北には、前殿（SB七九一〇）が配置される。東西七間、南北四間、四面に庇をもつ建物である。建物の周囲には柱筋から外へ一・二㍍のところで幅〇・九㍍の石敷がめぐる。また、発掘調査などでは床束《ゆかづか》（床を支える柱）の痕跡は検出されていないが、他の建物などとのバランスの関係（飛鳥宮で検出されている建物の大半には床束があり、床張の建物）で、この建物も床張りであったと推定する。さらに、低い基壇をもっていた可能性も考えられる。そして、屋根は、発掘調査では瓦は出土しておらず、檜皮葺《ひわだぶ》き、もしくは板葺きであった。内郭の南区画におかれた正殿であるとともに、内郭全体の正殿とみてよい。

前殿の前面には幅約一二㍍の「庭」とよばれる儀式のためのバラスが敷かれた空間がひろがる。

掘立柱建物

ちなみに、飛鳥宮の発掘調査で見つかる建築遺構は、すべて掘立柱建物といって、地面に四角い穴（柱穴）を掘って、太い柱を建てる様式で、屋根には瓦が葺かれることはない。板葺き、もしくは檜皮葺きであった。ちなみに、宮殿建築に瓦葺きで礎石《そせき》建物が導入されるのは、飛鳥宮の次の藤原宮からである。

正殿とは

ここでいう正殿《せいでん》とは、ある空間におかれた中心となる殿舎を指している。王宮には、さまざまな機能をもった空間が存在したので、それぞれの空間には、中心となる殿舎が配置されていた。そういった意味では、いくつもの正殿が存在した。本書でも、そういったことを考慮しつつ、厳格に正殿という用語を使っていきたい。

ただ、発掘調査でみつかる遺構が、当時、何と呼ばれていたのかは、ほとんどわからない。後に飛鳥浄御原宮にかかわって、検出された建築遺構の殿舎名の比定を検討するが、これなどは『日本書紀』に殿舎名にかかわる多くの記事が残されていたから検討が可能となっただけで、例外中のこととみてもらってよい。

また、当たり前のことであるが、今、本書中で正殿と呼ぶからといって、当時も正殿と呼ばれていたかどうかはわからない。ある空間におかれた中心となる殿舎、という程度でご理解いただきたい。

遺構の呼称方法

文中に頻出するSB八〇一〇とか、SB七九一〇といった名称は、検出された遺構を客観的に表記するために使用している遺構名称で、たとえば、SBは建物、SAは塀、SDは溝、SEは井戸を示している。飛鳥宮の場合、SB八〇一〇は、SBは建物を示し、八〇は一九八〇年度の調査を示し、一〇は一九八〇年度にみつかった遺構の中で一〇番目を示している（番号の振り方は、調査機関ごとで異なるので注意）。たいへん煩わしく、一般の読者の方々にはとっつきにくいものであるが、本書では正確を期すために併記した。単なる記号と思って、読み飛ばしていただいても構わない。

それでは、発掘調査で明らかとなった後飛鳥岡本宮のようすに戻ろう。

後飛鳥岡本宮の朝堂

内郭の南区画におかれた正殿である前殿（SB七九一〇）から北区画にむかって幅約三メートルの石敷の通路がのびている。しかし、北区画と南区画とを隔てる東西塀（SA七九〇四）には、この通路に対応する門などはとくに存在しない。

内郭前殿の東には、二本の掘立柱塀を挟んで二棟の南北棟建物（SB七四〇一・八五〇五）が配置される。それぞれ南北十間、東西二間の掘立柱建物である。床束や階段の痕跡がみつかっているので、これらの建物も床張りであった。これらの建物を朝堂（庁）とする意見がある（小澤毅「飛鳥浄御原宮の構造」『日本古代宮都構造の研究』青木書店　二〇〇三年、吉川真司「七世紀宮都史研究の課題」『日本史研究』五〇七　二〇〇四年）。

朝堂が本来的に大王のもとに、大臣や大夫などの諸臣が侍候する空間であったとみてよいならば、これらの建物をそれとみることもできるが、前期難波宮の内裏の南にひろがる朝堂と呼ばれる建物群とは、その建物配置や規模などが大きく異なることは重く見なくてはならない（林部均「古代宮都と前期難波宮―その画期と限界―」石野博信編『古代畿内物流の考古学』学生社　二〇〇三年）。この点は、あとであらためてのべる。

内郭北区画の正殿

内郭前殿の北、北区画の南北軸線上には、二つの大型建物（SB〇三〇一・〇五〇一）が南北に配置される。ともに東西八間、南北四間である。北と南に庇《ひさし》をもつ切妻《きりつま》建物である。階段の痕跡は南の大型建物（SB〇三〇一）だけで確認できた。南北両面とも、中央ではなく、東と西の妻から二間目の位置で、その痕跡が確認できた。階段の痕跡から床の高さを復元すると約二メートル《メートル》となり、高床の建物であったことがわかる。

二つの大型建物の東と西とには、それぞれ小殿《こどの》がおかれ、中央の大型建物とは南北二間の廊状の建物（廊下）でつながり、一体として利用された。大型建物の東と西とに配置された小殿は、すべて同一構造・規模で、東西三間、南北四間、そして東に配置された建物は北と南、そして東に庇《ひさし》をもち、西に配置された建物は北と南、そして西に庇をもつ。

大型建物を中心とした建物群は、その東西で、それぞれ柱の並びがきちんと揃うだけではなく、それぞれ南北の建物群同士でも、柱の並びがきちんと揃う。これらの建物群が計画的に一体として造営されたことは明らかである。

図16　内郭北区画の南の正殿
（奈良県立橿原考古学研究所提供）

この二つの建物群で、年代的な時期差を考える意見もあるが、ともに柱抜き取り穴から出土する土器は藤原宮期のものであり、廃絶がほぼ同時期であったことがわかる。また、柱の抜き取り方も、二つの建物群で共通しており、ほぼ同じ時期に解体されたことがわかる。さらに、この

図17　内郭北区画の北の正殿
（奈良県立橿原考古学研究所提供）

二つの建物群が強い計画性のもとで造営されていることはすでにのべた。また、建物を建てるときの造成の方法や石を敷く手順なども、まったく同じであった。ほぼ同時に造営されたと考えられる。

　大型建物を中心として東西に配置された小殿は、廊状建物（廊下）でつながっていた。そのため、廊状建物が接続する箇所にあたる中央の大型建物の妻の棟柱《むなばしら》や小殿の該当する部分の柱は、最初から建てられてはいなかった。おそらく、廊状建物が南北二間であることから、その場所に柱を建ててしまうと、廊下のまん中に柱が建つこととなり、通路として不都合が生じるので、最初から柱を建てずに造営されたものと推定される。すなわち、中央の大型建物とその両側におかれた小殿は一体的に使うように造営されていた。おそらく床の位置なども揃えられていたのではないかと思われる。

幢幡施設

また、大型建物の四隅では、旗ざおを立てたと推定される施設がみつかった。旗ざおを建てた施設は、幢幡《どうばん》施設などと呼ばれるが、建物をより荘厳に飾るために、このような施設が建物の四隅につくられた。幢幡施設の遺構は、旗ざお本体を支える支柱の痕跡で、国旗掲揚台の旗ざおを支える支柱を思い浮かべていただきたい。

巨大な正殿の発見

ところで、内郭北区画で検出された建物群は、中央の大型建物が南と北とに庇をもつ切妻建物であった。東の小殿が南と北、そして東に庇をもつ建物であった。西の小殿は北と南、そして西に庇をもつ建物であった。そこで、これらの建物群全体で、一つの四面に庇をもつ巨大な建物として、造営されたとも考えることができる。そうすると、東西一八間で約五四㍍、南北東西四間で約一二㍍の巨大な建物（群）に復元できる。このような巨大な建物（群）が、内郭の中央、かつ内郭の北区画に、南北に並んで配置されていた。

斉明が土木工事を好んだ大王であったことは、最近、とくに強調されていることではあるが、この巨大な建物（群）の存在を考えるとき、あらためて、そのことにうなずける想いがする。まさに内郭北区画の巨大な建物群は、斉明がつくった宮殿として、より相応しいものであった。

このような斉明にかかわる評価はひとまずおくとしても、内郭北区画には、同一構造・規模の建物群が南北に並んで配置されていた。ともに正殿《せいでん》と呼ぶべき建物であるといえるが、南の大型建物（SB〇三〇一）を中心とした建物群は内郭北区画の南の空間におかれた正殿（南の正殿）、北の大型建物（SB〇五〇一）を中心とした建物群は内郭北区画の北の空間におかれた正殿（北の正殿）であった。

儀式のための「庭」

それぞれの正殿の前面には、儀式をおこなうための「庭《てい》」と呼ばれる広場があった。南の正殿の前面に南北約一二㍍、北の正殿の前面には南北約二二・五㍍の広場がひろがっていた。北の正殿の前面の「庭」がもっともひろいことは注意してよい。内郭南区画の前殿（SB七九一〇）の南の広場はバラス敷であったが、北区画では人頭大の石が敷きつめられていた。

それでは、こういった南北軸線上に配置された建物は、どういった役割をもっていたのであろうか。

公的な空間と私的な空間

先に内郭は南よりに位置する東西塀（SA七九〇四）を境にして、その北と南とで、舗装の仕方が変わることをのべた。そして、それが、おのおのの空間がもつ性格の違いを反映している可能性を指摘した。

通常、正門を入ってすぐのところには、そこに住まう人物が外部と接触する建物が配置されることが多い。そして、さらに奥まったところには、居住のためのスペースが確保されることが多い。すなわち、前者が公的な空間であり、後者がより私的な性格を帯びた空間とみることができる。

そのようなことから考えると、内郭の南区画は正門である南門を入ってすぐの空間であり、公的な性格を帯びた空間とみてよい。また、北区画は、さらに奥まったところに位置することになるので私的な性格を帯びた空間とみることができる。

公的な正殿・私的な正殿

このような視点から、あらためて内郭の南北軸線上で検出されている大型建物の性格を考えると、内郭の南区画の正殿である前殿（SB七九一〇）は、大王が北区画の居住空間から出御してきて重要な儀式をおこなう殿舎であり、かつ南区画は、大王が公的な儀式をおこなう空間であった。

いっぽう、北区画は大王の居住空間となるが、その中の中央に配置された南の正殿（SB〇三〇一）は、居住空間という私的な空間の中でも、なお諸臣を引き入れて儀式などをおこなった殿舎とみてよい。そして、さらに奥まったところに配置された北の正殿（SB〇五〇一）の一郭は、より限定された人物しか入ることの許されない空間、もしくは大王の居住空間といったきわめて私的な性格の強い空間であり、北の正殿は、そのような空間に配置された正殿とみることができる。

飛鳥宮Ⅲ—A期の内郭の中枢については、二〇〇三年からはじまった発掘調査によって、ここまでのべてきたように復元することが可能となった。

後飛鳥岡本宮の歴史的位置

それでは、後飛鳥岡本宮、飛鳥宮Ⅲ—A期遺構は、古代における王宮の変遷のなかで、どのように位置づけられるのであろうか。

もともと王宮には、大王の居住空間としての機能と、政治の空間としての機能があった。『日本書紀』から復元できる小墾田宮は、その二つの機能が未分化の状態で「大殿《おおとの》」に混在していた。

王宮の発展の歴史は、単純化すると、基本的に、そういった二つの機能が統合された状態から、政治的な機能、すなわち公的な機能が独立していく過程であったと私はみている。そういった意味では、前期難波宮では、内裏の中にあるとはいえ、公的な機能をもった殿舎（内裏前殿）と私的な機能をもった殿舎（内裏後殿）とが分離しており、公的な機能をもった殿舎が、すでに独立している。そして、飛鳥宮Ⅲ—A期でも、内郭という一つの区画の中で、公的な機能をもった空間（南区画）と私的な機能をもった空間（北区画）とに分かれており、基本的に前期難波宮の内裏の空間構成が継承されているとみてよい。ただ、北区画だけが、さらに二つの空間に分割され、それぞれの空間に正殿が配置されていた。私的な空間がとくに発展して機能が分化した。しかし、公的な空間と私的な空間とが、同じ内郭と呼ばれる内裏空間の中に統合されていたということでは、同じ段階の王宮とみてよい。

朝堂が継承されない意味

ただ、前期難波宮と飛鳥宮Ⅲ―A期との大きな違いは朝堂空間の有無にある（図18）。前期難波宮では内裏の南に広大な朝堂空間があり、一四ないしは一六もの朝堂が配置されていた。この空間が、飛鳥宮Ⅲ―A期には継承されない。内郭の南区画、前殿（SB七九一〇）の東に位置する南北棟建物（SB七四〇一・八五〇五）を朝堂とする意見がある。私もそれを否定するものではない。朝堂（庁）の本来の機能が吉川真司氏のいわれるような大王のもとへの侍候空間とみてよいならば、むしろ、そのように考えるのが自然だと思う。

それであっても、前期難波宮と同じ形態をした朝堂が存在しない事実は重くみなければならないであろう。飛鳥宮Ⅲ―A期の内郭の南には飛鳥川が流れており、地形的な制約から広大な朝堂をつくることができなかったと単純に考えることもできるが、斉明は、皇極であったときの飛鳥板蓋宮で即位し、それが火災焼失した後に、はじめて後飛鳥岡本宮を造営している経緯から考えると、前期難波宮の朝堂と同じかたちをした朝堂がどうしても必要ならば、後飛鳥岡本宮を造営するときに別地に新たな王宮を求めることもできたはずであるが、それをあえてしなかったことの意味を、もっと問う必要があるのではないか。

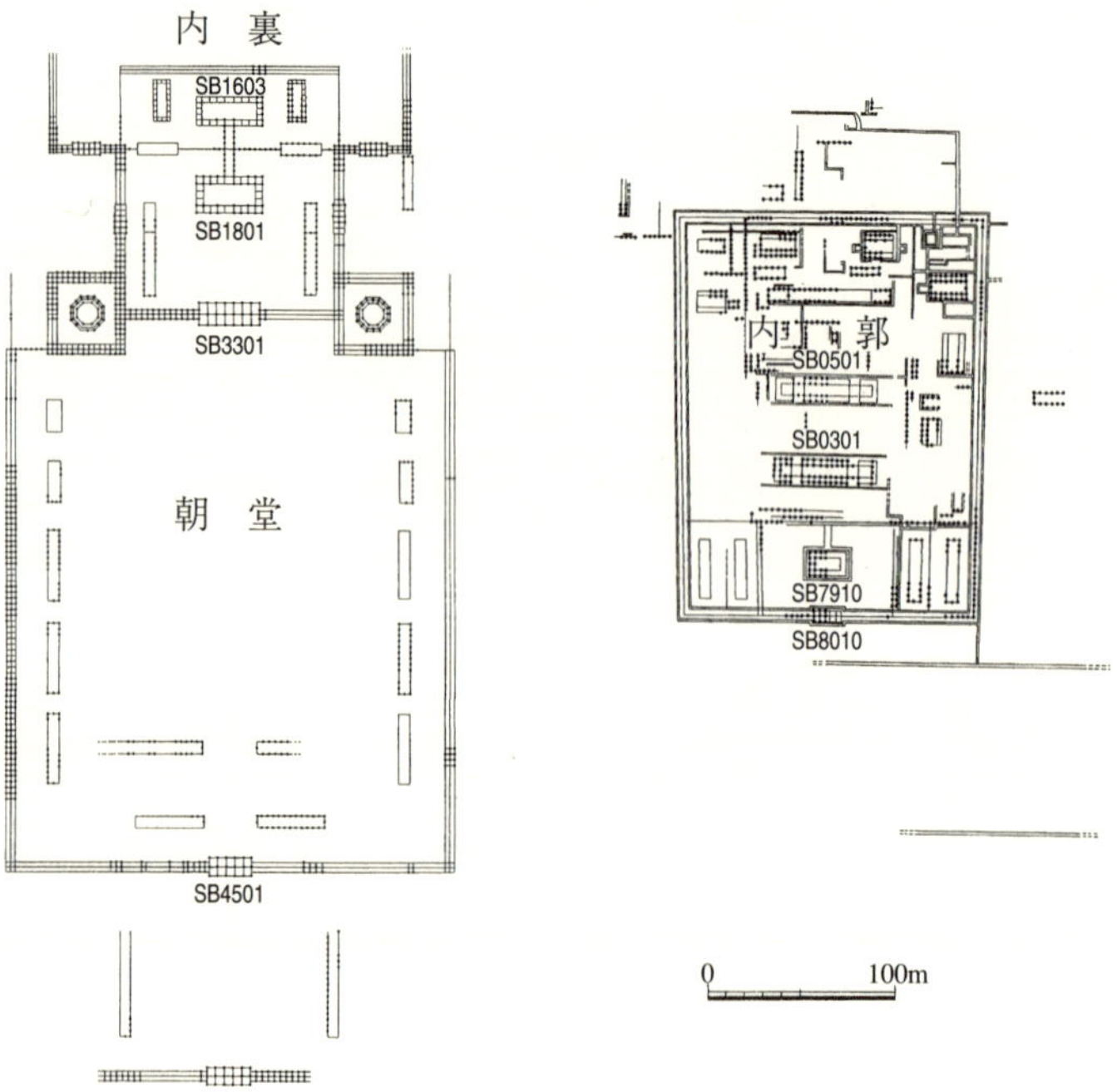

図18　前期難波宮（左）と飛鳥宮Ⅲ—A期遺構（右）

斉明はあえて、飛鳥にこだわりつづけた。いずれにしても、飛鳥宮Ⅲ—A期には前期難波宮と同じかたちをした朝堂は造営されなかった。必要であったが、地形条件に制約され造営されなかったのか、もともと必要ではなかったから造営されなかったのかは、この王宮を評価していくうえでも、きわめて重要な問題であり、もっと議論されてもよいと考える。今後の大きな課題である。

図19　飛鳥宮から見る飛鳥岡

斉明の飛鳥へのこだわり

斉明は、なぜ飛鳥にこだわりつづけたのであろうか。これは、今泉隆雄氏が指摘されるように飛鳥岡が神聖な丘として舒明からはじまる王権にとって特別な意味をもっていたからという解釈がもっとも妥当である。飛鳥岡に王宮を造営することによって、王権の正統性を目で見えるかたちで示したものと推定される。これは、『日本書紀』斉明二年の記事にみられる宮の東の山に石垣を築き、飛鳥岡をより荘厳に見せようとすることと一連のこととみてよい（今泉隆雄「飛鳥浄御原宮の宮号について」『東アジアの古代文化』一一八号　二〇〇四年）。

「飛鳥宮」の成立

ここまで、斉明の王宮について詳しくみてきた。つぎに周辺の遺跡の状況を整理して、斉明がこだわり続けた飛鳥が、いかに整備されていったのかを具体的に検討してみたい（図20）。

「時に興事を好む」

まず、『日本書紀』斉明二年（六五六）是歳条によると、斉明は「時に興事を好む」と評される。「興事」は「オコシツクルコト」と読んで、一般的に土木工事のことを意味し、斉明が土木工事を好んだと記録される。

そして、同じ斉明二年是歳条では、「廼《すなわ》ち水工《みずたくみ》をして渠《みぞ》穿《ほ》らしむ。香山《かぐやま》の西より、石《いその》上山《かみのやま》に至る。舟二百隻を以て、石上山の石を載《つ》みて、流《みず》の順《まま》に控引《ひ》き、宮の東の山に石を累《かさ》ねて垣とす。時の人の謗《そし》りて曰《い》はく、『狂心《たぶれごころ》の渠《みぞ》。功夫《ひとちから》を損《おと》し費《ついや》すこと、三万余。

垣造る功夫を費し損すこと、七万余。宮材《みやのきだ》爛れ、山椒《やまのすえうずも》埋れたり』といふ。又、謗りて曰はく、『石の山丘《やまおか》を作る。作る随《まま》に自《おの》づからに破《こほ》れなむ』といふ」という記事がつづく。

すなわち、水工に命じて香山（香具山）の西から石上山に至る運河を掘らせ、舟二〇〇隻に石上山の石を積み、流れに沿ってそれを引き、宮の東の山に重ねて垣とした、とある。

石上山は、かつては奈良県天理《てんり》市の石上神宮付近の山と推定されていたが、最近は明日香村岡の酒船石《さかふねいし》遺跡にあてる意見が有力である。石上山の石を積んで石垣としたので宮の東の山も石上山と呼ばれることになったのであろう（和田萃『飛鳥―その歴史と風土を歩く―』岩波書店　二〇〇三年）。

そして、運河を利用して石を運び、宮の東の山に重ねて垣としたという。宮の東の山は、宮が後飛鳥岡本宮を指すことはまちがいないので、後飛鳥岡本宮、すなわち飛鳥宮Ⅲ―A期遺構のひろがる高台のすぐ東の山、酒船石遺跡一帯を指す。酒船石遺跡では、後にものべるように丘陵を大規模に整形して、三重に石垣がまわっていることが発掘調査で確認されている。宮の東の山を酒船石遺跡にあてることができよう。

しかし、石上山をどこに求めるのかは、実際、酒船石遺跡で垣として積まれている石材は、天理砂岩《さがん》とよばれる天理市石上付近でとれるものであり、その解釈には検討の余地が残されている。『日本書紀』でも、「石上山の石を載みて」と明確に記録されており、また、

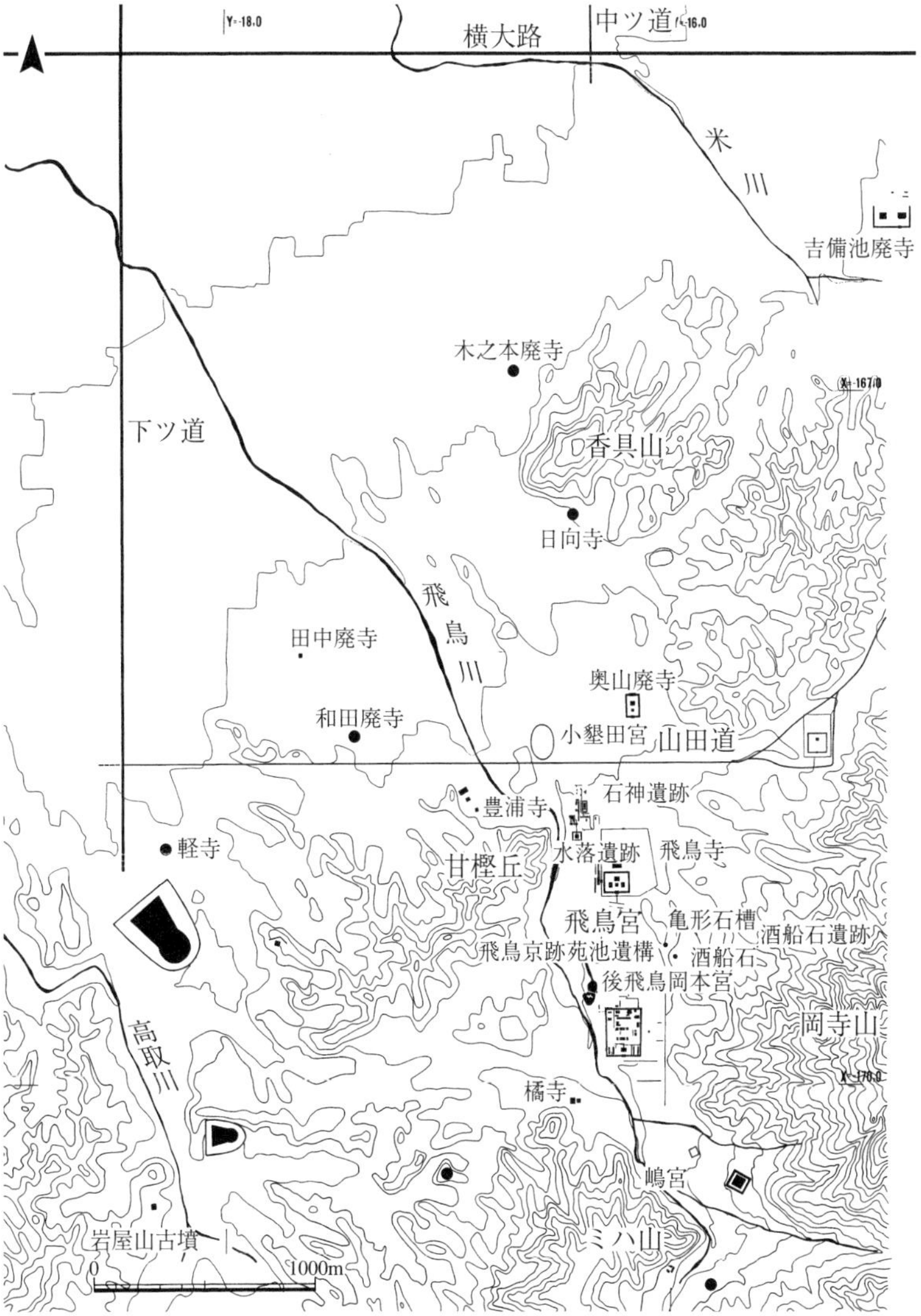

図20　斉明朝の飛鳥・藤原地域

「流の順に控引き」とあり、香具山から酒船石まで運河を引いたとするならば、下流から上流に向かって、石を積載して運んだことになり、記載とは矛盾することになる。このあたりをいかに整合的に解釈するかという課題が残されている。

「時の人の謗りて曰はく」

斉明は大規模な運河を掘削し、大量の石材を運び、宮の東の山に石垣をきずいた。このことに対して、『日本書紀』には、「時の人の謗りて曰はく」とあり、斉明を批判する記事がつづく。斉明による大土木工事に批判的であったことがわかる。斉明がつくった運河は「狂心《たぶれごころ》の渠《みぞ》」と呼ばれた。一般的に大王の行為をここまで批判するであろうか。また、「功夫を損し費すこと、三万余」とある。宮の東の山に築いた石垣も「垣造る功夫を費し損すこと、七万余。宮材爛れ、山椒埋れたり」とあり、「作る随に自づからに破れなむ」とある。いずれにしても、肯定的に書かれることはない。

さらに、斉明四年一一月に孝徳の子である有間《ありま》王子の謀反《むほん》事件にかかわっても、「天皇の治《し》らす政事《まつりごと》、三つの失《あやまち》有り。大きに倉庫《くら》を起《た》てて、民財《おおみたからのたから》を積み聚《あつ》むること、一つ。長《とお》く渠水《みぞ》を穿《ほ》りて、公粮《ひとのくらいもの》を損し費すこと、二つ。舟に石を載みて、運び積みて丘にすること、三つ」とあり、斉明の大土木工事が批判されている。

『日本書紀』はもともと天武の即位を正統づける方針で編纂されていた。斉明は天武の

図21　飛鳥東垣内遺跡（明日香村教育委員会提供）

母にあたる。本来ならば、天武の母として不都合な記事は掲載しなかったはずである。しかし、そのような編纂方針があったにもかかわらず、これだけの批判的な記事が掲載されるということは、裏を返せば、それだけ斉明による大規模な土木工事が強行に推し進められたことを示している。

近年、飛鳥ではこのような斉明にかかわった大土木工事の一端が、発掘調査で実際に確認されつつある。

「狂心の渠」

まず、「狂心の渠」であるが、それに相当する運河のあとが、飛鳥坐《あすかにいます》神社の西南で発見されている。飛鳥東垣内《ひがしかいと》遺跡である。幅約一〇メートル、深さ三メートルの素掘《すぼ》りの溝が発掘調査で確認された。上流は、酒船石遺跡の丘陵の方向にのび、下流は、現在も中の川とよばれ、飛鳥寺の寺域を避けて北流し、香具山の方へ向かう。まさに宮の東の山に積み上げた

図22　酒船石遺跡
(明日香村教育委員会提供)

石材を運んだ運河に相応しい。

二〇〇六年の夏、私は、この流路に沿って踏査を試みた。中の川が飛鳥寺の寺域の手前で直角に曲がり、寺域をうまく迂回していることが地形に即して理解することができた。直角に曲がる自然の川はない。人工の運河を踏襲した川であることを実感した。「狂心の渠」がそのまま残っているのである。

「宮の東の山に累ねて垣とす」

『日本書紀』にみられる「宮の東の山」「石の山丘」は、飛鳥宮の東の丘陵地でみつかった酒船石遺跡があたる。もともと江戸時代から酒船石と呼ばれた謎の石造物が位置した丘陵で、一九九二年、村道建設のために丘陵を削っていたところ、斜面から花崗岩《かこうがん》の基礎のうえに天理砂岩を積み上げた石垣が発見された。その後、さらに周囲で範囲確認の調査が進められ、丘陵全体をとりまくように三重に石垣がとりまいていることが判明した。さらに、その最上段は、大規模に地形をカットして、版築《はんちく》をして平坦な面を造成していることも明らかとなった。これまでさまざまな用途が推測されてきた酒船石も、そのような大規模な施設の一部であったことが判明した。まさに『日本書紀』の記述を裏づける成果であった。

斉明はなぜ宮の東の丘陵にこのような施設をつくったのであろうか。斉明の後飛鳥岡本宮の東の丘陵は、飛鳥岡と呼ばれ、神聖な場所であった。そのため、斉明が、この飛鳥岡の麓に王宮をつくることにこだわり続けたことは、先にものべた。舒明からはじまる新しい王権にとって、飛鳥岡は特別な神聖な丘であった。そのため、その正統性を示すためにも、飛鳥岡の麓に王宮が造営された。そして、その王宮をより荘厳にみせるために、飛鳥岡に地形改変を加え、石垣をめぐらして、より立派にみせようとしたのではないだろうか。

私は二〇〇三年から飛鳥宮の内郭中枢の発掘調査を担当することになり、いつも発掘をしつつ、毎日のようにこの酒船石遺跡のある丘陵を見続けることになった。岡寺山から西に向かって派生してくる丘陵の突端であり、かつ若干、丘陵が高くなったところに位置し、まさに目立つ場所に、そういった施設をつくられていることを実感した。

ところで、この遺跡を斉明二年是歳条にみられる両槻宮《ふたつきのみや》にあて、道教《どうきょう》の施設であったと考える意見もみられるが、『日本書紀』によるかぎり、両槻宮は田身嶺《たむのみね》、すなわち多武《とうの》峯《みね》にあったと明確に記されているので、この遺跡を当てることは困難であろう。

図23　亀形石槽（明日香村教育委員会提供）

亀形石槽の発見

二〇〇〇年二月、酒船石遺跡として石垣がとりまいている丘陵のすぐ北の隣接地で、亀のかたちをした石槽《せきそう》と小判のかたちをした石槽を組み合わせて使用する導水施設が発見された。周囲には階段状に石が敷かれ、石組溝がめぐらされていた。

その用途については、さまざまな意見がのべられているが、私は、水を使った何らかの国家的な祭祀をした場であったのではないかと考えている。何せ、あまり類例のない遺構であり、その用途も含めた思想的な意味は今後の検討にゆだねたい。

いずれにしても、こういった施設は、王宮やそれを中心に繰り広げられる儀式などを荘厳化する舞台装置のひとつであったとみてよい。

なお、この遺跡には下層遺構がある。それを壊して石敷などがつくられている。その時期は、出土した土器などから皇極朝までさかのぼる可能性があるという。

ところで、発掘調査でみつかった導水施設からは、今も水がこんこんと湧き出ている。まさに飛鳥の浄水である。その水は、今は遺跡の横に引かれていて、誰でも手軽に飲めるようになっている。飛鳥時代の息吹を一瞬でも感じることができる。

つぎに飛鳥の北辺の遺跡をみてみよう。飛鳥の北辺には、石神《いしがみ》遺跡や水落《みぞおち》遺跡がある。

石神遺跡

石神遺跡は、飛鳥寺の北西に隣接し、一九八一年から継続して発掘調査がおこなわれている。長大な掘立柱建物で囲まれた長方形の区画が東西に二つ並んでみつかっている（図24）。東区画は、東西約二五㍍、南北約五〇㍍、長大な建物に囲まれた空間には、南北棟の正殿が配置されている。東区画の南では石組で護岸をした方形池や石敷がみつかっている。周辺から東北地方で使われていた内面を黒色化した土師《はじ》器《き》が出土しており、蝦夷《えみし》などの服属儀礼につかわれたのではないかと推定されている。また、同じ方形池は宮城県仙台市の郡山《こおりやま》遺跡のⅡ期官衙《かんが》にともなって、正殿の北でみつかっており、これも同様の性格をもっていたと考えられる（今泉隆雄「古代国家と郡山遺跡」『郡山遺跡発掘調査報告書』二〇〇五年）。

さらに、東区画では一九〇二・〇三年に石人《せきじん》像や須弥山《しゅみせん》石が出土した。石人像は男性の後ろから女性が抱きつくもので、それぞれの口から水が吹き出るようになっている。人物

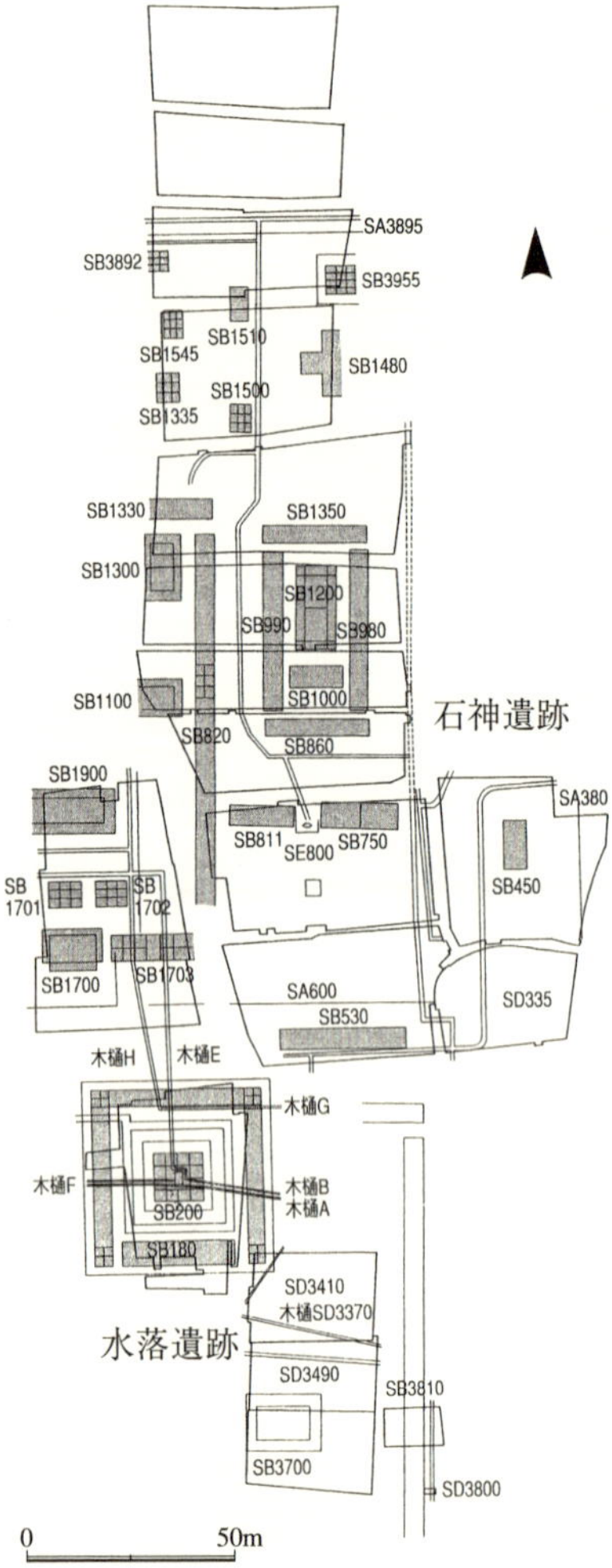

図24　斉明朝の石神遺跡・水落遺跡
（『続明日香村史』所収，一部加筆）

の風貌は奇妙なもので、胡人《こじん》（中国にやってきた西方地域の人々の総称）を象《かたど》ったものと推定される。また、須弥山石は、仏教の中心世界を示す須弥山を象ったものといわれる。これも、噴水施設であったと推定される。饗宴《きょうえん》などの儀式の場におかれたものであろう。

須弥山については、『日本書紀』推古二〇年（六一二）是歳条、斉明三年（六五七）七月辛丑《しんちゅう》条、斉明五年（六五九）三月甲午《こうご》条、斉明六年（六六〇）五月是月条に記事がみられ

図25　石神遺跡方形池（奈良文化財研究所提供）

図26　須弥山石（東京国立博物館所蔵）

図27　石人像（東京国立博物館所蔵）

る。とくに斉明朝に三つの記事があり注目される。斉明三年七月辛丑条では、飛鳥寺の西で覩貨邏人《とから》を饗宴、斉明五年三月甲午条では、甘檮丘《あまかしのおか》の東の川上《かわら》で陸奥《みちのく》と越《こし》の蝦夷を饗宴、斉明六年五月是月条では、石上池のほとりで粛慎《みしはせ》を饗宴しており、すべて異国の人々への饗宴であり、もともとからの固有信仰だけではなく、仏教という普遍的な宗教をもとに服属儀礼などが執り行われたのではないかと推定される。

いっぽう、石神遺跡の西区画は、東西推定約七〇メートル、南北約一〇七メートルで、長大な掘立柱建物によって囲まれている。南半に正殿にあたると思われる建物が位置する。これら東区画と西区画の北には倉庫などが配置され、さらにその北には基壇をもつ東西塀（SA三八九五）がある。その外側には、東西石組溝（SD三九五〇）があり、石神遺跡の北辺と推定されている。

では、石神遺跡は、どのような性格をもつ施設なのであろうか。ごく一般的には、外交にかかわる迎賓館《げいひんかん》的な施設とする意見が有力であるが、それを否定する証拠も、肯定する証拠もないというのが現状ではないだろうか。さらに、今後の検討が必要であろう。

飛鳥宮の北辺を探す

また、性格にかかわってであるが、先に石神遺跡の北辺として紹介した東西塀を、私は飛鳥宮全体の北の区画施設をも兼ねていたのではないかと考えている。その規模や構造が、王宮全体の外郭施設として遜色ないものであることや、この東西塀を壊して流れる藤原宮期の溝から出土した天武朝までさかのぼる木簡《もっかん》の中に「・御垣守□」という削り屑木簡が含まれていることから、飛鳥宮の北辺を画する外郭施設であった可能性を考えたい。

古代において「御」という尊敬語がつけられる人物は限られる。ここに記された「垣」は大王、もしくは天皇にかかわるものと考えるのが自然であろう。とするならば、木簡の資料的な特性を考慮しても、この付近に、そのような大垣が存在した可能性は高い。

ただ、東西塀は斉明朝にのみ存続して、天武朝には存在しない。東西塀を王宮の北辺としたとき、その点をどのように考えるのかという問題が残る。しかし、この場所がまさに飛鳥の北端にあたるので、王宮全体の北辺をこのあたりに想定しても、あながち無理なことではないであろう。そうすると、石神遺跡は、王宮の中の施設であったということになり、その性格を考えるうえで、考慮しなければならないことと思われる。

また、飛鳥宮の北辺を探る調査が、二〇〇六年から開始された。いまだ、明確に北限と確実にいえるような遺構は検出されていないが、今後の調査の進展によって、外郭の確定される日も近いのではないかと思われる。今後の調査を見守り、宮の北辺の問題はあらためて検討を加えたいと思う。

斉明による飛鳥の荘厳化

石神遺跡では七世紀前半から遺構の存在が確認されているが、もっともその施設を充実させるのがA—Ⅲ期、すなわち斉明朝であった。石神遺跡の性格は、いまだ判然とはしないが、斉明の段階にもっとも整備され、画期を迎えることに注目しておきたい。

また、石神遺跡周辺でも、七世紀中ごろをさかのぼる遺構は、北から西に振れた方位でつくられている。七世紀後半の斉明による整備から、建物などの造営方位が正方位をとるようになる。造営方位のうえでも、この段階に画期を設定することが可能である。

こうしたことから、石神遺跡は斉明によって意図的に整備されたとみて誤りない。先に飛鳥宮Ⅱ期遺構、すなわち飛鳥板蓋宮から建物などの造営方位が正方位をとるようになることを指摘したが、斉明の段階になると、王宮にはじまった正方位による整備が、さらに周辺地域まで拡大し、飛鳥はより荘厳化された。

漏刻の発見

水落遺跡は、石神遺跡の南の隣接地に位置している。かつて、この場所は天武の飛鳥浄御原宮の推定地であったが、一九七二年と一九八一年に実施された発掘調査により、王宮とは異なる遺構が発見された。

発掘調査では一辺約二二・五メートルの台形状の基壇が見つかった。基壇の斜面には貼石《はりいし》が施される。そして、その基壇上では、地下に礎石《そせき》をおいた総柱の建物がみつかった。掘立柱建物ではあるが、その地下に礎石をおくもので、礎石と礎石も石列で繋いで地中梁《はり》がめぐらされていた。よほど建物の柱が動くことや不等沈下《ふとうちんか》を嫌ったのであろう。厳重な下部構造をした建物であった。建物の中央には花崗岩の巨石が据えられ、その上面には方形の刳《く》

図28　水落遺跡（奈良文化財研究所提供）

図29　水時計の復元模型（奈良文化財研究所提供）

りこみがみられ、漆膜《うるしまく》が付着していたことから、漆箱が置かれていたと推定された。また、周囲には、導水のための銅管がはりめぐらされていた。

建物の基礎構造から、何らかの精密さを必要とするものが置かれた可能性があること、ならびに導水のための銅管が検出されたこと、ならびに漆箱が設置されていたことなどから、斉明六年（六六〇）五月条に「皇太子、初めて漏剋《ろうこく》を造る。民をして時を知らしむ」とある中大兄王子がつくった漏剋台のあとではないかと考えられている。

時間の支配

古代中国では、皇帝が領域を支配するとともに、時間をも支配していた。そのため、暦も皇帝が編纂し下賜するものであった。中大兄王子が漏剋をつくったということは、王権が時間の支配もおこなうことになったことを意味する。これが斉明朝にはじまったことは注目してよい。

漏剋では時間を計り、鐘などを使って時刻を知らせたものと推定される。その遺跡が水落遺跡であったのである。この場所で告げられた時刻にもとづいて、役人たちは、その行動が規制されることになった。同じ時刻のもと、共通した行動がとられることになった。

この場所で告げられた時刻が聞こえる範囲は、まさに同じ時刻を共有し、同じ行動を強いられた。さらに周辺の時刻が伝わらない地域では、これまでどおりの時刻とは無関係の生活が続いたと思われるので、この時刻を共有した地域は、当時においては、きわめて特殊な地域であった。まさにその範囲が飛鳥であり、飛鳥と呼ばれる地域が、その周辺地域から特別な地域へと飛躍するための一つの指標であった。私たちの時間に追われる毎日の原点は、この遺跡にあるのである。

本書の冒頭で、地形条件を無視して、正方位で建物を建てることによって、飛鳥という地域が、周辺地域とは違った特別な空間へと発展していくことを指摘したが、漏剋の設置は、時間という概念のうえから、飛鳥と呼ばれる地域が特別な空間へと発展したことを示す。漏剋で時間を計り、鐘などで時刻を知らせたとするならば、その鐘の音が聞こえる範囲がまさに王権が支配拠点として空間的に支配しようとした範囲とみてよいのではないかと考える。

この段階で、飛鳥はすでに王宮として「飛鳥宮」とも呼ぶべき特別な空間となっており、鐘の音は、さらにその周辺地域まで聞こえたに違いない。「京」の成立の端緒をこうしたことに見出したい。

苑池の造営

さらに、飛鳥宮Ⅲ―A期遺構の内郭の北西には大規模な苑池《えんち》がつくられた。飛鳥京跡苑池遺構である。

飛鳥京跡苑池遺構では、南北二つの池が見つかっている。南池と北池とは渡堤《わたりつつみ》で隔てられる。南池は南北六〇㍍、東西五〇㍍で不整形なかたちを呈する。護岸は石積で直線的

図30　飛鳥京跡苑池遺構
（阿南辰秀氏撮影，奈良県立橿原考古学研究所提供）

である。池底にも石が敷かれ、中島がある。中島は半島状の張り出しをもち曲線的である。また、石積の中島もある。南には出水《でみず》の酒船石と呼ばれてきた導水施設が設置されていた。池の中には導水施設と推定される石造物がそのまま立っていた。渡堤の北が北池である。北池のかたちはよくわからないが、南池とは様相が大きく異なり、深く池底の石敷もみられない。

飛鳥京跡苑池遺構は、出土した土器から斉明朝につくられたことはまちがいなく、飛鳥宮Ⅲ—A期（斉明朝）にともなう。そして、天武朝に改作を加えて、Ⅲ—B期まで存続した。その後は、池そのものは存続しているが、自然堆積がはじまり、苑池としての機能は停止した。池が最終的に埋没するのは平安時代である。

苑池は「白錦後苑」か

この苑池遺構を天武一四年（六八五）一一月戊申《ぼしん》条に「白錦後《しらにしきのみ》苑《その》に幸《いでま》す」にみえる「白錦後苑」にあてる説が有力である。しかし、「幸す」とは、天皇が王宮の外にある施設に出向く場合を示す「行幸」のことである。王宮の中では、「出御」を示す「御す」という用語を使うのが普通である。苑池遺構と内郭の位置関係をみると、王宮の中とみるのが自然であるので、『日本書紀』の用字法からみる限り、発掘調査でみつかった苑池遺構を「白錦後苑」とみることはできない。むしろ、「白錦後苑」は、最近の藤原京の発掘調査で、左京七条一坊の発掘調査で出土した「白錦殿作司□」という木簡の存在などから、飛鳥宮の北方に位置していたものと考えたい。今回みつかった苑池遺構は、持統五年（六九一）三月丙子《へいし》条の「天皇、公私の馬を御苑《みその》に観《みそなわ》す」とある「御苑」にあてるのが適切であろう（和田萃『飛鳥―歴史と風土を歩く―』岩波書店　二〇〇三年）。

ただ、持統五年三月丙子条の「御苑」についても、問題がないわけではない。「馬を御苑に観す」とは、一種の閲兵式のような軍事訓練とみられるが、苑池遺跡に立って、その地形をみる限り、そのようなことができたのか疑問である。

発掘調査でみつかった苑池遺構が『日本書紀』にみられるどの遺構にあたるのかはともかく、王宮に付属して苑池がつくられたことの意味は大きい。

古代中国の苑池

古代中国において、苑池は、皇帝の支配領域に生息したり、産出したりする珍しい動物や植物、樹木、石材などを集めてきて、それを配置してつくられた。また、支配領域のある景観をそのまま再現することもあった。苑池とは、皇帝の支配領域を観念的に示す、象徴的な舞台装置であった。そこで王宮に付属して、必ず禁苑《きんえん》がつくられた。飛鳥宮とほぼ同じ時期、唐長安城《ちょうあんじょう》の宮城《きゅうじょう》（王宮にあたる）の北には、漢以来の長安城をもとり込んだ大規模な禁苑がつくられ、そこには皇帝を警護するための最強の軍隊が駐屯していた。また、洛陽城《らくようじょう》にも宮城の西に大規模な禁苑がつくられた。

飛鳥宮においても、規模はまったく異なるものの、こういった思想が導入され、苑池が造営された。それが斉明朝であったことは、飛鳥を支配拠点として空間的に整備していこうとした動きと無関係ではない。

「飛鳥宮」への飛躍

斉明による飛鳥の整備・荘厳化は、皇極のときの飛鳥板蓋宮を正方位に造営したことにはじまる。後飛鳥岡本宮もそれを継承し、さらにそれを飛鳥の範囲まで押し広げたものであったとみてよい。こういった支配拠点を荘厳に整備しようとする計画は、皇極の段階から、ある程度、考えられていたものと推定されるが、乙巳の変のクーデターにより、皇極は王位を弟の孝徳に譲ることになり、その孝徳は宮を難波へと遷したため、その計画は、一時、中断を余儀なくされた。

皇極が孝徳の死後、ふたたび即位して斉明となり、飛鳥を支配拠点として整備する計画が復活して、その実現がはかられたとみられる。皇極と斉明とは同一人物であり、斉明のおこなった飛鳥の荘厳化は、皇極のときにすでに計画されていて、その延長線上に位置づけることができる。

このように斉明によって、飛鳥は支配拠点として空間整備が徹底して進められた。それが、まさに完成した段階として評価することができる。

おそらく、この段階において、古代に飛鳥と呼ばれた地域には、王宮とそれにかかわる施設、官衙、そして飛鳥寺しか存在しなくなった可能性がきわめて高い。すなわち、王権による飛鳥の空間支配の徹底により、後飛鳥岡本宮を中心とした飛鳥とよばれる空間そのものが、官衙などが集中して配置された「飛鳥宮」とも呼びうる特別な空間へと飛躍したと考えたい（本書では、ここでのべた特別な空間の意味の時は「飛鳥宮」、遺跡名称の時は飛鳥宮と表記し区別する）。

「飛鳥宮」と呼びうる空間そのものは、王宮にかかわる施設や官衙などが雑然と配置されているだけであったが、直接、藤原宮や平城宮の原形となるものとみてよく、その成立は高く評価できる。

飛鳥寺の位置

このように考えると、飛鳥寺が王宮にとり込まれることになる。しかし、もともと王宮は、舒明の飛鳥岡本宮、皇極の飛鳥板蓋宮、斉明の後飛鳥岡本宮と発展的に整備されてきた経緯があるので、その範囲も固定的にとらえる必要はない。後飛鳥岡本宮の整備にともない、飛鳥寺は、その中にとり込まれた可能性を考えたい。

このように王宮の中に寺院をとり込むことについても、古墳時代以来の古い支配体制を打破し、新しい支配システムを実施していくにあたって、それを支える普遍的なイデオロギーとして、王権が仏教を積極的に活用しようとしたと考えれば、無理なく理解できる。また、飛鳥寺を王宮の中にとり込むことによって、王権が蘇我氏も含めた旧勢力を超越した存在であることを視覚的に示すうえで効果があった。そして、何よりも飛鳥寺をとり込むことによって、「飛鳥宮」をより荘厳に立派に見せることができたと思われる。そのためにも、寺院は格好の舞台装置であった。

それでは、なぜ斉明朝の段階に支配拠点として飛鳥の空間整備がおこなわれたのであろうか。

飛鳥の荘厳化と地域支配

飛鳥が王宮を中心として、さまざまな施設が配置され、より荘厳化が進む七世紀後半の斉明朝の段階は、孝徳朝における全国的な立評《りつぴょう》（評は後の郡で、旧来の地域の単位を再編成して設定された新たな地域支配の単位）を受けて列島各地への地域支配が飛躍的に進んだ段階である。斉明朝における阿倍比羅夫《あべのひらふ》による日本海側の東北地方から北海道にかけての北征も、王権による支配領域の拡大を意図したものとみてよい。飛鳥の石神遺跡で出土する東北地方の土師器《はじき》や宮城県仙台市の郡山遺跡でみつかった石積の護岸をもつ方形池や畿内から持ち込まれた飛鳥で使われていた土師器（畿内産土師器）の存在は、それが、かなりの達成度であったことを示す。

ちなみに仙台市郡山遺跡から出土する畿内産土師器は、飛鳥・藤原地域の土器の編年・年代研究に照合すると、飛鳥Ⅱ新段階から飛鳥Ⅲの古段階（六六〇年頃）のもので、斉明・天智朝のものであり、年代的にも見事に符合する。

そこで、この段階における飛鳥の特別な空間への飛躍は、王権が地域支配を進めていくうえで、その支配権力の所在地として、きわめて有効な役割を果たした。また、地域支配を効果的に進めていくうえでも、飛鳥を支配拠点として整備し、視覚的により荘厳にみせることは必要不可欠なことであったと思われる。このあたりに、斉明による飛鳥の空間整備と荘厳化、すなわち周辺地域との差別化、象徴化の意義があったと考える。

斉明の「京」の可能性

飛鳥は、斉明によって荘厳に整備され、「飛鳥宮」とも呼びうる空間へと飛躍した。また、さらにその周辺には「京」と呼びうる空間が出現しつつあったものと推定される。

『日本書紀』天武元年（六七二）七月癸巳《きし》条にみられる壬申《じんしん》の乱にかかわって、近江方の将軍である大野果安《おおののはたやす》が天武方の将軍大伴吹負《おおとものふけい》を追って飛鳥に迫ったとき、「果安、追いて八口《やくち》に至りて、のぼりて京《みやこ》を視《み》るに、街毎《ちまたごと》に楯《たて》を竪《た》つ」と記され、伏兵が潜んでいるのを疑って引き上げたという記事も、「飛鳥宮」の周辺に「京」に相当する空間が出現しつつあったとみれば、解釈が可能となる。

もちろん、この場合の「京」は条坊制《じょうぼうせい》などの方格地割《ほうかくじわり》をともなうものではない。多くの建物がいくつかに区画され、整然と正方位で建ち並ぶ空間があっただけであろう。ただ、先にものべた水落遺跡での鐘の音が聞こえる範囲が、同じ時刻にもとづいて、行動が規制された特別な地域であった可能性があったということも考え合わせると、斉明の時期に「京」の萌芽《ほうが》をみてもあながち無理なことではなかろう。

飛鳥の荘厳化はふたたび中断

こういった斉明による「飛鳥宮」の周辺の整備、すなわち「京」の形成は、斉明六年（六六〇）一二月の百済救援のための九州への西征と、斉明七年七月の斉明の死、そして、跡を継いだ中大兄王子による朝鮮半島への出兵と唐・新羅連合軍との戦争（白村江《はくそんこう》の戦い）とその敗戦、天智六年（六六七）三月の近江遷都によって、ふたたび中断する。もう一度、飛鳥の整備・荘厳化がおこなわれるのは、大海人王子が即位して天武になるのを待たなくてはならない。

律令国家への胎動

外交政策の破綻

斉明は西征の途中の斉明七年（六六一）七月、筑紫《つくし》の朝倉橘広庭《あさくらのたちばなのひろにわの》宮《みや》で亡くなった。朝倉橘広庭宮は、福岡県朝倉市付近に想定されているが、王宮にかかわる遺構は、いまだみつかっていない。

中大兄王子は即位せず、政治を執ることになった。これを称制《しょうせい》という。中大兄王子は斉明の政治路線をそのまま引き継ぎ、朝鮮半島への軍事行動を推し進めた。しかし、天智二年（六六三）八月、白村江で唐・新羅の連合軍と戦い、壊滅的な大敗を喫することになる。斉明・中大兄の外交政策の完全な破綻を意味する。

飛鳥に戻った中大兄王子は、母の王宮であった後飛鳥岡本宮で戦後処理をおこなう。そして、天智三年二月、甲子《かっし》の宣《せん》と呼ばれる新しい冠位制の制定、大氏・小氏の決定、民《かき》部《べ》・家部《やかべ》の制定が発せられ、大化改新にはじまる政治改革の継承と発展が宣言される。

防衛ラインの整備

しかし、当時の倭国をとり巻く東アジア情勢はきわめて緊迫したものであった。天智三年、対馬嶋《つしまのしま》・壱岐嶋《いき》・筑紫国《つくし》などに、唐・新羅連合軍に備えて防人《さきもり》がおかれ、また、速やかに通信をおこなうために烽《とぶひ》が設置された。さらに、『日本書紀』によると「筑紫に、大堤《おおつつみ》を築《つ》きて水を貯《たくわ》へしむ。名《なづ》けて水城《みずき》と曰ふ」と、水城が造営された。水城は福岡県大野城《おおのじょう》市から太宰府《だざいふ》市にかけて今も残る。全長約一・二㌔で、幅約八〇㍍、高さ約一三㍍の土塁《どるい》で、人工的に土を堅固に積み上げている。また、その前面には水城の名前の由来となった幅約六〇㍍、深さ約四㍍の堀が掘られている。博多《はかた》湾から攻め込んでくる唐・新羅の連合軍を想定して造営された大規模な防衛施設であった。

翌年八月には、「城《き》を長門《ながと》国に築かしむ」「大野《おおの》及び椽《き》、二城を築かしむ」とあり、さらに、防衛ラインの整備がおこなわれる。大野城は大宰府の北、背後の四王寺《しおうじ》山に造営された朝鮮式山城である。また、椽城は、大宰府の前面、佐賀県基山《きやま》町に位置する基肄城《きいじょう》で、同じく朝鮮式山城である。発掘調査でも、ほぼこの時期に造営されたことが確認されている。ただ、大野城にしても、礎石建物の倉庫が多く建ち並ぶようになるのは、奈良時代になってからであり、飛鳥時代の様相は、今後の検討課題である。

天智六年一一月にも「倭国《やまとのくに》の高安城《たかやすのき》・讃吉国《さぬき》の山田郡《やまだのこおり》の屋嶋城《やしまのき》・対馬国《つしま》に金田城《かなた》を築《つ》く」とあり、瀬戸内海から奈良盆地にいたるルート上でも防衛のための「城《き》」が造営された。とくに、天智六年一一月は、三月に近江へと王宮を遷したあとであるにもかかわらず、その防衛ラインが奈良盆地に至る経路上であったことは注目される。

この前後の時期に、ヤマト王権の外交の窓口でもあり、西国支配の要であった筑紫大宰《おおみこともち》が、博多湾岸から内陸に移された。一般的には、都府楼《とふろう》として有名な大宰府に移されたといわれる。大宰府の政庁正殿の発掘調査でも奈良時代初期に創建された政庁正殿の下層から掘立柱建物がみつかっているが、それが、この時期に、内陸に遷された筑紫大宰であったかどうかは、なお慎重な検討を必要とする。

いずれにしても、白村江の戦いの後の緊迫した状況がみてとることができる。また、この敗戦による危機感と強大な外圧によって、内政の改革が現実の問題をもって、政治日程にあがることになった。

近江遷都

天智六年（六六七）三月、中大兄は王宮を飛鳥から近江《おうみ》へと遷した。近江遷都にあたっては、反対意見が強かったらしく『日本書紀』にも「天下《あめのした》の百姓《おおみたから》、都遷すことを願はずして、諷《そ》へ諫《あざむ》く者多し。童謡《わざうた》亦《また》衆《おお》し。日日夜夜《ひるよる》、失火《みずながれ》の処《ところ》多し」とある。

ただ、天智の近江遷都にあたって、後飛鳥岡本宮はそのまま維持管理がなされていた。壬申の乱を記録した『日本書紀』天武元年（六七二）六月甲申《こうしん》条に「留守司《るすのつかさ》高坂王《たかさかおう》」の存在が確認できる。先にみた軍事的な防衛拠点も飛鳥を中心に設置されていたので、中大兄は決して飛鳥を放棄しようとしたものではなかったことは明らかである。

近江大津宮の検証

天智七年正月、中大兄は近江大津宮で即位して天智となる。近江大津宮は、滋賀県大津市錦織《にしこおり》に所在する錦織遺跡が該当する。内裏南門や正殿などの建物や区画施設がみつかっている。

これまで、近江大津宮は前期難波宮をモデルに復元がなされてきた（図31）。北に内裏があって、その南に朝堂が配置される形態である（林博通『大津京跡の研究』思文閣出版二〇〇一年）。

ここでは、錦織遺跡で確実に検出されている遺構をあらためて整理することによって、大津宮の構造について考えてみたい（図32）。

朝堂は復元できるか

まず、内裏南門の南西で検出されている南北棟の建物（SB〇〇六）は、朝堂の西第一堂とされているが、前期難波宮にしても、藤原宮にしても、朝堂の第一堂（もっとも北に位置する朝堂）は梁間《はりま》が広かったり、四面に庇《ひさし》をもったりして、特別な構造であることが多い。しかし、この建物は、梁間二間の南北棟建物であり、朝堂とするには問題がある。

また、西第三堂に当たる場所も調査されたが、該当する遺構は存在しなかった。さらに、朝堂を囲む西の区画施設（前期難波宮では複廊《ふくろう》が取り囲む）も検出されていない。

さらに、朝堂と復元されているあたりの地形をみると、西に高く東に低いという、かな

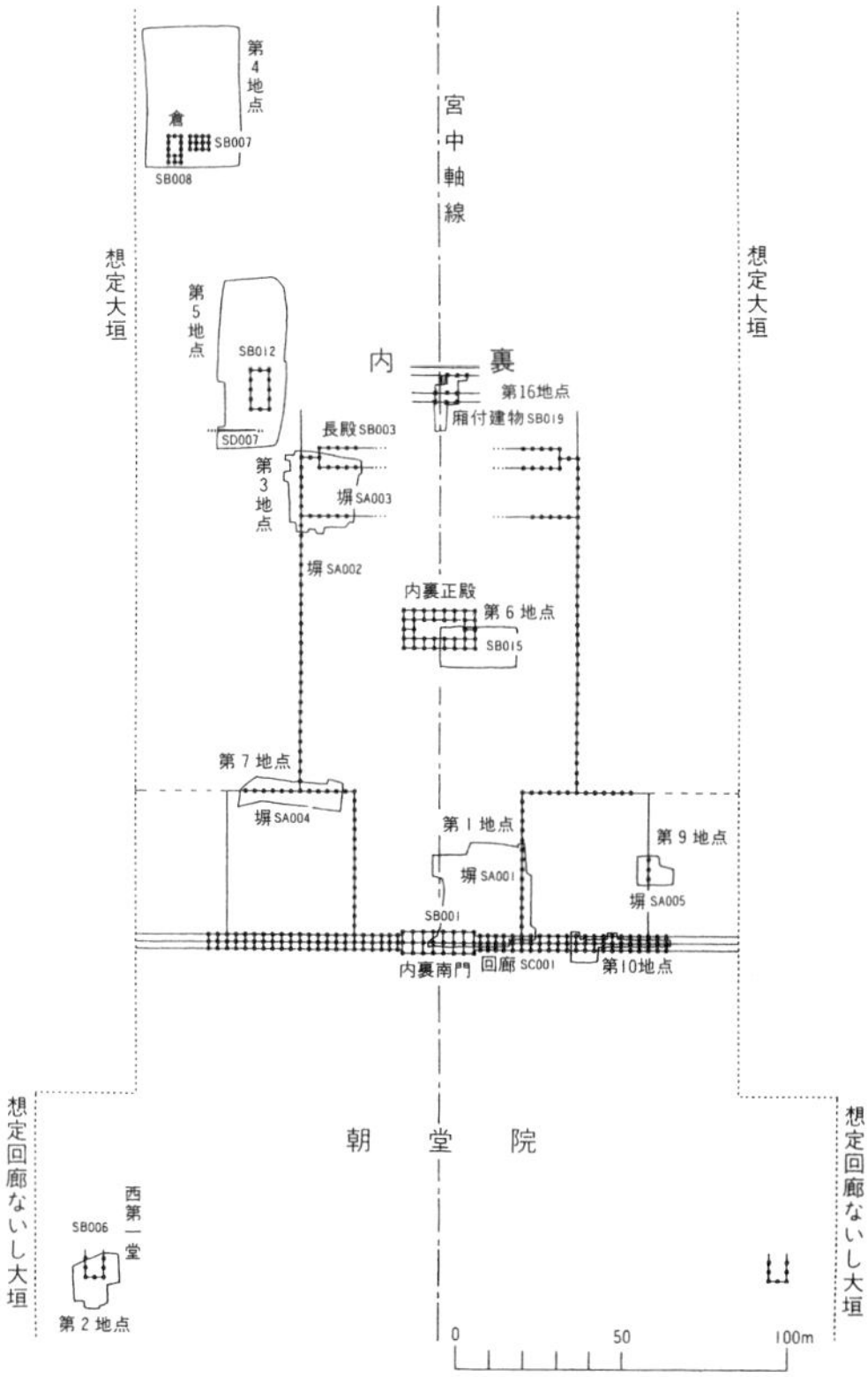

図31　近江大津宮の復元
（林博通『大津京跡の研究』所収）

りの傾斜をもった地形であり、東の朝堂を復元することは困難である。また、朝堂の南は、琵琶湖《びわこ》の湖岸に接することになり、これも不自然である。こうしたことから、内裏の南門の南に朝堂を復元することは慎重であらねばならないと考える。少なくとも、前期難波宮と共通した朝堂を復元することは困難であろう。大津宮以降の地形改変によって土壌が流出したという意見もあるが、その具体的な根拠が示されているわけではない。

こうした点から、大津宮の王宮中枢は内裏南門から北の空間に展開していたと考えるのが適切である。

内裏南門

内裏南門（SB〇〇二）は、東西七間、南北二間で複廊がとりつく。この点だけをとり上げれば、確かに前期難波宮と共通しているが、この複廊が内裏全体を囲んでいたとは限らず、宮南面のみを荘厳にするために複廊とした可能性もある。また、前期難波宮の内裏南門と近江大津宮の内裏南門は、東西七間、南北二間という構造だけを比較すれば、共通しているようにもみえるが、実際の規模は、近江大津宮のそれは、前期難波宮のそれの三分の一の規模しかない。これでは、とても共通しているとは言いがたい。

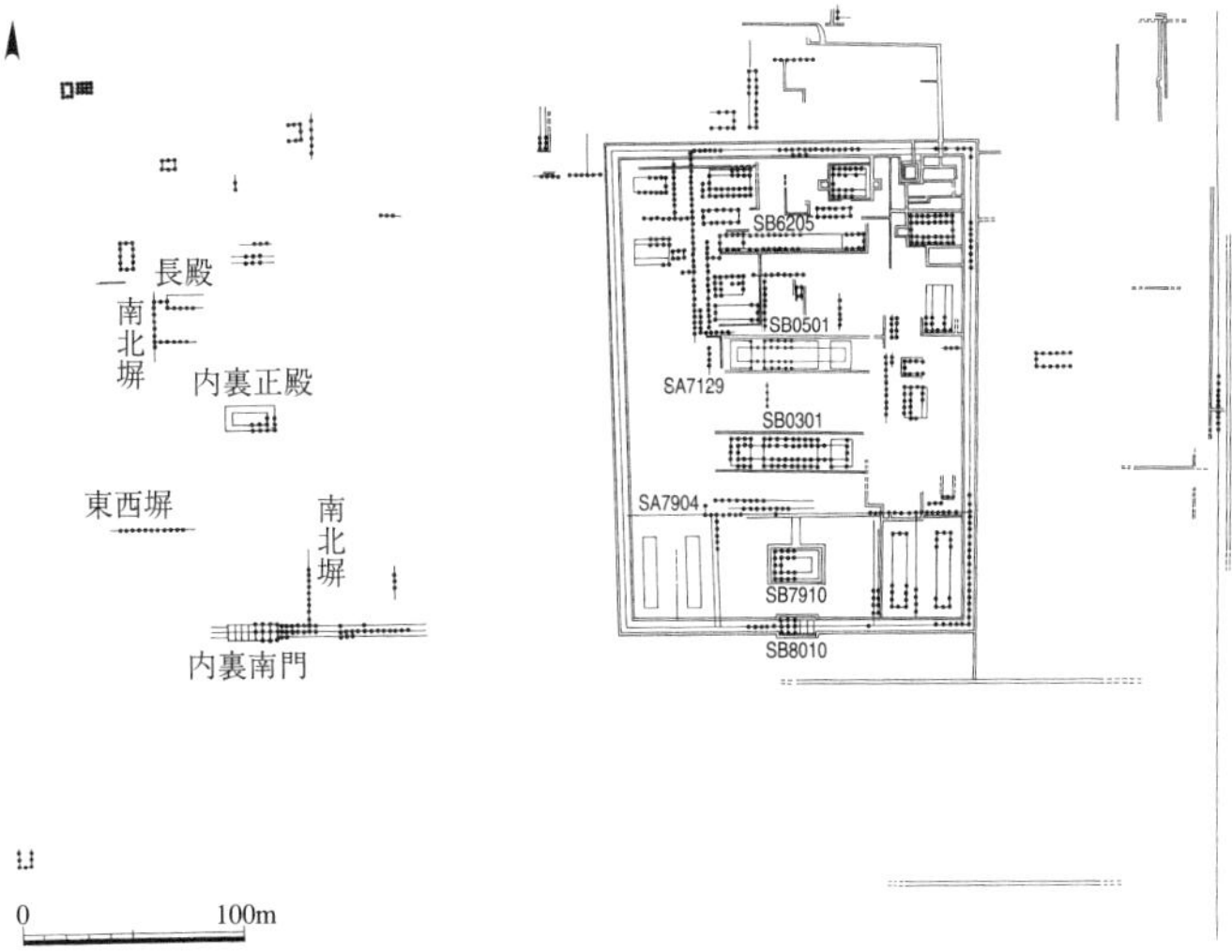

図32　近江大津宮（左）と飛鳥宮Ⅲ—A期遺構（右）の比較

飛鳥宮Ⅲ—A期遺構との共通性

また、内裏南門の北西や東で検出されている掘立柱塀をもとに、前期難波宮と共通した方形区画が復元されているが、その検出が一部にとどまり、それぞれの掘立柱塀のとりつき関係も明確ではなく、図31のように復元することには問題が多い。

むしろ、飛鳥宮Ⅲ—A期遺構と同一縮尺の図面を作成して、その構造を比較すると、内裏南門の北で検出されている東西塀（SA〇〇四）は、位置的にも飛鳥宮Ⅲ—A期遺構の内郭南半で検出されている北区画と南区画とを分ける東西塀（SA七九〇四）の位置にぴったりあっている（図32）。また、内裏南門の東で検出されている南北塀は、飛鳥宮Ⅲ―A期の内郭前殿の東に位置する南北棟建物（SA七四〇一・八五〇一）を区画する南北塀に相当するとみるのが自然である。

さらに、内裏正殿（SB〇一五）の西で検出されている南北塀は、飛鳥宮のⅢ―A期の内郭の北区画の中枢とその西を分ける南北塀（SA七一二九）に相当する。そして、内裏正殿の北で検出されていた東西棟建物（SB〇〇三）は、その位置からも、内郭の北区画の北部で検出された長廊状建物（SB六二〇五）に当たるとみるのが適切であろう。

近江大津宮の正殿

ところで、近江大津宮では、王宮中枢で内裏南門がみつかっている。その北では、発掘調査がおこなわれているにもかかわらず、飛鳥宮Ⅲ―A期の内郭の南区画の正殿である前殿（SB七九一〇）にあたる建物がみつかっていない。しかし、内郭の南区画と北区画とを分ける東西塀（SA七九〇四）に相当する東西塀（SA〇〇四）が検出されており、近江大津宮の内裏も、この東西塀を境に南区画と北区画に分かれていたとみるのが適切である。遺構こそ検出されていないが、南区画には飛鳥宮のⅢ―A期の内郭の南区画と同様、そこに正殿がおかれていたとみてよい。

そして、近江大津宮の東西塀（SA〇〇四）から北の北区画には、正殿（SA〇一五）がみつかっているが、以前から、その位置が気になっていた。すなわち、東西塀より、少し奥まった位置でみつかっていたからである。しかし、これも近年の飛鳥宮の内郭中枢の調査で氷解した。近江大津宮で検出されている正殿の南に、飛鳥宮のⅢ―A期の内郭の北区画のように、もう一つ正殿が配置されていたと考えれば問題はない。近江大津宮の内裏の北側の空間にも、すでに検出されている正殿と、その南にもう一つ正殿が配置されていたと考えれば、東西塀と正殿との間の不自然な距離というものは、無理なく解釈できる。

近年の飛鳥宮の発掘調査の成果から、錦織遺跡で検出されている遺構をみると、このような復元が可能である。

近江大津宮の歴史的評価

すなわち、近江大津宮は現段階において形態的にも飛鳥宮Ⅲ―A期の内郭と共通しており、それを少し小さくした王宮であった（図32）。そうすると、天智は、即位するまで、後飛鳥岡本宮、飛鳥宮Ⅲ―A期遺構で政治を執った。そして、近江遷都にあたっても、自身がこれまで使ってきた後飛鳥岡本宮に構造的にきわめて類似した王宮を造営したということになる。同一人物の王宮であるから、構造的に類似していても、とくに驚くほどのことではない。

ここでは、近江大津宮が飛鳥宮のⅢ―A期の内郭と同様、一つの区画の中に大王が出御して公的な儀式をおこなう空間と、大王が私的な生活をした空間、すなわち居住空間が南北に配置される構造であったことを確認しておきたい。つまり、近江大津宮は飛鳥宮Ⅲ―A期と同じ段階の王宮であった。

また、錦織遺跡で検出される大津宮にかかわる遺構は、すべて正方位である。飛鳥板蓋宮にはじまった正方位の王宮は、近江大津宮でも継承されたのである。

考古学からの王宮の比較研究

ところで、考古学では、同じような種類の遺跡や遺構を比べることが多い。本書でも古代の王宮・王都（宮都）の比較検討している。近江大津宮が前期難波宮ではなく、飛鳥宮に似ていることがわかったのも、その研究の過程であった。

今から一〇年余り前、錦織遺跡で確実に検出されている遺構を一枚の図面に整理して飛鳥宮のⅢ期遺構の図面と同一縮尺にして重ね合わせてみた。すると南門を基準に、建物の位置がほぼ対応しているではないか。とくに東西塀の位置は、近江大津宮と飛鳥宮でほぼ一致することがわかった。近江大津宮が前期難波宮の系譜に連なる王宮であるという考えは成立しないということを確信した瞬間である。

大津宮の「京」の可能性

近江大津宮の周辺では、おそらく天智朝に、多くの寺院が造営される。これらの寺院も正方位で造営された。とくに、穴太廃《あのう》寺では北で東に振れていた伽藍の造営方位を天智朝に正方位に建て替えていた。寺院であるので、もともと正方位でつくられることが多かったと思われるが、穴太廃寺の正方位での建て替えは重視してもよかろう。近江大津宮を中心として正方位の建物が建ち並ぶ景観が湖西南部の地域に出現していたとみてよい。これを「京」と呼んだ可能性は否定できない。この場合も、後飛鳥岡本宮と同様、条坊制などの方格地割があるわけではない。建物などの造営方位を正方位に向けるという、周辺地域から特化した空間が出現したにすぎないが、その意義は大きい。

天智の死

天智一〇年（六七一）九月、天智は病に陥る。そしてその一二月、近江大津宮で亡くなる。本来の王位継承者であった大海人王子は、すでに一〇月に出家して吉野《よしの》に入り、そばにはいない。残された天智の子である大友《おおとも》王子と左大臣蘇我赤兄《あかえ》、右大臣中臣金連《なかとみのかねのむらじ》、蘇我果安《はたやす》、巨勢人臣《こせのひとのおみ》、紀大人臣《きのうしのおみ》が結束して政治を執ることを誓うが、内外にさまざまな問題が残されていた。それは、翌年、壬申の乱として勃発する。天智は死の枕の中で、何に想いを馳せていたのであろうか。

「飛鳥京」の成立

天武の即位と飛鳥浄御原宮

天武の挙兵

天智《てんじ》一〇年（六七一）年九月、天智は病に陥り、一〇月には大海人《おおあま》王子を枕辺に呼んで、王位を譲る旨をのべた。しかし、大海人王子はその背後に策略が隠されていることを事前に知り、固辞して受けなかった。そして、出家して吉野宮《よしののみや》に入る。『日本書紀』はその時のことを「虎に翼を着けて放てり」と表現する。天智は、その一二月に近江大津宮《おうみおおつのみや》で亡くなる。

天武元年（六七二）年五月、大海人王子のもとに近江の朝廷が天智の山陵《さんりょう》を造営すると称して美濃《みの》・尾張《おわり》の民衆を集めているという情報がもたらされる。そして、六月に大海人王子は「諸軍《もろもろのいくさ》を差《さ》し発《おこ》して、急《すみやか》に不破道《ふわのみち》を塞《ふせ》け。朕、今発路《いでた》たむ」と命令をくだして、吉野宮を脱出して東国へ向う。壬申《じんしん》の乱の勃発である。

壬申の乱は、天武がやむをえず挙兵して、近江の朝廷の中心人物である天智の子の大友《おおとも》王子を倒して王位についたというのが、『日本書紀』に記されたストーリーである。しかし、もともと『日本書紀』は天武の即位を正当づける方針で編纂された書物である。そこには、天武にとって都合の悪いことは書かれないであろう。壬申の乱についても、天武よりに書かれていることを常に念頭においておくべきである。

飛鳥への凱旋

壬申の乱に勝利した大海人王子は、天武元年（六七二）九月、飛鳥に凱旋する。そして、まず嶋宮《しまのみや》に入り、あらためて母、斉明《さいめい》の後飛鳥岡本《のちのあすかおかもとの》宮《みや》に入っている。そのうえで、「是歳《このとし》、宮室《おおみや》を岡本宮の南に営《つく》る。即冬《その》に、遷《うつ》りて居《おわ》します。是を飛鳥浄御原宮《あすかきよみはらのみや》と謂《い》う」と『日本書紀』にあるように、後飛鳥岡本宮の南に「宮室」をつくった。

そして、大海人王子は壇場（タカミクラ）を設けて、飛鳥浄御原宮で即位した。天武である。これまで、飛鳥浄御原宮は、明日香村飛鳥の水落《みぞおち》遺跡付近にあてる説が有力であったが、水落遺跡の発掘調査の結果、そこには王宮にかかわる施設が存在しないことが明らかとなったこと、ならびに文献史料の再検討、飛鳥宮の調査の進展から、飛鳥宮のⅢ―B期遺構がそれに当たることがほぼ確定した。

図33　「辛巳年」「大津皇」木簡
（奈良県立橿原考古学研究所提供）

エビノコ郭の造営

飛鳥宮Ⅲ—B期遺構は、内郭《ないかく》とエビノコ郭、外郭《がいかく》とから構成される（図34を参照）。内郭は、Ⅲ—A期からそのまま継承したもので、その東南にエビノコ郭（この名称は字《あざ》エビノコという地名にもとづく）を造営して、外郭をあらためて整備している。エビノコ郭の造営にあたって、同じⅢ期の東西石組溝《いしぐみみぞ》（SD八九三一）を埋め立てている。その溝の埋土から出土する土器が、六七〇年前後のものであり、エビノコ郭の造営が内郭より遅れ、天武の造営にかかるものとみてよい。

また、外郭の調査によって「辛巳《しんし》年」「大津皇」「大来」などと書かれた削《けず》り屑木簡《くずもつかん》が出土している。「辛巳年」は天武一〇年（六八一）であり、「大津皇」「大来」は天武の皇子・皇女である大津《おおつ》皇子、大来《おおく》皇女を指す。そういった木簡がまとまって出土していることからも、飛鳥宮Ⅲ—B期遺構を飛鳥浄御原宮とみてよいだろう。

内郭をそのまま継承し、エビノコ郭を造営して、一つの王宮にしたのが、天武の飛鳥浄御原宮であった。内郭は斉明の後飛鳥岡本宮をそのまま継承しているので、『日本書紀』

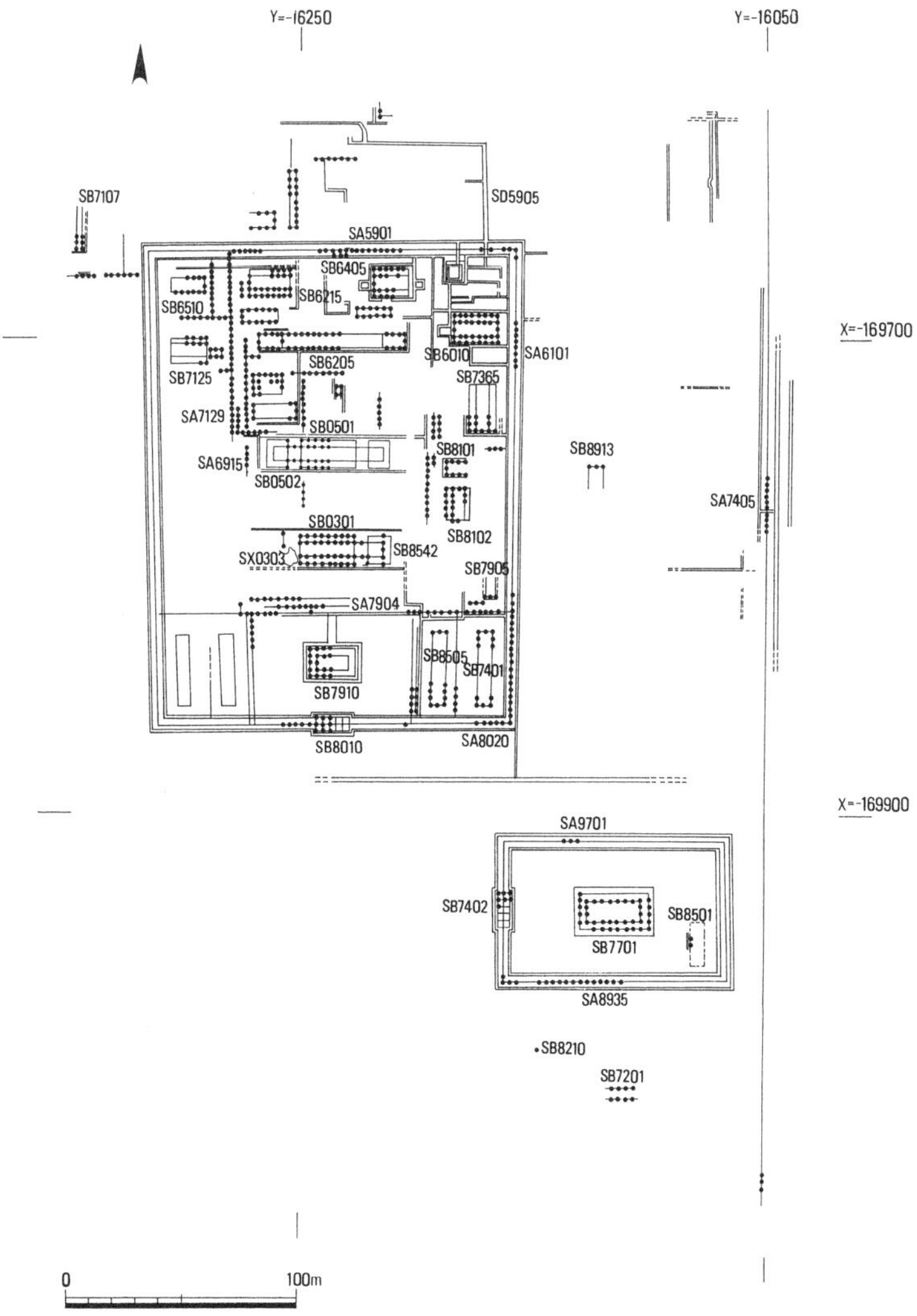

図34　飛鳥宮Ⅲ―B期遺構（飛鳥浄御原宮）

にみられる「宮室を岡本宮の南に営る」の「宮室」は、新たな王宮の造営を意味するのではなく、エビノコ郭の造営を意味していた。その場合、その後に続く「即冬に、遷りて居します」という記事が気になる。エビノコ郭は、最初、天武の居所として造営された可能性は否定はできない（吉江崇「律令天皇制儀礼の基礎構造―高御座に関する考察から―」『史学雑誌』一一二―三　二〇〇三年）。しかし、その構造などから、結果としては居所として利用されることはなく、内郭が天武の居所となった。

内郭の継承

飛鳥宮Ⅲ―B期遺構は、飛鳥宮の発掘調査では、そのもっとも上層からみつかることから、そのようすが明らかとなっている。そのようすをみつかった遺構にもとづきつつ紹介しよう。

飛鳥宮Ⅲ―B期遺構は、内郭とエビノコ郭、外郭とからなる。内郭はⅢ―A期からそのまま継承したもので、エビノコ郭は、内郭の東南に新たに造営したものである。

内郭は、その周囲を囲む掘立柱塀そのものに改作された痕跡がなく、また、廃絶時の跡地整地をしたと推定される土層から藤原京への遷都前後の土器が出土しており、確実に藤原遷都まで存続したとみられるので、Ⅲ―B期、すなわち天武の飛鳥浄御原宮になっても、Ⅲ―A期の内郭がそのまま存続していたとみることができる。とすると、天武は母である斉明の後飛鳥岡本宮をそのまま継承したことになる。

天武は『万葉集《まんようしゅう》』などでは、「壬申の年の乱の平定まりし以後の歌二首」として「大君は神にしませば赤駒《あかごま》の腹《はら》這《ば》ふ田《た》居《い》を都と成しつ」（巻一九―四二六〇）、「大君は神にしませば水鳥の集《すだ》く水沼《みぬま》を都と成しつ」（巻一九―四二六一）と詠まれ、絶対的な権力をもった天皇とみられがちであるが、なぜか母の斉明の後飛鳥岡本宮をそっくりそのまま継承して、飛鳥浄御原宮としていた。

飛鳥浄御原宮の命名

さて、飛鳥浄御原宮と命名されるのは、実際には朱鳥《しゅちょう》元年（六八六）のことである。それまでは、単に宮（在位している天皇の正宮はひとつなので宮に固有名称はつける必要はない。現在の天皇の住まいを「皇居」といい、儀式空間を「宮殿」と呼ぶことと同じ）、もしくは飛鳥岡本宮、岡本宮と呼称されていた。これも、天武が後飛鳥岡本宮をそのまま継承した事実と考え合わせると素直に解釈できる。また、斉明の後飛鳥岡本宮も、後世の人からみたとき、舒明《じょめい》の飛鳥岡本宮と区別するため、「後」が冠せられただけで、当時は宮、飛鳥岡本宮、岡本宮と呼ばれていた（今泉隆雄「『飛鳥浄御原宮』の宮名命名の意義」『古代宮都の研究』吉川弘文館　一九九三年）。

天武はなぜ王宮をつくらなかったか

それでは、なぜ天武が、母の斉明の王宮を継承したのであろうか。これまで一般的に天武は、壬申の乱を勝ち抜き、絶対的な権力をもった天皇と考えられてきた。歴代遷宮《せんぐう》の時代は脱しつつあるとはいえ、壬申の乱で王位を大友王子から奪い、天智とは異なる新しい王統を開いたという意味で、なぜ新しい王宮をつくらなかったのであろうか。これまでの天武のイメージからすると、新しい王宮をつくることはそれほど困難なことではない。

「新城」の造営

実際、天武は新しい都の造営を意図していた。天武五年（六七六）是年条に「新城《にいき》に都つくらむとす。限《かぎり》の内《うち》の田園《たはたけ》は、公《おおやけ》私《わたくし》を問《い》はず、皆耕《たかえ》さずして悉《ことごとく》に荒れぬ。然《しか》れども遂《つい》に都つくらず」とある。「新城」は、かつて大和《やまと》郡《こおり》山《やま》市新木《にき》付近が比定されていたが、近年の研究ではのちの藤原京を指すことが明らかとなっている。すなわち、天武は都の造営を意図したが、何らかの理由で完成に至らなかったことが記されている。天武が従来からいわれているような絶対的な権力をもった天皇であったならば、王宮を造営することは不可能ではないであろう。また、新しい王権として、新しい王宮の造営は、まずおこなわなくてはならないことであったと思われる。

しかし、天武は結局のところ、新しい王宮の造営はおこなわない。斉明の後飛鳥岡本宮をそのまま使い、エビノコ郭だけを造営してみずからの王宮とした。そして、天武一三年（六八四）三月辛卯《しんぼう》条に「天皇、京師《みやこ》に巡行《あり》きたまひて、宮室之地《みやどころ》を定めたまふ」とあり、この段階に至り、はじめて藤原宮の位置が決定する。なぜ天武は、みずからの王宮を造営しなかったのであろうか。

確かに天武一〇年頃までは、白村江《はくそんこう》の戦いの後遺症が残り、いまだ朝鮮半島の情勢が安定せず、唐《とう》の軍事的な脅威にさらされ、自身の王宮を造営するだけの余裕がなかったとも解釈できるが、王宮には王権の正統性が反映されると考えられるので、新たな王宮の造営をおこなわなかったということは、天武の王権を考えるとき看過できない問題だと思う。

簒奪王権

これには、天武の複雑な即位事情がかかわる。天武は、もともと天智の後継者であった。天智の晩年、王位継承を要請されるが、それを断り出家して吉野に入る。この段階で、天武の王位継承権は喪失したとみるのが適切であろう。そこで天武は、壬申の乱を起こし、武力をもって近江の朝廷の大友王子を倒し、王位についた。天武は、王位を大友王子から武力で強引に簒奪《さんだつ》したのである。天武の王権は、いわば簒奪王権であった。

天武の王権には、武力という剝き出しの権力はあったが、王位継承の正統性を示す権威というものが乏しかったのではないか。王権には、それを支える権力が必要であることは言うまでもないが、権威も必要であった。その権威が天武の王権には、簒奪王権であるがゆえに欠如していた。そこで、母の斉明の後飛鳥岡本宮、すなわち飛鳥宮Ⅲ―A期の内郭をそっくりそのまま継承し、斉明の政治路線の継承者であることを目に見えるかたちで示す必要があったのではないか。そのため、斉明の後飛鳥岡本宮をそっくり継承したと考えたい。これは、あくまで古代の王宮の変遷からみた天武であり、ある一面を示しているにすぎないかもしれないが、王宮には王権のかたちがストレートに反映されると考えられるので、あらためて天武とは、どういった人物であったのか、そのカリスマ性も含めて、その評価については再検討が必要に思われる（林部均「伝承飛鳥板蓋宮跡Ⅲ期の構造と変遷」『飛鳥文化財論攷』二〇〇五年）。

　こういったことは、飛鳥宮の発掘調査が進み、Ⅲ—A期からⅢ—B期へと、すなわち後飛鳥岡本宮から飛鳥浄御原宮への遺構の変遷がはっきりとわかるようになって、はじめて考えられるようになった。

エビノコ郭の構造

　話をふたたび飛鳥浄御原宮、飛鳥宮Ⅲ—B期のようすに戻そう。

Ⅲ—B期遺構では、内郭の東南にあらたにエビノコ郭が造営された（図37）。南北約五五メートル、東西約九四メートルの横長の長方形をした区画である。周囲を内郭と同じ屋根つきの掘立柱塀《ほったてばしらべい》で囲む。エビノコ郭の南はかなりの面積が調査され、南辺にあたる掘立柱塀（SA八九三五）が検出されているにもかかわらず、とくに門があった痕跡はない。簡単な棟門《むなもん》の存在を想定する考えもあるが、柱間間隔がとくに広くなっているところもなく、エビノコ郭は南には門は開いていなかったとみるのが自然である。

　いっぽう、エビノコ郭には西門（SB七四〇二）がある。南北五間、東西二間で内郭の正門である南門（SB八〇一〇）と同規模であり、エビノコ郭の正門とみてよい。

エビノコ郭の中央には、東西九間、南北五間で四面に庇《ひさし》をもつ大型建物（SB七七〇一＝エビノコ大殿）が位置する。これまでの飛鳥宮の発掘調査でみつかっている建物では最大規模の建物である。エビノコ郭の正殿《せいでん》である。建物の周囲には、柱筋から幅約二・三メートルの石敷がめぐる。建物の南側では、この石敷が三ヵ所ほど布設されないところがあり、ちょうど柱と柱との間の空間に対応しているので階段の痕跡と考えられる。床束《ゆかづか》こそ発掘調査で検出されていないが、正殿も高床の建物であった。床の位置は高さ約二メートルあたりに復元できる。また、低い基壇をもっていた可能性がある。まさに飛鳥宮の中心建物である。地面から見上げる位置に床がくる立派な建物であった。

エビノコ郭正殿の南には南北約一六メートルの「庭」と呼ばれるバラス敷の空間がひろがっていた。おそらく儀式などがおこなわれたのであろう。なお、エビノコ郭の東で南北棟建物（SB八五〇一）が検出されている。正殿に対する納殿的な性格を果たした建物であろう。

エビノコ郭には朝堂はなかった

また、エビノコ郭の南でみつかった一個の柱穴（SB八二一〇）と、東西棟建物（SB七二〇一）をもとに、朝堂《ちょうどう》を復元する意見がある（小澤毅「飛鳥浄御原宮の構造」『日本古代宮都構造の研究』青木書店　二〇〇三年）。私もかつてはこのような意見であった。

図35　飛鳥宮エビノコ郭正殿跡
（奈良県立橿原考古学研究所提供）

図36　エビノコ郭正殿復元模型
（奈良県立橿原考古学研究所附属博物館提供）

しかし、飛鳥宮の中枢部の調査を担当するようになり、柱穴の形状や柱の抜きとり穴を自分自身で検出するようになって、柱穴や柱の抜き取り方には一定の法則があることがわかった。そこで、その成果をもって、あらためて調査当時の図面などを再検討すると、建物の認識などについて一部に修正が必要となった（林部均「古代宮都と天命思想」吉村武彦編『律令制国家と古代社会』塙書房　二〇〇五年）。

柱穴（SB八二二〇）は一辺約一・二㍍で、柱の抜きとり穴にはⅢ期の廃絶にともなう黄褐色の山土が入るので、Ⅲ期の建物の柱穴であることはまちがいないが、いわゆる朝堂と呼ばれる南北棟建物であるかどうかはわからない。仮に南北棟建物であったとすると、隣接した調査区で西側柱の柱穴、あるいは柱の抜きとり穴の一部が検出されてもよいはずであるが、そのようなものはみつかっていない。南北棟建物に復元することは困難であろう。また、エビノコ郭の南で検出されている東西棟建物（SB七二〇一）は、東西三間以上、南北二間の建物である。かつてはエビノコ郭の南門に復元されたこともあった。しかし、先にものべたようにエビノコ郭は、正殿の南で閉塞して南にはのびないことが明らかとなった。また、この建物の西妻にとりつくかたちで、東西塀の存在が考えられていたが、その後の隣接地の調査で確認できなかったこと、ならびに、その検出状況などから、東西塀そのものの存在が疑われるようになり、東西棟建物を門とする復元は成立しないことが判明した。さらに、東西棟建物はエビノコ郭の主軸線上に位置しており、朝堂とするには問題がある。

このようなことから、エビノコ郭の南に朝堂を復元することは、かなり慎重であらねば

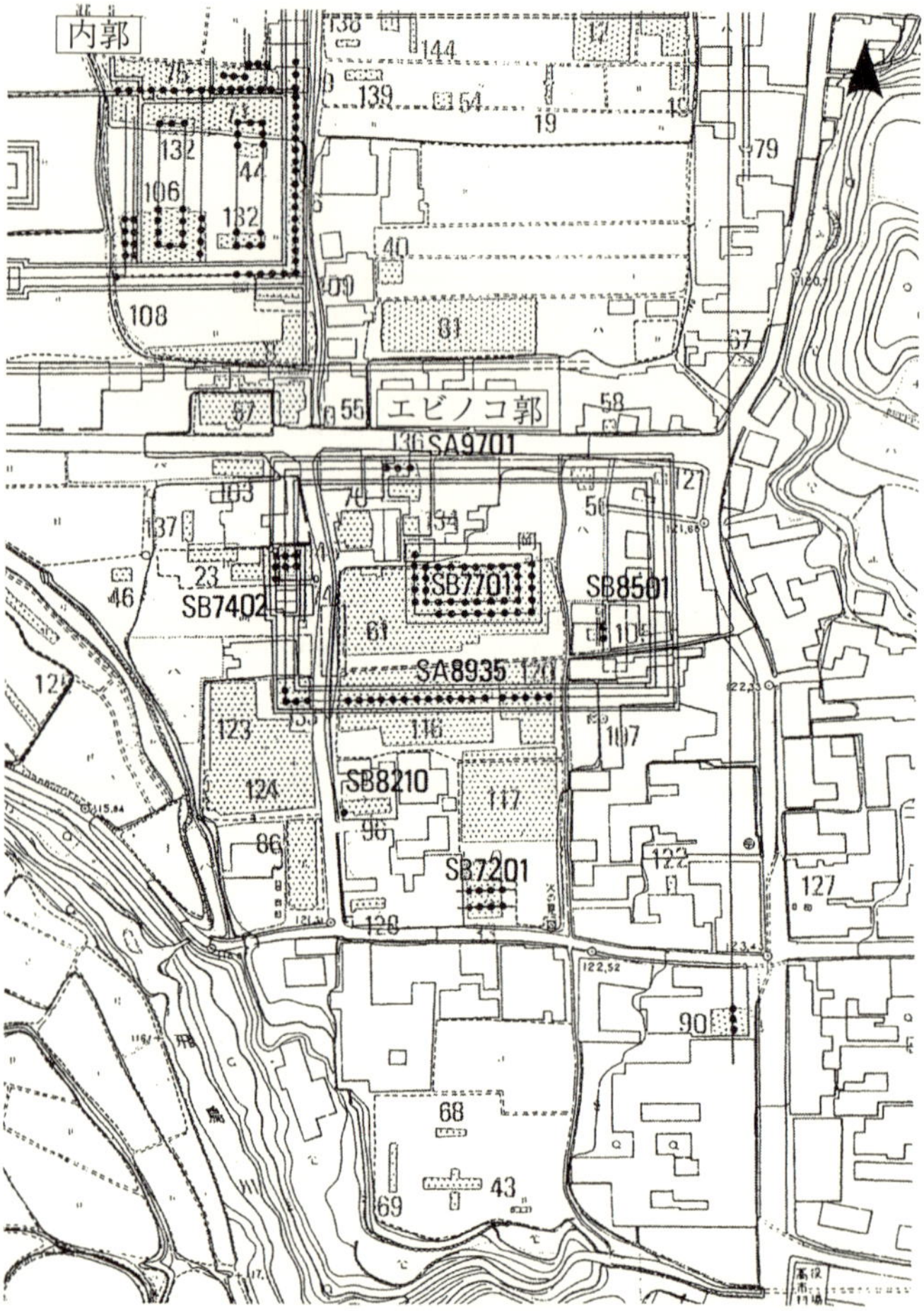

図37　エビノコ郭の復元

ならず、現段階においては困難とみるほかない。

復元は試行錯誤の繰り返し

ここまで本書では、明らかとなった事実としての王宮の建物配置などを紹介してきた。しかし、王宮にかかわる遺跡は規模が広大であり、しかも一回の調査では面積が限られており、なかなか建物配置までを明らかにすることができない。また、一つの建物を何回にもわけて発掘調査をおこなって、はじめて復元できる場合もある。一〇年、二〇年を単位とした継続した発掘調査によって、はじめてその王宮の構造が明らかとなる。

飛鳥宮の復元にあたっても、このような試行錯誤が繰り返され、また、新しい発掘調査で修正を加えつつ、現在に至っているのである。

飛鳥宮の復元の精度

それでは、現在の飛鳥宮の復元の精度はいかほどか、また、今後大きな修正があるのかということも、読者にとっては関心事となろう。今後の発掘調査でも何が起こるかわからないという一抹の不安は確かに残るが、今、紹介している飛鳥宮の復元は、二〇〇三年からはじまった内郭中枢の調査の成果にもとづき再検討を加えたものであり、細かい修正は今後も必要であろうが、全体としてはかなりの精度をもっており、大きな修正の必要はないと自負している。

エビノコ郭の特殊な形態

あらためてエビノコ郭を復元すると、エビノコ郭は、正殿そのものは南面しているが、空間全体としては西面するという変則的な形態をしていた。また、その南にも建物は存在したが、とうてい朝堂と呼びうるようなものではなかったとするのが妥当である。

それでは、なぜエビノコ郭は正殿が南面するにもかかわらず、空間全体としては西を向いていたのであろうか。

「南門」・「西門」

『日本書紀』によると、飛鳥浄御原宮にかかわって、たとえば天武四年正月壬戌《じんじゅつ》条の「公卿大夫《まえつきみたち》及び百寮《つかさつかさ》の諸人《ひとびと》、初位より以上《かみつかた》、西門《にしのみかど》の庭《おおば》に射《い》ふ」、天武六年正月庚辰《こうしん》条の「南門《みなみのみかど》に射ふ」という記事にみられるごとく、「南門」（天武六年正月、七年正月、九年正月、一四年五月）、「西門」、あるいは「西門の庭」（天武四年正月、五年正月、八年正月）で射礼《じゃらい》（正月に弓を射る儀式。平安宮では豊楽院《ぶらくいん》、もしくは建礼門《けんれいもん》の南庭でおこなわれた）をしたという記事がみられる。同じ射礼という儀式をする場として登場してくるので、同一の空間を指すと見てよい。

飛鳥浄御原宮、すなわち飛鳥宮Ⅲ—B期は、後飛鳥岡本宮であったⅢ—A期の内郭をそのまま継承し、その東南にエビノコ郭を造営したものであることは、ここまでもたびたびのべてきた。そして、内郭の南門とエビノコ郭の西門が、それぞれの空間に開く正門であり、門の規模・構造も同じであることについてもすでに触れた。

そうすると、『日本書紀』にみえる「南門」は内郭の南門を指し、「西門」はエビノコ郭の西門にあたるとみるのが、ごく自然な解釈である。すなわち、射礼の儀式をおこなった空間は、内郭の南、エビノコ郭の西の空間であり、『日本書紀』の記述と見事に符合する。

ところで、Ⅲ—A期、すなわち後飛鳥岡本宮の時代の空間利用を示す記事は、『日本書紀』には一切みられないが、内郭の南の空間が「庭」として、儀式をする空間として使われたと考えるのが自然である。飛鳥浄御原宮の造営にあたっては、Ⅲ—A期以来のそういった儀式空間をも、そっくりと引き継ぐことになったので、Ⅲ—B期に新たに造営されたエビノコ郭は、正殿が南面するにもかかわらず、空間全体としては、「庭」を意識して西を向く構造となったと解釈をすれば、Ⅲ—B期の内郭とエビノコ郭との関係は理解できる。

さて、Ⅲ—B期は内郭をそのまま継承し、その東南にエビノコ郭を造営していた。その結果、Ⅲ—A期から継承された内郭には、どのような変化があったのであろうか。

Ⅲ—B期の内郭の改作

Ⅲ—B期になっても、内郭の区画そのものはそのまま継承された。内郭南区画の正殿とした前殿（SB七九一〇）にも建て替えの痕跡はみられない。Ⅲ—A期のものがそのまま継承された。

ところが、内郭の北区画の南の正殿（SB〇三〇一）を中心とした建物群では、その西に配置された小殿《こどの》が撤去され、その部分を掘り窪《くぼ》めてバラス（砂利）を敷きつめていた。そして、バラス敷を区画するように南北塀がつくられていた。すなわち、南の正殿を中心とした建物群は、左右対称の建物配置を崩していた。

なお、北区画の北の正殿（SB〇五〇一）を中心とした建物群には、建て替えの痕跡は一切みられない。Ⅲ―A期のものが、そのまま継承された。

Ⅲ―B期の内郭には、南北軸線上に南から南門（SB八〇一〇）、南区画の正殿（SB七九一〇）、北区画には南の正殿（SB〇三〇一）、北の正殿（SB〇五〇一）が配置された。そして、北区画の南の正殿の一郭のみが一部改変されて、左右対称の建物配置を崩していた。その意味はまたあらためてのべよう。

大極殿の成立

三つの正殿区画の出現

ここまで、飛鳥宮Ⅲ—B期は、Ⅲ—A期の内郭をそのまま継承し、その東南にエビノコ郭を造営したものであったことをのべてきた。内郭は基本的にそのままⅢ—B期へと継承されたので、内郭の南区画の正殿（SB七九一〇）、北区画の二つの正殿（SB〇三〇一・〇五〇一）はⅢ—B期になってもそのまま存在していた。そして、その東南にエビノコ郭が造営されたのである。単純に考えても、正殿がある区画が一つ増えたことになり、その意味するところは大きい。

それでは、エビノコ郭の造営は、どういった意味をもつのであろうか。内郭の北区画と南区画の性格をあらためて整理しつつ、この問題を考えてみたい。

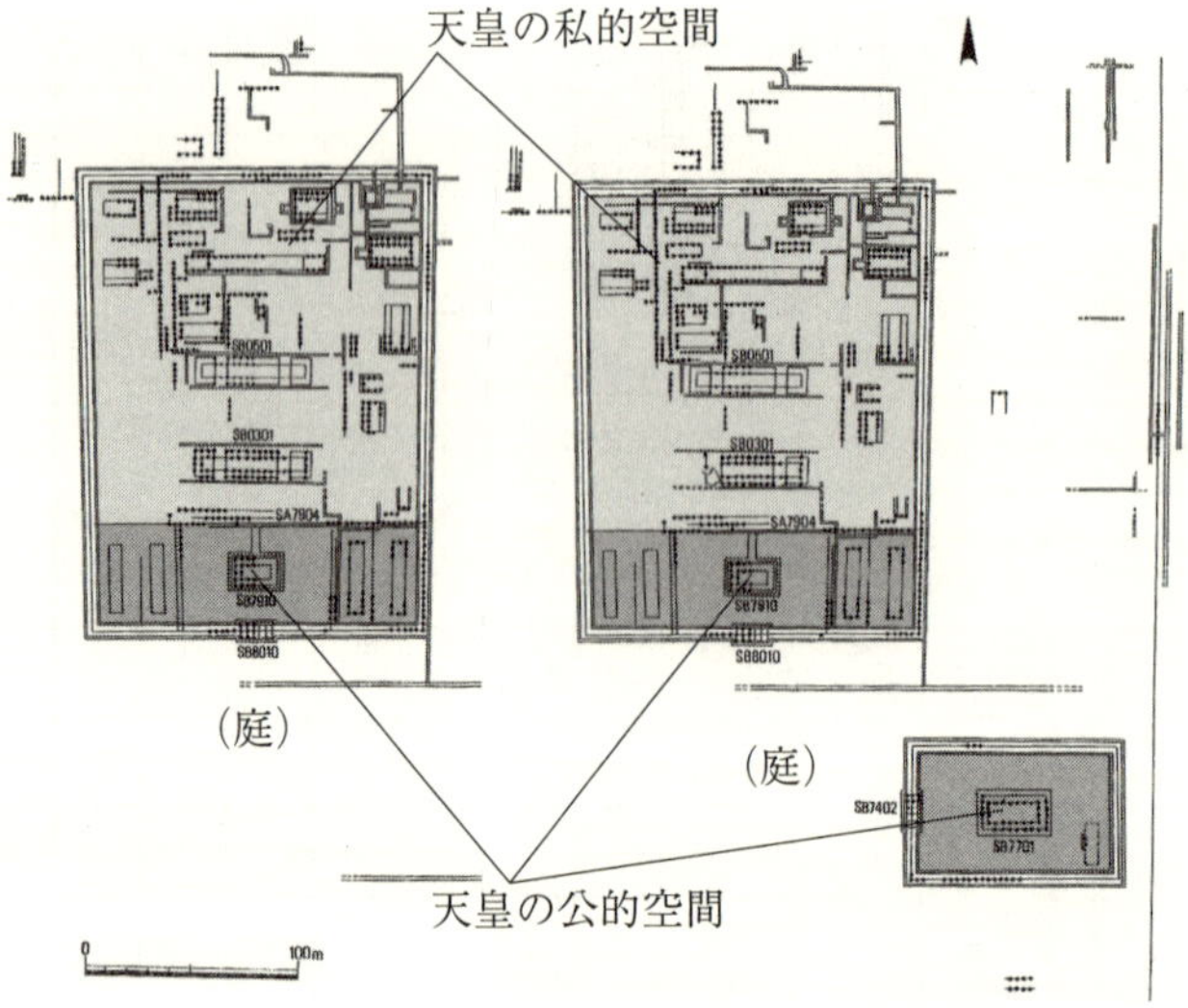

図38　飛鳥宮Ⅲ―A期遺構とⅢ―B期遺構の公的空間と私的空間

エビノコ郭正殿は「大極殿」

さて、エビノコ郭正殿（SB七七〇一）の周囲にはバラス（砂利）が敷きつめられる。これは内郭の南区画の舗装方法と同じである。内郭の南区画は、公的な儀式をおこなう空間であることは先にのべた。そうすると、これと同じ舗装方法をとるということは、同じ性格をもった空間であったと考えるのが自然である。そこで、エビノコ郭も内郭南区画と同じように天皇が出《しゅつ》御《ぎょ》して儀式などをおこなった公的な性格を帯びた空間とみなすことができる（図38）。

そうすると、飛鳥宮Ⅲ―B期には、

公的な性格を帯びた空間が、内郭の南区画とエビノコ郭とに二つ存在したことになる。すなわち、内郭南区画には前殿（SB七九一〇）、エビノコ郭には正殿（SB七七〇一）が配置されていた。前者が東西七間、南北四間の建物、後者が東西九間、南北五間の建物であるので、後者の方が建物の格式は高いとみてよい。機能的には、ともに公的な空間に配置された正殿として、互換性をもっていたものと推定されるが、エビノコ郭の正殿の方が一回り大きいので、内郭・エビノコ郭も含めた飛鳥宮全体の正殿とみるのが適切であろう。これを『日本書紀』天武一〇年（六八一）二月と三月にみえる「大極殿《だいごくでん》」とみたい。

『日本書紀』にみる「大極殿」

『日本書紀』によると、天武一〇年（六八一）二月甲子《かっし》条「天皇・皇后、共《もろとも》に大極殿に居《おわ》しまして、親王《みこたち》・諸王《おおきみたち》及び諸臣《まえつきみたち》を喚《め》して、詔《みことのり》して曰《のたま》はく、『朕《われ》、今より更律令《またのりのふみ》を定め、法式《のり》を改めむと欲《おも》ふ。故《かれ》、倶《とも》に是《これ》の事を脩《おさ》めよ。然《しか》も頓《にわか》に是《これ》のみを務《まつりごと》に就《な》さば、公事《おおやけわざ》闕《か》くこと有らむ。人を分けて行ふべし』とのたまふ」とあり、「大極殿」で律令の制定を命ずる詔を発している。

また、天武一〇年三月丙戌《へいじゅつ》条には「天皇、大極殿に御《おわしま》して、川嶋皇子《かわしまのみこ》・忍壁《おさかべ》皇子・広《ひろ》瀬王《せのおおきみ》・竹田《たけだ》王・桑田《くわた》王・三野《みの》王・大錦下《だいきんげ》上毛野君《かみつけののきみ》三千《みちぢ》・小錦中忌部連首《いんべのむらじおびと》・小錦下阿曇《あずみ》連稲敷《いなしき》・難波《なにわ》連大形《おおかた》・大山上《だいせんじょう》中臣《なかとみ》連大嶋《おおしま》・大山下平群臣子首《へぐりのおみこびと》に詔して、帝紀《すめらみことのふみ》及び上古《いにしえ》の諸事《もろもろのこと》を記し定めしたまふ。大嶋・子首、親《みずか》ら筆を執《と》りて以《も》て録《しる》す」とあり、天皇が「大極殿」に出御して、「帝紀及び上古の諸事」などの記録を編纂し、歴史書の作成を詔している。というように、大極殿ではきわめて重要な詔の発布がおこなわれている。天武がこのような重要な詔を発布した正殿は、これまでの飛鳥宮の発掘調査で検出されている建物の中では最大規模をもち、かつ公的な性格を帯びた空間におかれたエビノコ郭の正殿に当てるのが適切であろう。

『日本書紀』の「大極殿」の記事が天武段階のものであるのかどうかという史料批判の問題は残るが、この記事のとおり読んでよいのならば、エビノコ郭の正殿こそが「大極殿」であったと考えられる。

「大極殿」であることの検証

さらに、エビノコ郭は内郭から独立して一つの空間を形成していた。飛鳥宮の内郭は、後の藤原宮・平城宮からみたとき、内裏《だいり》の内郭にあたる空間にあたるとみるのが適切であるので、その内郭から独立して一つの空間を形成していたエビノコ郭は、もともと内郭の中にあった公的な儀式空間が独立して、一つの空間を形成したものと考えられる。これを藤原宮の内裏内郭と大極殿の関係、そして、奈良時代後半の平城宮東区の内裏内郭と大極殿との関係と比較検討すると、藤原宮、平城宮ともに内裏内郭はそのままで、その南に独立した空間として大極殿がつくられている。内郭とエビノコ郭との位置関係は、まさにこれと対応しているとみなくてはならない。

エビノコ郭の正殿を大極殿とみる一つの根拠である。

飛鳥浄御原宮の朝堂

ところで、すでにふれたがエビノコ郭の南には朝堂は存在しない。エビノコ郭の内部にある南北棟建物をそれに当てる意見もみられるが、これも東側の一棟のみしか存在しなかった可能性があり、朝堂としての役割を果たしえたのかが疑問である。また、朝堂が吉川真司氏のいわれるように、本来的に大王に対する侍候空間であったとするならば、天皇が重要な公的儀式のときだけ出御する殿舎であり、天皇の居住空間である内郭から独立した存在であるエビノコ郭に、そのような建物が必要であったのであろうか。

むしろ、朝堂の本来的な意義を考えるとき、天皇の公的な空間と私的な空間とが一体となって配置されている内郭の公的な空間である南区画にこそ、朝堂は配置されていたと考えるべきではないか。そうすると、内郭南区画の正殿（ＳＢ七九一〇）の東で検出されている南北棟建物（ＳＢ八五〇五・七四〇一）が朝堂と呼ばれた建物であった可能性が高い。ただ、この場合、朝堂とセットである儀式空間である朝庭を確保することができないことをどのように考えるのかという問題が残る。

大極殿とは何か

いずれにしても、エビノコ郭にともなって朝堂は存在しなかった。エビノコ郭正殿を「大極殿」としてよいならば、「大極殿」が単独で存在したことになる。

ところで、これまでは、大極殿は朝堂の正殿とする意見が有力であった（関野貞『平城京及大内裏考』東京帝国大学紀要工科第三冊　一九〇七年）。そうするとエビノコ郭には朝堂が存在しないので、大極殿の要件を満たさなくなり、大極殿ではないことになる。しかし大極殿は、その成立の初期段階にあたっては、天皇の権威にかかわって独得な役割を果たす殿舎であったと私は考える。持統の即位にあたっては、飛鳥浄御原宮の大極殿が使われたと推定される。その後も天皇の即位には大極殿が使われた。まさに大極殿は、天皇の正統性を象徴する殿舎であった。そして藤原宮以降、その南に朝堂が配置されることになり、朝堂の正殿としての役割も合わせもつようになったものと推定される。

また、大極殿の「太極《たいきよく》」（太は大に通ず）は、中国の古典である『易経《えききよう》』によると、宇宙の根源を示すことばで、中国の天文占星思想では北極星周辺の星座を意味し、「紫微《しび》宮《きゆう》」の中核をなす位置にあたり、天の最高神である天帝《てんてい》（昊天上帝《こうてんじようてい》・天皇大帝）の常に住まいしたところといわれている。そして、太極殿《たいきよくでん》は、天帝の代行者として天下に臨む天子の居住地を意味していた。宇宙の中心に直結する場所として太極殿は認識されていた。まさに天から命令を受けて天下を支配する場、それが太極殿であったのである。中国では、このような世界認識・宇宙論にもとづいて王都・王宮が造営され、皇帝による支配の正統性が確立された（妹尾達彦『長安の都市計画』講談社　二〇〇一年）。また、道教《どうきょう》の最高神である天皇大帝や神仙《しんせん》思想を地上に象徴的に表現したものが太極殿をはじめとした宮殿の建築群であったともいわれる（福永光司『道教と日本思想』徳間書店　一九八五年）。

いずれにしても、大極殿は、王権の正統性を象徴的に示す建物であった。そして、ここまでのべてきたように、エビノコ郭正殿が「大極殿」であったとするならば、天武は、わざわざこういった建物を内郭の東南につくったということになる。なぜこのような建物を天武は必要とし、造営したのであろうか。

天武はなぜ「大極殿」を必要としたか

ここにも、天武の複雑な即位事情が絡む。先にものべたが、天武は、壬申の乱で天智の子の大友王子から武力で王位を簒奪した。天武には王位につく正統性が欠如していた。天武には軍事力という権力はあったが、権威が欠如していた。天武が大友王子にかわって支配を推し進めていくためには、天皇たる正統性を保証するものが必要となる。そこで天武が着目したのが、中国の世界認識のための宇宙論であり、天の思想であった。また、天武は壬申の乱を革命と意識していた。ここに中国の王朝交代を正統づける思想である天命思想の導入がみてとれる。そして、みずからの王位継承を正統づける舞台装置として、「太極殿」の思想がとり入れられ、飛鳥浄御原宮において「大極殿」、エビノコ郭の正殿が造営された（林部均「古代宮都と天命思想」吉村武彦編『律令制国家と古代社会』塙書房　二〇〇五年）。

このように「大極殿」は、天武が中国の天の思想や「太極殿」の思想を意識的にとり入れて、みずからの権威づけのために新たに造営した特別な殿舎であった。「大極殿」だけが単独で存在しても、何ら問題はない。

ここまでの検証にもとづき、私は飛鳥宮Ⅲ―B期、すなわち飛鳥浄御原宮の造営にともなって、新たにつくられたエビノコ郭の正殿をもって、大極殿の嚆矢《こうし》とみたい。少なくとも飛鳥宮のⅢ―A期からⅢ―B期への遺構の変遷から検討するかぎり、「大極殿」は飛鳥浄御原宮で成立したとみるのが適切である。

内裏の成立

それでは、エビノコ郭の成立によって飛鳥宮Ⅲ―B期の内郭はどのようになるのであろうか。Ⅲ―A期では、内郭の南区画は天皇が出御して公的な儀式などをおこなう空間であった。北区画は天皇の私的空間、あるいは居住空間と考えた。Ⅲ―B期になってエビノコ郭が造営されて、内郭のそれぞれの空間はどのように変化したのであろうか。

もともと内郭南区画には、公的な性格があったが、同様の性格、もしくはそれ以上の重要な公的な儀式をおこなうエビノコ郭（大極殿）の出現により、それと併存することとなり、機能的には互換性をもつことになったと思われる。そしてその機能の一部はエビノコ郭に移されることになる。その結果として内郭全体が、もともとからの天皇の私的空間としての性格を強め、後の内裏内郭に相当する空間となったと考える。内郭の南区画には、依然として公的な機能は残されたが、天皇の私的空間のなかの公的な空間であることが明確となった。そこにおかれた正殿である内郭前殿（SB七九一〇）は、そういった空間に配置された正殿として、エビノコ郭の正殿と併存することになった。

いっぽう北区画は、これまでどおりの天皇にかかわる私的な空間であることには変わりはないが、Ⅲ―A期において北区画の南の正殿（SB〇三〇一）が担っていた私的空間のなかでの公的な儀式などは、内郭の南区画の正殿（SB七九一〇）へと移された。その結果、北区画の南の正殿では、とくに公的な儀式をおこなう必要がなくなったため、左右対称の建物配置にこだわる必要がなくなり、その東の小殿は撤去されることになった。

ところで、内郭北区画の北の正殿（SB〇五〇一）を中心とした建物群には、建て替えの痕跡はない。北の正殿はⅢ―A期、Ⅲ―B期を通じて、変化しない正殿であった。北区画の中では、もっとも奥まった位置にあり、天皇にとってきわめて私的な空間、居住空間であったため、Ⅲ―B期になっても、とくに変化しなかったものと推定される。

エビノコ郭の成立にともなって、内郭が「内裏空間」としての性格を強めることになった。これが藤原宮や平城宮の内裏の原形となったことはまちがいない。Ⅲ―B期における「大極殿」の成立とともに「内裏空間」の成立ももっと評価されてよい。

飛鳥浄御原宮の殿舎名比定

さて、『日本書紀』天武紀には、飛鳥浄御原宮にかかわって「大安殿《だいあんでん》」「内安殿《ないあんでん》」「外安殿《がいあんでん》」「大極殿」「向小殿《こうしょうでん》」などの殿舎名の記述がみられる。ここまで、飛鳥浄御原宮と考えられる飛鳥宮Ⅲ―B期遺構について詳しく紹介してきた。そして、いわゆる正殿と呼ばれうる建物が、いくつも検出されていることについてのべてきた。それらが『日本書紀』にみられる殿舎にあたる建物であることはまちがいない。

まず、エビノコ郭の正殿が「大極殿」であることはすでに詳しくのべた。そこで、残る「大安殿」「外安殿」「内安殿」が、飛鳥宮の発掘調査で検出されているどの建物にあたるのかが問題となる。すべてが「安殿」（ヤスミドノ）と呼ばれているので、後の内裏、すなわち内郭の中の殿舎とみるのが自然であるが、内郭の南区画、北区画に配置された三つの正殿をめぐって議論がある。

また、考古学的な立場からは、検出された建築遺構の名称までを考えることは、じつをいうと大変困難なことである。しかし、ここまで検討してきたそれぞれの空間のもつ性格などを考慮しつつ、あえて試案を提示してみたい。

「大安殿」　内郭南区画の正殿（SB七九一〇）は、公的な性格を帯びた空間に配置された正殿と考えた。エビノコ郭の正殿も天皇が公的な重要な儀式をおこなう正殿と考えた。そうすると、この二つの正殿は、ともに公的な空間に配置された正殿として、類似した性格をもっていた可能性が考えられる。エビノコ郭の正殿は「大極殿」であるので、これと類似した性格をもった建物で内裏の中に置かれた建物としては、「大安殿」をおいて他には見当たらない。また、「大安殿」は、「大極殿」と類似した機能をもち、大極殿代、すなわち大極殿の代わりとしても利用された。内郭南区画の正殿はⅢ―A期から内郭全体の正殿としての機能をも合わせもっていたと考えられることから、これを「大安殿」とみるのが適切であろう。すなわち、平安宮の内裏の紫宸殿《ししんでん》に相当する殿舎で、内裏正殿に当たる建物が、内郭南区画の正殿であったとするのが、その建物配置からも妥当であろう。

「外安殿」　いっぽう、「外安殿」は、古代における「外」と「大」の用語法から「大安殿」と同じ殿舎を指すという意見が有力である。「外」の「安殿」の名称から、安殿《あんでん》（ヤスミドノ）系の殿舎としては、内裏に相当する内郭の中でも、もっとも外側に配置された正殿とみるのが自然であるから、南区画の正殿（SB七九一〇）を「外安殿」とみるのが妥当である。すなわち「大安殿」＝「外安殿」となる。

また、『日本書紀』天武一〇年正月丁丑《ていちゅう》条には、「天皇、向小殿《むかいのこあんどの》に御《おわしま》して宴《とよのあかり》したまふ。是の日に、親王《みこたち》・諸王《おおきみたち》を内安殿《うちのあんどの》に引入《めしい》る。諸臣《まえつきみたち》、皆外安殿《とのあんどの》に侍《はべ》り。共に置酒《おおみきをめ》して楽《うたまい》を賜ふ」とあり、この記事を素直に読むかぎり、「外安殿」は「内安殿」と一体で儀式に使用されたと解釈するのが自然であるので、やはり「外安殿」は、内郭の殿舎、南区画の正殿とみてよい。

「内安殿」

つぎに「内安殿」であるが、安殿系の建物の中では、さらに奥まったところに位置する建物とみてよいので、内郭北区画の南の正殿、もしくは北の正殿に当てるほかない。いずれにしても、「大安殿」の北にあって、対となる建物とみてよいので内郭の北区画に存在したものと考える。

「向小殿」

内郭北区画の二つの正殿が「内安殿」に当たるとするならば、「向小殿」は、それらの建物の東と西とで検出されている小殿《こどの》（SB八五四二・〇四〇一・〇五〇二）に当てるのが妥当であろう。とくに、飛鳥宮Ⅲ―B期の南の正殿には、Ⅲ―A期に存在した西の小殿（SB〇四〇一）が、すでに撤去されてなく、東の小殿（SB八五四二）しか存在せず、まさに南の正殿と廊状《ろうじょう》建物でつながり向かい合う関係であった。さらに、その規模からも「小殿」という名称にふさわしい。この建物が「向小殿」と呼ばれたかはともかく、北区画の二つの正殿の東西に配置された小殿こそ、それにあたる可能性が高い。

ところで、先に紹介した『日本書紀』天武一〇年正月の記事でもそうだが、「向小殿」には天皇が出御している。また、天武九年正月甲申条にも「天皇、向小殿に御して、王《おほきみ》卿《まえつきみ》に大殿《おおあんどの》の庭《おおば》に宴したまふ」とあり、やはり天皇が「向小殿」に出御している。そのため、これまでは「向小殿」を内郭の南北軸線上に配置される建物と考えられることが多かった。たとえば、内郭北区画の北の正殿をそれに当てる意見がみられるが、南の正殿と北の正殿とは同一規模であり、そういった建物を片方は「内安殿」、片方は「向小殿」といったかたちで、一方を「小殿」という呼称を使うであろうか。疑問とせざるをえない。

仮にここまでのべてきたように、内郭北区画の二つの正殿の東西にある小殿を「向小殿」と呼んでもかまわないとするならば、これら建物の前面には中心建物である南北二つの正殿と同様の石敷の広場が広がっているので、天皇が出御して、さまざまな儀式をおこなう空間、とくにこの場合は饗宴《きょうえん》をする空間として何らさしつかえなかったと考える。

いずれにしても、こういった発掘された建築遺構の殿舎名の検討は、古代宮都全体の流れの中で、それぞれの空間のもつ意味を考えなくてはならない問題であろう。とくに、飛鳥宮Ⅲ―B期における殿舎名の比定は、藤原宮や平城宮のそれにも大きく影響を与えるので、そういった宮都も含めて検討していく必要があろう（林部均「飛鳥宮―大極殿の成立

―」『古代宮都の中枢部の形成と展開―大極殿の成立をめぐって―』二〇〇七年)。

内郭の門

ところで、内郭南門(SB八〇一〇)であるが、東西五間、南北二間とエビノコ郭の正門である西門(SB七四〇二)と同じ規模の門である。内郭全体の正門であることはまちがいない。ただ、通常、内裏の内郭に、これだけの規模の門が開くことはない。むしろ、内裏外郭の門、すなわち天皇の居所にもっとも近い位置にある門である「閤門」にふさわしい規模をもっているが、少なくとも飛鳥宮Ⅲ―B期において、内裏の内郭はともかく、外郭が存在したかは不明確であり、飛鳥宮のⅢ―B期の内郭は、規模などの点からも後の内裏内郭にあたるものとみるのが自然であると思う。

内郭がⅢ―A期から継承した空間であり、Ⅲ―A期には内郭しか存在せず、そこに開く唯一の門であったこと、ならびにⅢ―B期になっても内郭の南には儀式空間である「庭」がひろがり、天皇が出御して「南門」を使って儀式がおこなわれたため通常よりも大きな門となったと推定する。この場合、天皇が「南門」や「西門」に直接出御したのかどうかは、『日本書紀』の記事からは判断はつかない。天皇が出御する行事に利用したという意味で大きな門をつくったと考えたい。

ここまで、飛鳥宮Ⅲ—B期遺構、すなわち天武の飛鳥浄御原宮の構造について発掘調査の成果にもとづきつつ記述を進めてきた。また、飛鳥浄御原宮がもつ個々の問題についても意見をのべてきた。

飛鳥宮から古代宮都をみなおす

発掘調査とは、このようなことを考えつつ遺構を検出し、そしてみずからの考えを確認したり、修正したりする場でもあり、まさに緊張の連続である。また、慎重さが要求されるゆえんでもある。二〇〇三年からはじまった飛鳥宮の内郭中枢の調査では、こうしたことに一喜一憂の繰り返しであった。飛鳥宮はとくに残りがよく、宮本体は当然のこととして、宮廃絶時の跡地の整地をした土まできれいに残っているのである。いわば一三〇〇年あまり前に藤原宮への遷居にともなって廃絶した状態のままで埋まっているのである。その情報量たるや無限であるといっても過言ではない。一層の土を剝ぐのにも緊張の連続であった。そして、やはり発掘調査はしてみないとわからないものだと、つくづくと実感したしだいである。

この一連の調査で飛鳥宮のⅢ期の内郭のようすが、ほぼ明らかとなった。すなわち、後の「内裏」にあたる空間のようすが判明したのである。飛鳥時代の古代宮都で、ここまで明らかとなった例はない。飛鳥宮の調査で明らかとなった事実を一つの定点として、古代宮都を比較検討していく視点が必要であろう。

それでは、このように発掘調査で明らかとなった飛鳥宮Ⅲ―B期遺構、すなわち飛鳥浄御原宮は、古代宮都の変遷の中でどのように位置づけられるのであろうか。まだ大きな作業が一つ残されている（図39～41）。

飛鳥浄御原宮の歴史的位置

古代宮都の変遷は、Ⅲ―A期を位置づけたときにものべたが、私は王宮がもつさまざまな機能の中から公的な機能が独立していく過程であったと考えている。そういった意味では、飛鳥宮Ⅲ―A期では、内郭において、すでに天皇にかかわる私的な空間と公的な空間が分離していた。これは、一つ前の王宮である前期難波宮の形態を引き継ぐものであった。そして、飛鳥宮Ⅲ―A期の次の王宮である近江大津宮でも依然としてその形態であった。

それが、飛鳥宮Ⅲ―B期、すなわち飛鳥浄御原宮になって、内郭の公的空間、私的空間はそのままで、さらにその外に一つ独立した公的な空間が成立した。それを私は「大極殿」であると考えた。ここに飛鳥宮Ⅲ―A期から発展した形態を読み取ることができる。この形態は、基本的に藤原宮へと継承されるものと推定される。藤原宮の内裏・大極殿の原形が、飛鳥宮Ⅲ―B期において成立したとみたい。藤原宮の内裏・大極殿の形態は、そのまま平城宮へと継承されるので、その成立の意義は大きい。

しかし、飛鳥宮Ⅲ―B期にも前期難波宮と同じ形態をした朝堂はつくられなかった。エビノコ郭の南に復元する案もあるが、それが成り立たないことは、すでにのべたとおりで

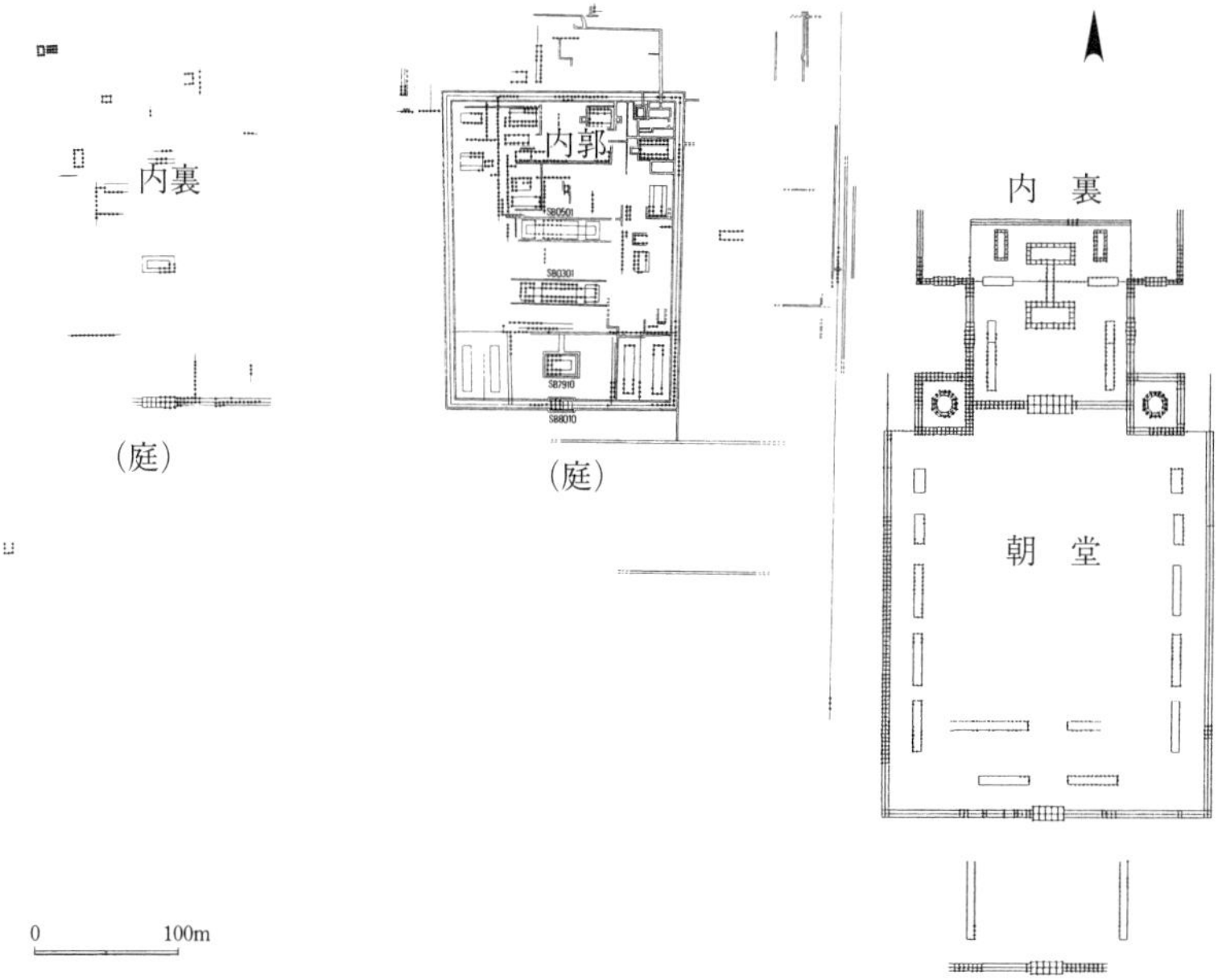

図39　古代宮都の変遷 1（右，前期難波宮・中，飛鳥宮Ⅲ—A期遺構・左，近江大津宮）

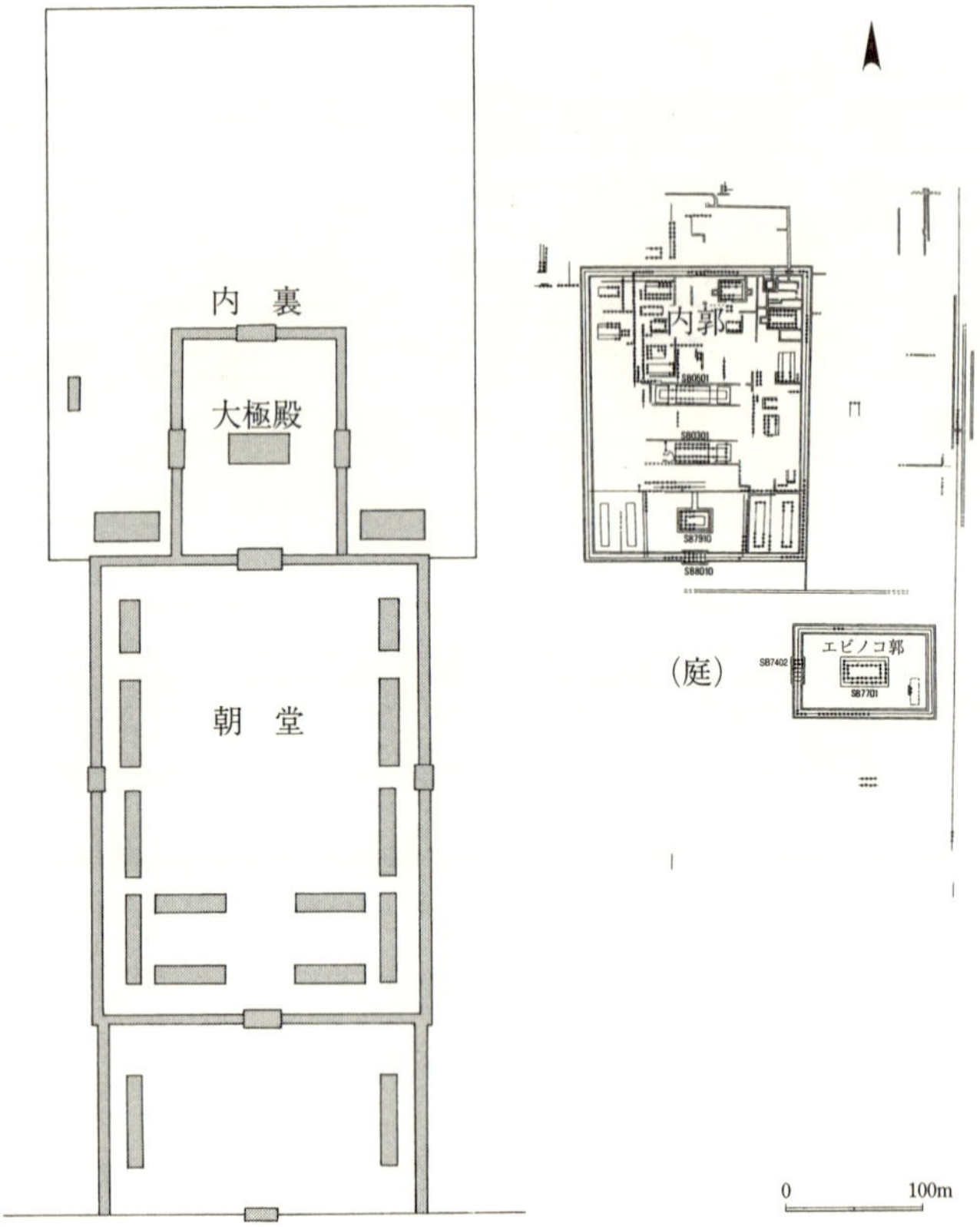

図40　古代宮都の変遷２（右，飛鳥宮Ⅲ—B期遺構・左，藤原宮）

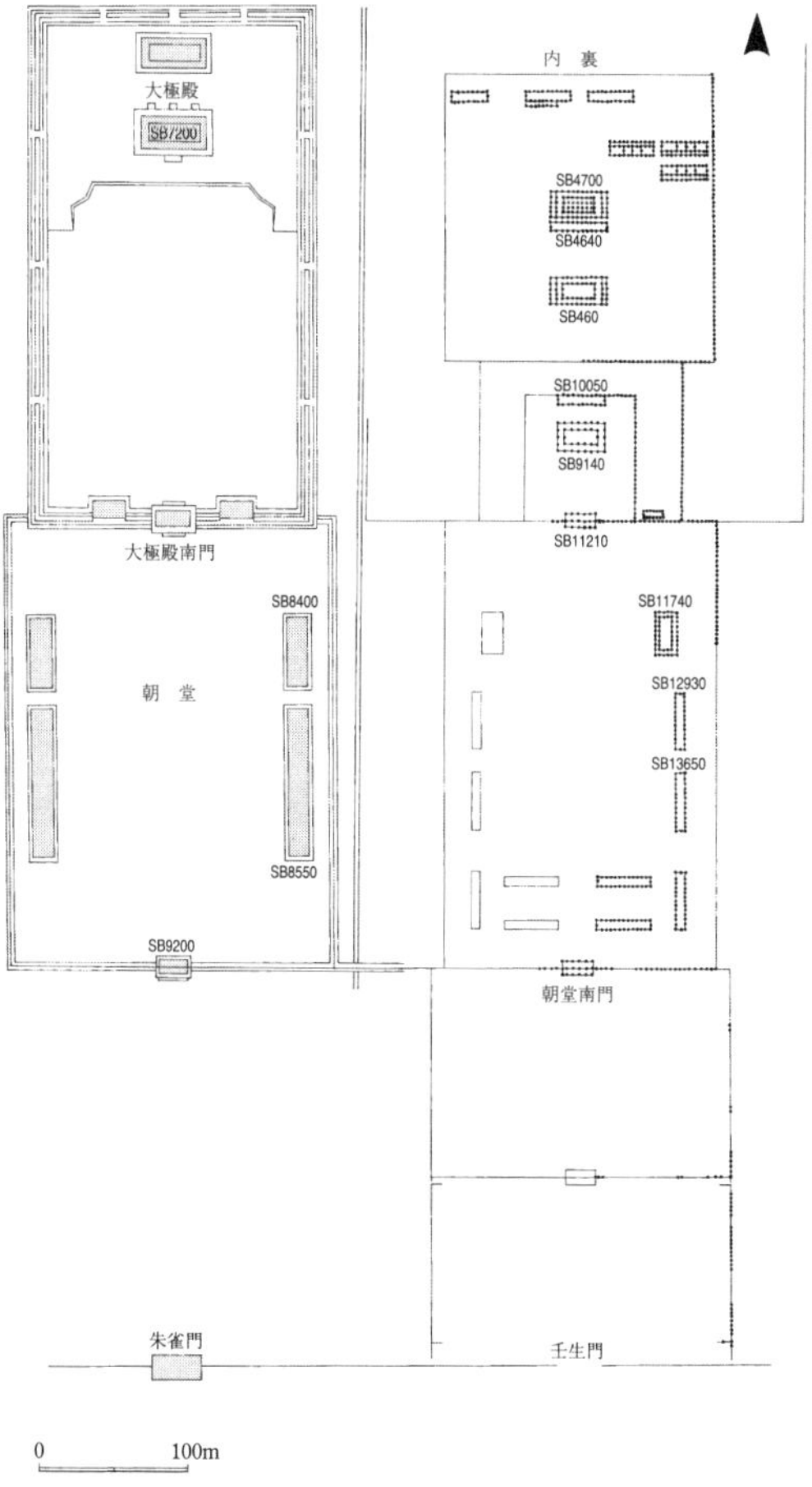

図41　古代宮都の変遷３（平城宮）

ある。朝堂は、Ⅲ—A期のそれをそのまま継承し、内郭南区画にとり込まれていた。前期難波宮の朝堂は、基本的には藤原宮の朝堂へと継承され、平城宮以降の王宮にも引き継がれていくことになるので、それが存在しなかった意味をあらためて問う必要がある。

飛鳥宮Ⅲ—B期、すなわち飛鳥浄御原宮は、内郭とは別の空間として「大極殿」が成立し、Ⅲ—A期から確実に発展し、藤原宮の内裏・大極殿の形態の原形が成立したということで新しい要素を備えつつあったが、Ⅲ—A期の内郭をそのまま継承していることや、前期難波宮と同じ形態をした朝堂をもたないなど藤原宮で成立する律令制都城の王宮がもつ新しい要素が欠如していた。すなわち、大王の宮から律令国家の王宮への過渡的な様相をもっていた。こういった飛鳥宮Ⅲ—B期の構造は、まさに天武が新しい政治をおこなおうとした律令国家の形成期の宮都として、より相応しい形態であったとみてよい。

天武は、その一三年（六八四）三月に「京師《みやこ》に巡行《ありき》きたまひて、宮室之地《みやどころ》を定めたまふ」の記事のとおり藤原宮の位置を決定する。ここにはじめて律令制に対応した王宮が造営されることになった。飛鳥宮Ⅲ—B期がもっていた不完全なところは払拭され、天武が構想した新しい支配システムに対応した王宮がつくられることになった。それが藤原宮であった。藤原宮については、また別にのべるが、飛鳥宮Ⅲ—B期から藤原宮に至る過程をこのように考えたい。

「飛鳥宮」の継承

天武朝の飛鳥

飛鳥宮Ⅲ—B期遺構、飛鳥浄御原宮の構造やその意義についてはひとまずここまでとして、今度は王宮の周囲の状況について検討していきたい。すなわち、斉明にはじまった飛鳥の支配拠点としての整備は、天武になってどのようになったのか、具体的に遺跡を紹介しつつ考えてみよう。

「飛鳥宮」の継承

飛鳥浄御原宮の北、石神《いしがみ》遺跡は斉明朝において長大な建物が建ち並んでいたが、天武朝になると、そのような建物はすべて撤去され、南北棟を中心とした掘立柱建物が散在的に配置され、塀により区画されるようになる。隣接して位置する雷《いかずちのおか》丘東方《とうほう》遺跡や山田道《やまだみち》遺跡でも同様の建物群がみつかっている。これらの建物群は藤原宮の官衙《かんが》（役所）の建物群と形態が類似しており、官衙的な性格をもった建物であったとみてよい。飛鳥浄御原宮にともなう役所の建物であった。

飛鳥寺西の槻の樹

そして、斉明朝に石神遺跡の須弥山石《しゅみせん》のおかれた方形池でおこなわれていた服属儀礼などの饗宴《きょうえん》は、飛鳥寺の西の槻《つき》の樹《き》の広場に移される。天武六年（六七七）二月、多禰嶋人《たねのしまびと》等を「飛鳥寺の西の槻の下《もと》に饗《あえ》たまふ」、天武一〇年（六八一）九月、多禰嶋の人等《ひとども》を「飛鳥寺の西の河辺《かわつら》に饗たまふ。種種《くさぐさ》の楽《うたまい》を奏《おこ》す」、天武一一年七月、隼人等を「明日香寺《あすかでら》の西に饗たまふ。種種の楽を発《おこ》す。仍《なお》、禄賜《もの》ふこと各《おのおの》差《しな》有り。道《おこないひと》俗《しろきぬ》悉《ことごとく》に見る」という記事がみられる。少しずつ表現は違うが、同じ飛鳥寺の西の槻の樹の広場を指す。飛鳥寺の西で飛鳥川までの川辺が饗宴のための施設として整備された。そして、そこには神の依《よ》り代《しろ》として槻の巨木があった。

ちなみに、この槻の樹の広場は、皇極《こうぎょく》三年（六四四）正月に中臣鎌足《なかとみのかまたり》と中大兄《なかのおおえ》が出会うきっかけとなったところである。大化《たいか》元年（六四五）六月には、乙巳《いっし》の変の後、大槻の樹の下で中大兄らが集まり結束を誓約している。天武元年（六七二）六月には、壬申の乱のときに近江方の将穂積臣百足《ほづみのおみももたり》等が槻の樹の下に営をつくるなど、飛鳥で起こる重要な事件の時には、必ずといってよいほど記録に現れる。由緒正しい、象徴的な槻の巨木であったのであろう。飛鳥寺の西の槻の樹の広場は、持統九年（六九五）五月にも「隼人《はやと》の相撲《すまい》とるを西の槻の下《もと》に観る」とあり、藤原宮への遷居後も使用されている。藤原宮が整備されるまで暫定的に使用されたのであろう。それだけ王権にとって重要な場所であったことがわかる。

また、酒船石《さかふねいし》遺跡もそのまま存続していた。さらに、飛鳥京跡苑池《えんち》遺構も改修が加えられているが、そのまま使用された。天武は斉明が整備した「飛鳥宮」とも呼びうる空間をもそのまま継承した。

王権の工房・飛鳥池遺跡

飛鳥宮の北西、酒船石遺跡の北に位置するのが飛鳥池遺跡である。飛鳥池遺跡は酒船石遺跡から北にのびる二本の丘陵とその中央にある北にむかって開く谷地形に立地している。もともと「飛鳥池」という谷をせきとめた池があり、その埋め立てにともなって一九九一年に調査され、また一九九七年から二〇〇一年にかけて万葉文化館建設にともなう発掘調査が実施された（図42）。遺跡は中央に位置する東西塀によって南北に分けることができる。南半部には工房にかかわる遺構がひろがり、北半部では掘立柱建物や井戸、方形池が検出され、寺院関係の木簡が大量に出土した。

南半部の工房では、丘陵を整形して多数の炉《ろ》をつくり、作業をおこない、その過程で出る灰や廃棄物を谷に一括して捨てていた。谷には地形を整形して水溜《みずたまり》をつくり、途中に陸橋を設けて直接、廃液が工房の外に流されないような工夫がされていた。

飛鳥池遺跡でみつかった工房は、丘陵によって隔てられているとはいえ、飛鳥宮に隣接して位置する。工房からでる煙や廃棄物、廃液は深刻な環境問題を引き起こしたと考えられる。そういった中で、沈殿槽《ちんでんそう》ともいえる水溜を設けて廃液の浄水化を試みようとしていることは、その実効性はともかく、当時の人々の環境への配慮がみてとれ注目される。

そして、谷に堆積した大量の炭層から大量の遺物が出土した。金粒や金箔、銀線・銀片、銅製の人形《ひとがた》、鉄釘や刀子《とうす》、鑿《のみ》、鞴《ふいご》の羽口《はぐち》や坩堝《るつぼ》、富本銭《ふほんせん》と富本銭の鋳型、海獣葡萄鏡《かいじゅうぶどうきょう》の鋳型《いがた》、仏像の鋳型、砥石《といし》などの金属生産にかかわる遺物や、ガラス原料やガラス玉の鋳型などの玉生産にかかわる遺物、漆《うるし》容器や漆の付着したヘラなどの漆生産にかかわる遺物がみつかった。工房の操業は七世紀中ごろからすでに認められ、工房の操業がもっとも活発となるのは天武朝である。そして藤原宮期まで存続したことが出土した土器や木簡などから想定されている。

工房の性格については、官営工房であるのか、飛鳥寺にかかわる工房なのかなどで議論が分かれるが、その規模や富本銭の出土などから、国家的な事業にかかわるさまざまな施設に製品を供給するために設置された工房であり、国家が直接に管理し運営した総合的な工房とみるのが適切であろう（花谷浩「飛鳥池工房の発掘調査成果とその意義」『日本考古学』八　一九九九年）。

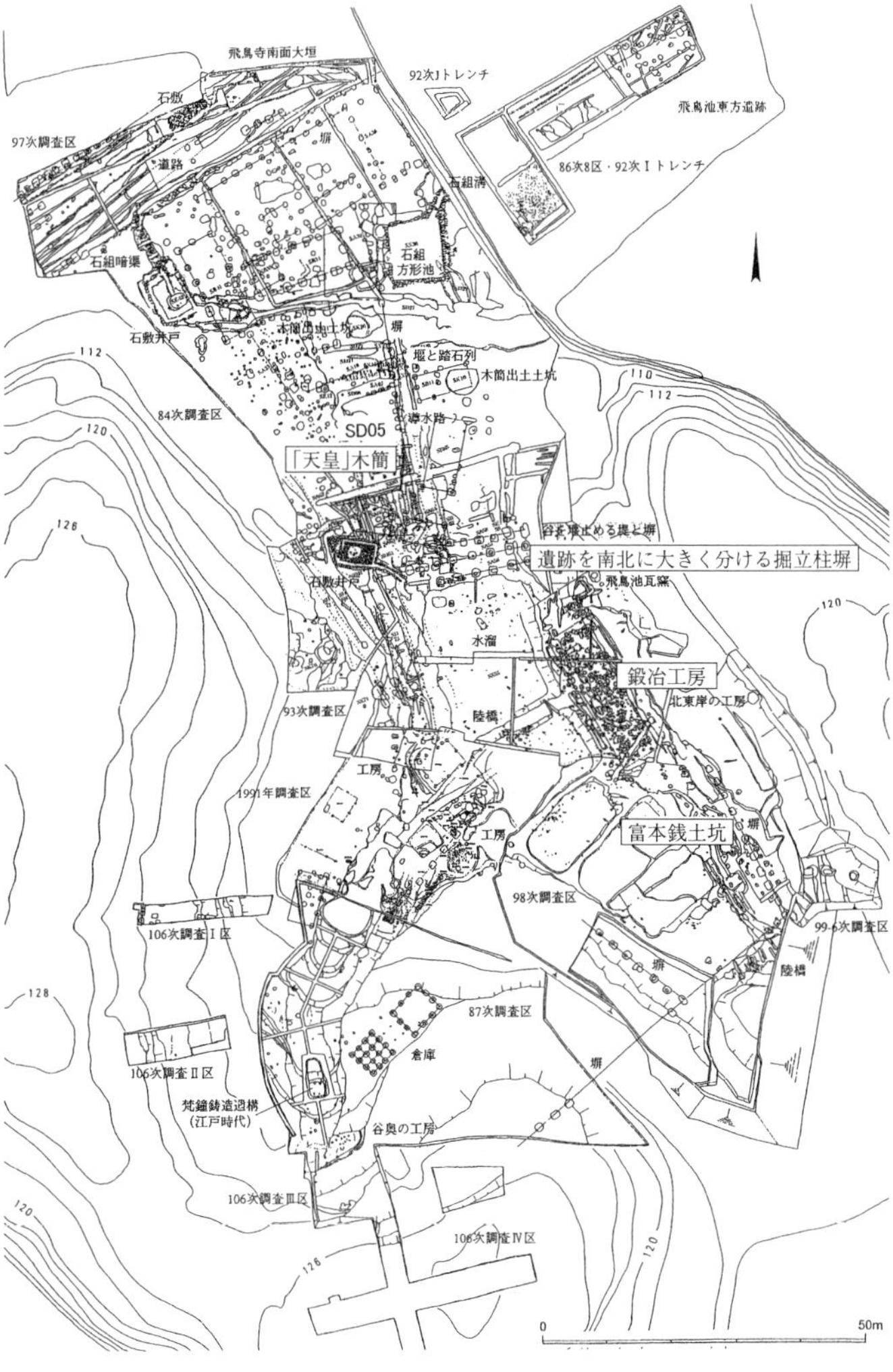

図42　飛鳥池遺跡遺構平面図

図43　富本銭（飛鳥池遺跡出土，奈良文化財研究所提供）

いっぽう北半分は、南半分と遺構のようすがまったく異なっており、南半分と一体と考える意見と、別々の性格をもつものという意見がある。考古学の立場から見るかぎり、掘立柱塀の存在や遺物の様相から、後者とみるのが妥当であろう。寺院関係の木簡が大量に出土していることから、飛鳥寺にかかわる管理施設とみるのが適切であろう。

最初の貨幣・富本銭

富本銭は、南半部の工房の谷に堆積した炭層の中から未完成品をはじめとして鋳型などが出土した。富本銭は確実に七世紀末までさかのぼる土層から出土しており、和銅元年（七〇八）の和同開珎《わどうかいちん》の鋳造よりも古くなることは確実であり、『日本書紀』天武一二年（六八三）四月壬申条に「詔して曰《のたま》はく、『今より以後《のち》、必ず銅銭を用いよ。銀銭を用いること莫《なか》れ』とのたまふ」とある

「銅銭」にあたる可能性が強い。その鋳造にかかわった遺跡が飛鳥池遺跡であったのである。ちなみに「銀銭」は無文銀銭《むもんぎんせん》がそれにあたる。

富本銭は、同じ時代の中国の貨幣である「開元通宝《かいげんつうほう》」よりも漢《かん》代から広く流通していた五銖銭《ごしゅせん》を強く意識していたといわれ、「富本」の文字も『晋書《しんじょ》』食貨志「富民之本、在於食貨」にもとめられるという（松村恵司「富本七曜銭の再検討」『出土銭貨』一一　一九九九年）。厭勝銭《ようしょうせん》（まじないのためにつくられた貨幣）という意見もあるが、わが国最初の流通貨幣として鋳造されたものとみるのが適切であろう。藤原京の造営の費用にあてるために富本銭が鋳造されたという意見がある。

「天皇」号木簡の発見

また、飛鳥池遺跡では「天皇聚□弘寅□」という木簡が石組溝から出土している。いっしょに出土した木簡には丁丑《ていちゅう》年（天武六年＝六七七年）のものもあり、天武〜持統朝のものであることは確実で、この段階に「天

図44　「天皇」号木簡（飛鳥池遺跡出土、奈良文化財研究所提供）

皇」という称号が使われていたことが確認できる。今のところ、最古の「天皇」号にかかわる出土文字史料である。

これまで、「天皇」号の成立は、推古朝、天智朝に成立したという説や、天武朝に使われはじめ、浄御原令《きよみはらりょう》（六八九年）で条文化され、持統朝で定着したという説があった。近年は後者の説が有力となりつつある。「天皇」号の成立は、宇宙の中心をあらわす「太極殿」の思想の導入と一体で考える必要があり、飛鳥浄御原宮ではじめてつくられた「大極殿」の成立とも密接にかかわる。その木簡の出土は大きな問題を投げかけている（寺崎保広「『天皇のルーツ』を発掘する」『現代』一九九八―七　一九九八年）。

飛鳥池遺跡の調査とその成果は、工房にかかわる技術的な新しい所見だけではなく、律令国家の形成を考えていくうえでも、きわめて重要な意味をもつといえる。

工房の操業開始時期

ところで、飛鳥池遺跡の工房の操業がもっとも活況を呈し、富本銭などを鋳造していたのは天武朝から藤原宮期の初期であるが、その操業の開始はいつかという問題が気にかかる。私は飛鳥池遺跡の下層から一括して出土している土器群の存在を重視して、飛鳥時代中ごろの皇極・斉明朝にその開始時期を求めたい。そうすると、先にのべた飛鳥の支配拠点としての整備の開始時期と一致しており興味深い。

「飛鳥京」の形成

ここまでは、飛鳥浄御原宮の周辺でも主に飛鳥と呼ばれた地域の状況を検討した。斉明の「飛鳥宮」は、さらに整備が進んだといえる。つぎに周辺の飛鳥・藤原地域の遺跡を検討してみよう。

天武朝の飛鳥・藤原地域

ただ、結論を先にのべておくと、斉明朝に飛鳥が支配拠点として、正方位を重視して荘厳に整備がなされたが、天武朝になると、正方位による空間整備が飛鳥の範囲にとどまらず、さらに周辺の飛鳥・藤原地域へと拡大した。支配拠点の整備が、飛鳥・藤原地域まで拡大された。その結果として、さらに周辺地域とは、明らかに景観的に異なる空間が飛鳥・藤原地域に出現した。飛鳥宮を中心とした「京」の成立である。以下、その様相を具体的にみていこう。

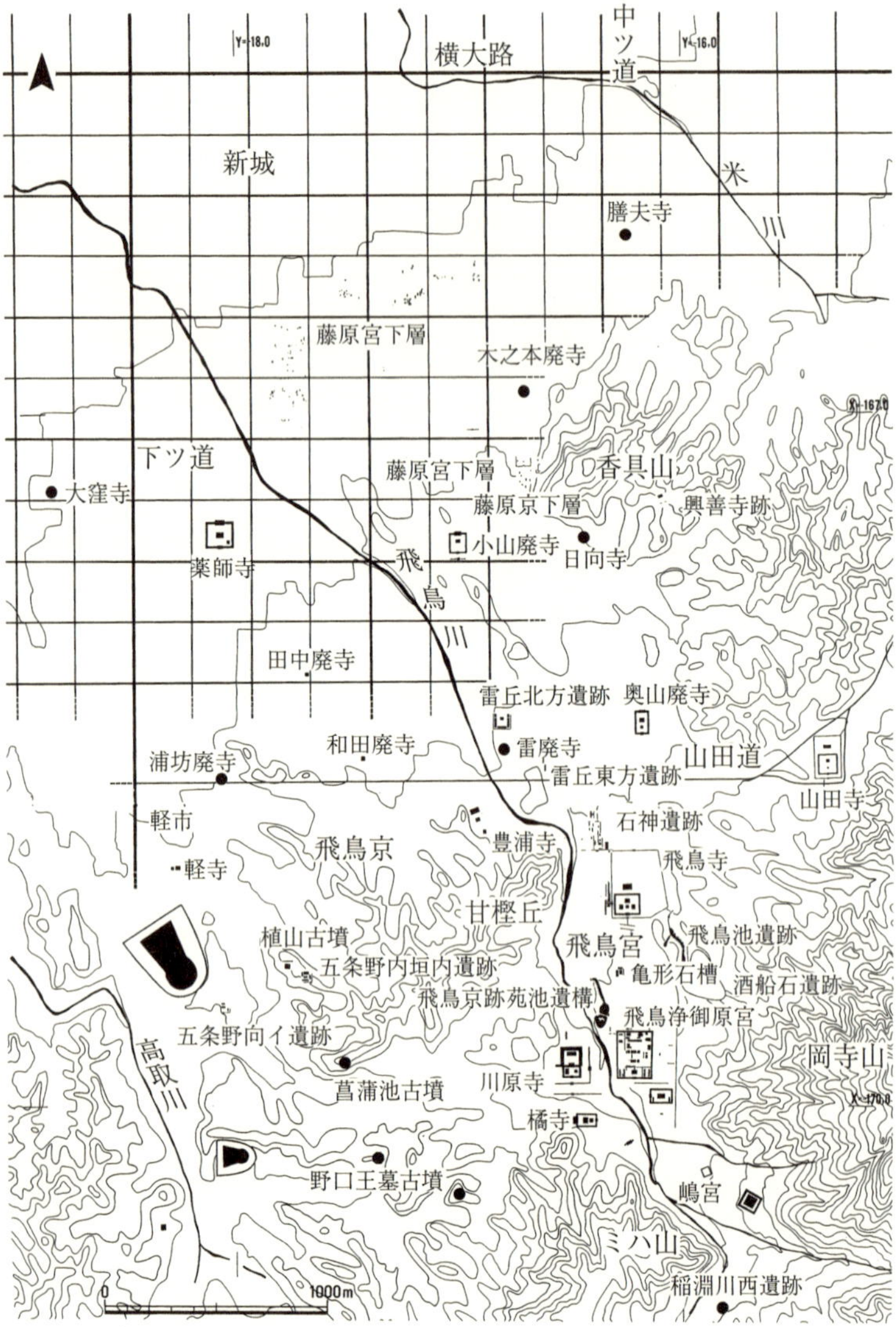

図45　天武朝の飛鳥・藤原地域

飛鳥宮の西方の空間整備

橿原《かしはら》市五条《ごじょう》野向《のむか》イ遺跡と五条野内垣内《うちかいと》遺跡は、王宮の西方、甘樫丘《あまかしのおか》とよばれる一連の山塊から北西方向にのびる丘陵に位置している。区画整備事業にともなって発掘調査がおこなわれた（図46）。

五条野向イ遺跡は、方形の区画施設の中に南から門、正殿、後殿が配置され、正殿の東には脇殿とよびうる建物もある。造営方位は正方位である。建物群はその整地土から六六〇～六七〇年前後の土器が出土しており、天武朝に存在したことはまちがいない。また、廃絶は平城京への遷都の時期である。

発掘された当初は、その建物配置が官衙などによくみられるコの字型の建物配置をとることや、天武・持統合葬陵とされる野口王墓《のぐちのおうぼ》古墳に隣接して位置することなどから、それにかかわる役所ではないかという意見もだされたが、官衙がコの字型の建物配置をとるようになるのは奈良時代からであり、飛鳥時代においては王宮の中枢部やそれに準じる施設のみがコの字型の建物配置をとる。整然とした建物配置は確かに官衙に想定したくなるが、その存続時期から官衙にあてることは困難であろう。私は皇子宮《みこのみや》、もしくは有力氏族の邸宅と考えている。

五条野内垣内遺跡は、五条野向イ遺跡の北東でみつかった。ほぼ方形の区画施設の中に建物を配置するもので、四面に庇《ひさし》をもつ正殿と前殿、そして脇殿から構成される。この建

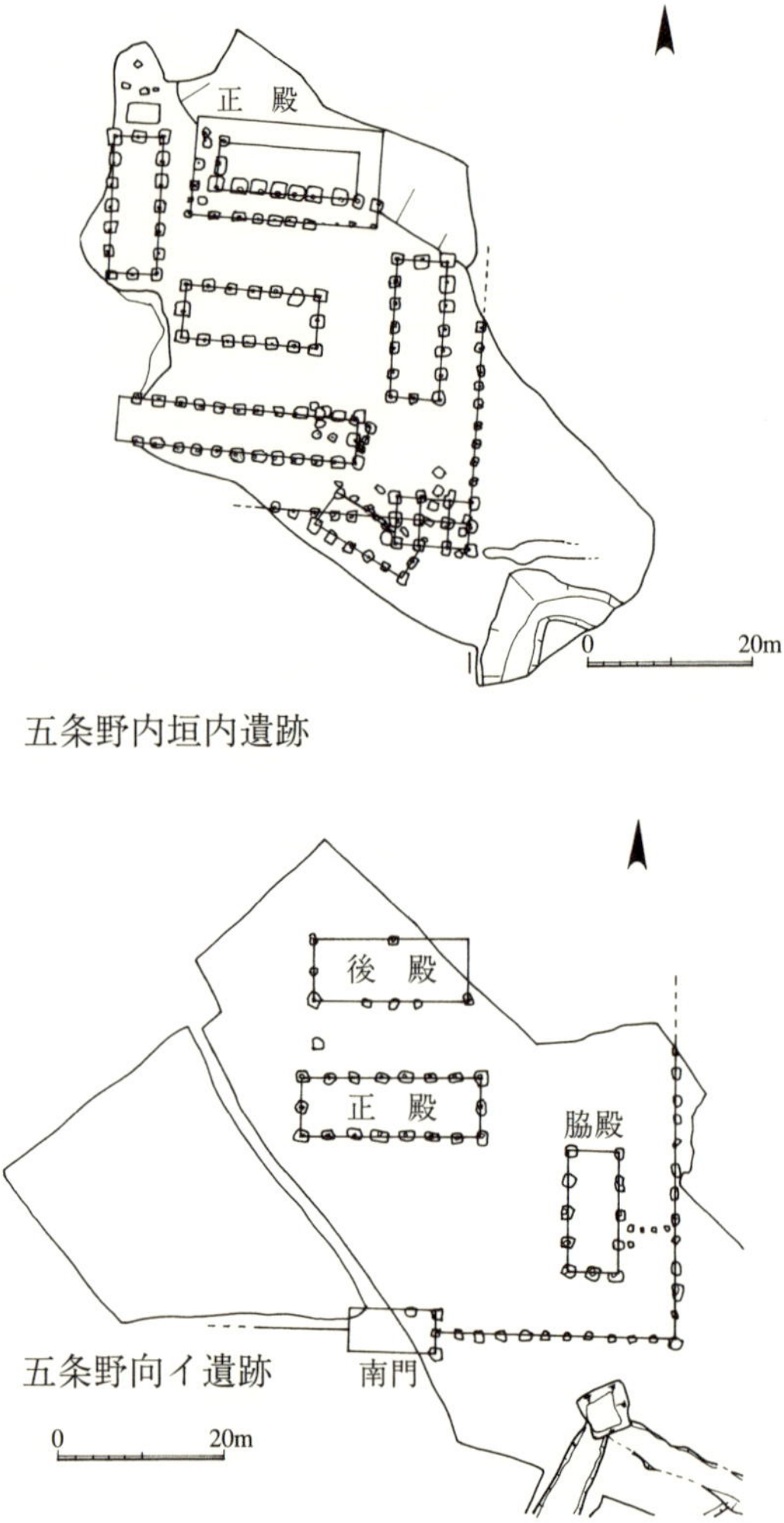

図46　飛鳥宮西方でみつかる正方位の建物群

物群もほぼ正方位に造営されている。天武朝に造営され、平城京への遷都の時期まで存続した。軒が接するかのように建物が配置されていることから、これも皇子宮、もしくは有力氏族の邸宅と考えられる。

五条野向イ遺跡、五条野内垣内遺跡、ともに天武朝に造営され、平城京への遷都の時期まで存続していた。その造営にあたっては、北西方向にのびる丘陵を平坦に整地したうえで、その造営方位を正方位に向けるかたちで建物群を配置していた。北西方向にのびる丘陵であるから、地形改変をもっとも少なくして土地を最大限に有効活用するならば、地形に沿ったかたちで建物を建てるのがもっとも理にかなっている。実際、五条野内垣内遺跡で検出されている建物で、正方位のものに先行する建物群は丘陵の方向に造営方位を合わせている。にもかかわらず、大規模な土地造成をおこない、強引に正方位で建物を建てていた。その背後に何らかの強い規制の存在を考えさせる。

また、五条野内垣内遺跡に隣接して植山《うえやま》古墳という飛鳥時代前半の大型方墳が位置している。植山古墳には東西二つの横穴式石室があり、推古とその子の竹田王子の最初の合葬墓の可能性が指摘されている。最初と断ったのは、推古と竹田王子は後に河内《かわち》の磯長谷《しながだに》に改葬されるからで、実際、大阪府南河内郡太子《たいし》町に位置する山田高塚古墳という大型方墳が推古陵として宮内庁によって治定されている。そうすると、植山古墳は改葬後の古墳となり、いわゆる被葬者のいない空墓《からばか》となる。仮にそうであるとするならば、改葬後の古墳がどうなったのかなど興味がつきないところであるが、これも被葬者論が先行した議論であり、より慎重な検討が必要と感じる。

それはともかくとして、この植山古墳の外堤に古墳を囲むかのように掘立柱塀《ほったてばしらべい》が地形の方向に沿うかたちで「く」の字状につくられている。それが、ある段階に正方位につくり替えられている。おそらく、周辺に正方位の建物群が建ち並ぶ頃に一連の整備として、植山古墳を囲む掘立柱塀も正方位につくり替えられたものと推定する。植山古墳や向イ遺跡、内垣内遺跡がある五条野の一帯まで、正方位による空間整備は確実に及んでいた。

さきに、皇極から斉明にかけて、飛鳥が正方位で建物群が整備され、周辺地域とは視覚的に異なった景観を呈しつつあったことをのべた。その正方位による空間整備が、飛鳥の範囲を越えて、さらに西方まで拡大されたことを示す。

西にのびる道路の整備

さらに、明日香村川原《かわはら》の川原下ノ茶屋《しものちゃや》遺跡では飛鳥時代の道路がみつかっている。東西道路と南北道路の交差点にあたるところで、東西道路は幅約一二メートル《メー トル》、南北道路は幅約三メートル《メー トル》である。正方位でつくられており、路面には塼《せんじょう》状に加工した榛原《はいばら》石を敷きつめていた。

また、この道路の布設にかかわって七世紀後半の竪穴《たてあな》住居が壊されていることが明らかとなった。七世紀後半の天武朝まで、たとえ二棟とはいえ、飛鳥宮に隣接した位置に竪穴住居が存在したことは、王宮とその周辺の景観を考えていくうえで興味深い事実である。

道路遺構の側溝から出土する土器は、藤原宮期のものであり、道路がつくられたときに壊された竪穴住居から出土する土器は天武朝のものであるので、その存続時期が意外と短かいことが気にかかるが、飛鳥宮の西方の空間整備は天武朝にはじまっていたとみてよい。

飛鳥宮西面の整備

さて、川原下ノ茶屋遺跡でみつかった東西道路は、川原寺の南門と橘寺の北門との間でもみつかり、その延長はエビノコ郭の西門（SB七四〇二）付近に至る。もちろん内郭の南、エビノコ郭の西の儀式空間「庭《てい》」に面していた。また、途中、飛鳥川を渡るところには、今も旧道に小さな橋がかかっている。飛鳥宮から西にのびる道路が整備されたことがわかる。このような道路に沿って、五条野向イ遺跡や五条野内垣内遺跡といった皇子宮や有力氏族の邸宅が占地《せんち》されていたのであろう。

川原下ノ茶屋遺跡の北、現在県立明日香養護学校の敷地内からは、王宮に納められた税につけられたと推定される荷札《にふだ》木簡が出土している。このような木簡は王宮とかかわりのある施設、あるいは人物にともなって出土するのが普通である。また、この学校ができる前の地形図を検討すると、明らかに方形に丘陵を整形した痕跡がみてとれる。おそらく、ここにも皇子宮や有力氏族の邸宅があったのであろう。

さらに、五条野向イ遺跡から野口王墓古墳にかけての昭和三〇年代の古い地図で調べると、現在は宅地開発などで跡形もなく地形が変わってしまっているところにも、不自然ともいえる平坦地がいくつもひろがっていたことがわかる。今となっては調べようもないが、飛鳥時代の皇子宮や有力氏族の邸宅が存在したものと推定される。
いわゆる飛鳥と呼ばれた範囲は王宮の位置するところであり、その中には有力氏族や皇子であっても住むことは許されなかった。そこで、その周辺地域に王宮や邸宅を構えていたものと思われる。とくに飛鳥宮の西方は王宮の正面ともいえる場所である。東西道路をもとに空間整備がおこなわれたと推定する。

飛鳥宮の西に位置する川原寺、橘寺《たちばなでら》もこの段階に整備される。橘寺は飛鳥時代前半の創建で、東から門、塔、金堂《こんどう》、講堂《こうどう》が配置される。軸線が若干振れているにもかかわらず、寺域の外郭や北門は正方位で整備されている。また、川原寺は中大兄王子が母の斉明を弔うために建立した寺院である。宮の西からの入り口をより荘厳に見せるため、あるいは防御的な意味もこめて、飛鳥宮の西に東西道路を挟んで配置されたものと推定される。

これまで、川原寺の東門が南大門よりも大規模に造営されていることや、橘寺の正門が東を向くことについて、大和の古道である中ツ道に面していたためと解釈されることが多かった。しかし、近年の調査で中ツ道そのものが藤原京域の香具山《かぐやま》以南や石神《いしがみ》遺跡付近では存在しないことが明らかとなり、直線道として飛鳥を抜けている可能性は少なくなった。このことから、川原寺の東門や橘寺の問題も、中ツ道との関係で考えるのではなく、むしろ斉明朝に整備された飛鳥川の対岸に位置する「飛鳥宮」とのかかわりで解釈したほうがわかりやすい。すなわち、斉明朝に整備された「飛鳥宮」に面していたため、意識して巨大な門を造営し、伽藍整備をおこなったと考える方が自然ではないかと思われる。

飛鳥宮の南方の空間整備

つぎに宮の南方のようすを見てみよう。飛鳥宮の南辺は未検出であるが、明日香村岡の集落の南辺を流れる唯称寺《ゆいしょうじ》川によって地形が大きく谷状に落ち込んでおり、この付近を南辺とみるのが自然である。この南は古代においてはもはや飛鳥ではなく、橘と呼ばれた地域である。

飛鳥宮の南には島庄《しまのしょう》という集落がひろがる。江戸時代に橘から分村したものである。飛鳥時代前半、蘇我入鹿《そがのいるか》が邸宅を構え、その庭に池を掘り、築山《つきやま》（嶋《しま》）をつくったので嶋《しまの》大臣《おおおみ》と呼ばれたという「嶋」に由来し、その後つくられた嶋宮に由来する地名である。

島庄遺跡

先にものべたが、島庄遺跡では発掘調査により方形池や石組溝、掘立柱建物がみつかっている。遺構は大きくみて、北から西に二〇度前後振れるものと、正方位のものに分けることができる。一辺四二メートルもある大きな方形の池は飛鳥時代前半に造営されたものであるが、遺構群としては前者のグループに属している。このような北から西に大きく振れていた建物群などが、正方位に建て替えられるのが天武朝からである。

とくに大きな方形池の北での調査においては、小さな方形の池と掘立柱建物や石組の護

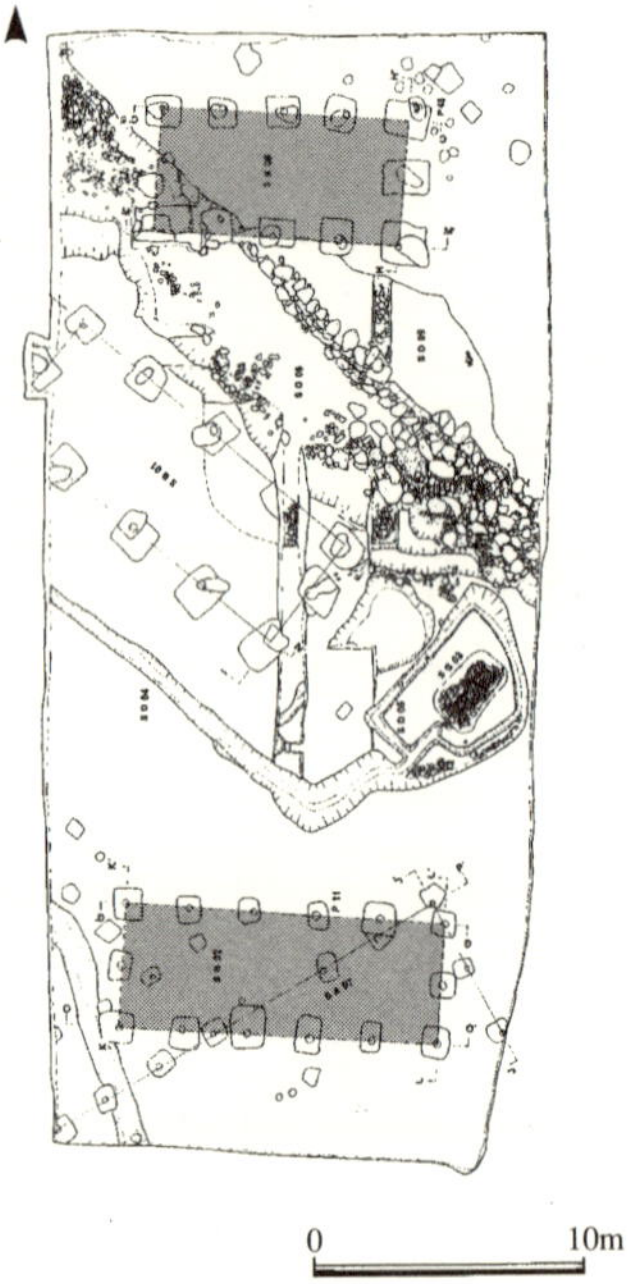

図47　島庄遺跡平面図
（色の濃い部分は7世紀後半〜末の建物）

岸をもった流路がみつかっているが、北から西に大きく振れる方形池や流路を埋め立てたうえで正方位の建物が建てられている（図47）。埋め立てた土からは大量の飛鳥時代後半の土器が出土しており、正方位による建物の建て替え、すなわち正方位による空間整備が天武朝から持統朝にかけておこなわれたことがわかる。飛鳥宮の南方にも、正方位による空間整備が確実に及んでいた。

飛鳥宮の北方の空間整備

飛鳥宮の北方はどうであろうか。藤原京左京十一条一坊の発掘調査では、北から西に約二〇度振れた建物や塀、溝が六六〇年前後の土器を含む土で埋め立てられ、正方位に合わせるかたちで建物を建て替えていることが明らかとなっている。

また、雷丘の北に位置する雷丘北方遺跡では、条坊《じょうぼう》の方形街区こそみつからなかったが、条坊の地割《じわり》に合うかたちで造営された正方位の建物群がみつかった。中央には四面に庇をもつ建物、周囲には長大な掘立柱建物を配置する。また、明日香村奥山《おくやま》に位置する奥山リウゲ遺跡では、南北六間、東西二間で一辺一・一〜一・四メートルの柱穴をもつ掘立柱建物がみつかっている。もちろんその造営方位は正方位で、七世紀後半につくられたことが柱穴から出土した土器から判明する。

さらに、最近の山田道周辺の調査では、藤原宮期の山田道の痕跡がみつかった。道路幅は二一〜二二メートルである。そして、それに先行して七世紀中ごろ以降に大規模な整地をおこない、これまでの斜め方位の溝を埋め立てて正方位（東西方向）の道路が施工されていることも明らかとなっている。この段階の山田道の道路幅は調査区の関係でよくわからない。飛鳥宮の北方でも正方位を重視した空間整備が確実におこなわれていた。

「新城」の造営による空間整備

ところで、飛鳥宮の北方では、『日本書紀』によると天武五年（六七六）から「新城《にいき》」の造営がはじまる。近年の調査によると、「新城」は、のちの藤原京の条坊制に基本的に継承される方格地割とみてよい。また、その造営はかぎりなく『日本書紀』の記述どおり天武五年に近づきつつある。この方格地割が正方位であることはいうまでもない。

宮造営に先行する建物群

また、藤原宮の下層には、宮造営に先行する条坊道路（宮内先行条坊）がある。それにともなって多くの掘立柱建物などがみつかっている。主屋に相当する規模の大きい建物を中心として、一、二棟の建物や井戸を配置する。これら建物群を宮造営時の役夫たちの住まい、造営キャンプとする意見もあるが、その建物群の形態は、畿内の一般的な集落のかたちと共通しており、飛鳥宮に勤務する官人をはじめとした一般の人々の居住空間であったとみるのが自然である。それらは、宮内先行条坊に規制されており、正方位を向いている。

「新城」と藤原京の相違

では、「新城」の方形街区は、藤原京の条坊制とどのように違うのであろうか。先にものべたように「新城」の方形街区は、基本的に藤原京の条坊制に継承されるので、見た目には違わない。

「新城」の造営は、天武五年（六七六）からはじまり、途中で中断する。藤原宮の位置が決定されるのは『日本書紀』天武一三年（六八四）三月辛卯《しんぼう》条の「天皇、京師《みやこ》に巡行《あり》きたまひて、宮室之地《みやどころ》を定めたまふ」のとおり、天武一三年とするのが自然な解釈であるので、「新城」が造営されたときには、その中に王宮は構想されていなかった。

また、実際に藤原宮の造営が本格化するのは、持統四年一〇月壬申《じんしん》条の「高市皇子《たけちのみこ》、藤原の宮地《みやどころ》を観《みそなわ》す」以降と考えられるので、天武朝の「新城」には宮は存在しなかった。

藤原京の条坊制の段階には、藤原宮という中心となる核が存在していたが、「新城」の段階は方格地割だけがひろがる空間であった。まさに「新城」は、官僚制の整備にともなう官人の増加により、その居住空間として設定されたものであった。それが、やがて飛鳥の「京」となり（天武朝）、新たに益した京「新益京《あらましのみやこ》」となった（持統朝）ものと推定される。このあたりにも条坊制導入期の複雑な様相があらわれている。

正方位による空間整備の拡大

ここまでのべてきたことでも明らかなように、天武朝になると飛鳥宮の西方、南方、北方において、建物などの造営方位を正方位に合わせるという空間整備がおこなわれた。斉明朝にはじまった飛鳥の正方位による整備、すなわち飛鳥を支配拠点として、より荘厳にみせるための空間整備が、天武朝には確実にその周辺の飛鳥・藤原地域へと拡大された。この飛鳥・藤原地域に拡大された正方位による空間整備も、支配拠点をいかに荘厳にみせるかという意図のもとで実施されたのである。

「飛鳥京」の形成

その結果として、天武朝には、飛鳥・藤原地域に正方位で建物の造営方位を揃えた特殊な空間が出現した。とくに飛鳥・藤原地域のさらに周辺地域では、地形条件に制約されて統一した方向で建物などが建てられることはなかった。言い換えるならば、周辺地域では建物などの造営方位は地形条件に制約されバラバラであった。

そういった中で「飛鳥宮」を中心とした飛鳥・藤原地域だけが正方位で空間整備がなされていたとするならば、その地域だけが周辺地域からみたとき、きわめて視覚的に特殊な空間として認識できたはずである。その空間を「飛鳥宮」にともなう「京」と考え、「飛鳥《あすか》京《きょう》」と呼んでもそれほど違和感はないであろう。まさに、王権が支配拠点として意識して空間整備をおこなった範囲が「京」であったと考える。そこで、天武の段階には、条坊制こそともなわないが、実体として「京」はすでに成立していたとみたい（本書では遺跡名称としての飛鳥京跡と区別するため「飛鳥京」と表記する）。

このように考えると、単に視覚的に認識できる空間を「京」と呼ぶことには抵抗があるかもしれない。また、支配の単位としての「京」とは違うと言われるかもしれない。しかし、飛鳥・藤原地域に出現した「京」は、支配拠点の空間整備の結果として出現したものであり、明らかに支配者の側から設定されたものとみられるので、条坊制の有無にかかわらず「京」と呼んでさしつかえないだろう。

『日本書紀』にみる「京」

このことは、『日本書紀』に天武朝以降、「京」「京師」という用語が頻繁にみられることと見事に一致している。

天武一四年（六八五）三月辛酉《しんゆう》条に「京職大夫直大参許勢朝臣辛檀努《こせのあそみしたのみまか》卒り

ぬ」という記事があり、「京職大夫《きょうしきだいぶ》」という「京」を管理する役人の存在が確認できる。少なくとも天武の末年には、支配対象としての「京」が確立していたことがわかる。天武朝には、飛鳥宮にともなう「京」はすでに存在したのである。

「京」の範囲

それでは、天武朝に出現した「飛鳥京」の範囲はどうなるか。私は正方位による空間支配が及んだ範囲が「京」であり、及ばなかった範囲は「京」の外と考える。

そのような視点で、天武朝に存続した遺跡をみていくと、飛鳥宮の南方、先にも紹介した稲淵川西遺跡は皇子宮、もしくは有力氏族の邸宅と考えられ、確実に平城京への遷都まで存続したのにもかかわらず正方位をとらない。また、飛鳥宮の北東にあたる興善寺《こうぜんじ》遺跡は、巨大な掘立柱建物が検出され、区画施設の一部も検出されているにもかかわらず、正方位をとらない。地形条件に制約されたかたちの方位をとる。

この二つの遺跡は、正方位による空間整備の対象となった地域の外側に位置していたため、正方位で建物が建てられることはなかった。これらの遺跡は、天武朝の「京」の範囲を考えるうえで有効な手がかりとなるものと考える。

「京」の成立の要因

このようなかたちで「京」の成立を考えてよいとすると、その成立にあたっては、条坊の有無は、それほど問題とはならなかったということになる。むしろ「京」の成立にあたっては、王権が、どの範囲を支配拠点として意識して整備するのか、王宮とその周辺地域の空間整備に大きな意味があったということがいえる。すなわち周辺地域とは、視覚的に異なった特別な空間の出現にこそ、大きな意味があった。

「京」の成立は、条坊制の導入とは直接には関係はなく、王権が飛鳥を支配拠点として、いかに整備していくかという歴史的な展開過程の中から出現してきたものといえる。当たり前といえば当たり前のことではあるが、条坊制があるから「京」ではないのである。条坊制そのものも、周辺地域から「京」という空間を差別化する、特別なものとする装置の一つであった。

このような「京」の成立が、藤原京で条坊制導入の歴史的前提となったことはまちがいない。そうすると、天武朝における条坊制をもたない「京」の成立をもっと積極的に評価すべきではないか。

難波の「京」をどうみるか

ところで、難波宮にも「京」があったのかどうかの議論がある。これまでもいくつか復元がなされてきた。それは、どれも条坊という方形街区がともなうものであった。しかし、いまだ発掘調査では条坊にかかわる遺構は検出されていない。ただ、宮主軸の南への延長とその周辺地域では、谷を埋めたりした大規模な整地土層が確認されている。前期難波宮（難波長柄豊碕宮《ながらとよさきのみや》）の造営を画期として、七世紀中ごろ以降、天武朝にかけて土地造成がおこなわれ、建物の造営方位を正方位にそろえた建物がつくられるようになった。

難波宮は天武一二年（六八三）一二月庚午《こうご》条に「詔して曰はく『凡《およ》そ都城《みやこ》・宮室《おおみや》、一処《ひとところ》に非《あら》ず、必ず両《ふたところ》参《みところ》造《つく》らむ。故《かれ》、先《ま》づ難波に都つくらむと欲《おも》ふ。是《ここ》を以《も》て、百寮《つかさつかさ》の者《ひとども》、各《おのおの》往《まか》りて家地《いえどころ》を請《たま》はれ』とのたまふ」とあるように、飛鳥宮とともに、ふたたび正宮となる。いわゆる複都《ふくと》の詔である。

これによって難波も確実に「京」となるが、先にものべたように、今のところ難波宮に条坊にともなう方形街区の存在は確認できないので、難波も飛鳥と同様、条坊をもたない「京」であった。

難波宮とその周辺地域が、正方位で空間整備がなされているだけであった。まさに、飛鳥宮とその周辺地域の様相と同じである。そういった意味でも、飛鳥宮と難波宮とは、同じ段階に位置する王宮と考えることができる。すなわち、「京」の形成においても、飛鳥と難波はパラレルな関係にあったといえる。

このように条坊制都城が成立する前段階に、条坊制をもたない「京」の段階が確実に存在したとみてよい。そして、こういった段階、正方位による空間整備だけをおこなう段階が前段階としてあって、はじめて藤原京で条坊制を導入することができたと考えたい。天武朝を、そういった条坊制をもたない「京」が成立してくる段階として、あらためて評価したい。

条坊制をもたない「京」

天武の死

朱鳥《しゅちょう》元年（六八六）五月、天武は病に陥る。六月に占いをさせたところ、天武の病は草薙剣《くさなぎのつるぎ》の祟りであることがわかる。そして、病気の平癒を祈って、七月には「朱鳥《あかみとり》」と改元される。また、このとき、天武の宮にはじめて、「飛鳥浄御原宮」と命名がなされる。飛鳥宮Ⅲ—B期遺構である。ともに天武の病気平癒を祈念したものであった。

しかし、天武は朱鳥元年九月丙午《へいご》条によると「天皇の病、遂《つい》に差《い》えずして、正宮《おおみや》に崩《かむあが》りましぬ」とあり、飛鳥浄御原宮において亡くなった。自らが、その晩年、位置を決定し、計画した藤原宮の完成をみることはついになかった。が、その政治路線は、確実に皇后であった持統に継承され、実現に移されていくことになる。

藤原京の形成

持統の即位と藤原宮

持統の即位

朱鳥《しゅちょう》元年（六八六）九月、天武《てんむ》は飛鳥浄御原宮《きよみはらのみや》で亡くなった。すぐに殯宮《もがりのみや》が南庭にたてられた。おそらく、飛鳥宮の内郭《ないかく》の南、エビノコ郭の西の儀式空間であったのではないか。そのように考えると、持統《じとう》元年（六八七）八月丁酉《ていゆう》条の「京城《みやこ》の耆老男女《おきなひとおのこめのこ》、皆臨《のぞ》みて橋の西に慟哭《みねたてまつ》る」ともよく対応する。その殯宮での儀式のようすは、『日本書紀』に詳しく記されている。殯（埋葬に至るまでにおこなわれた死者を慰める儀礼）は持統二年（六八八）一一月に大内陵《おおうちのみささぎ》に埋葬されるまで続けられた。

現在の皇位継承は、天皇が崩御《ほうぎょ》すると即日、皇太子が即位して新天皇となるが、古代、とくに飛鳥時代はそうではなかった。長期にわたる殯の期間があって、その後に新たな天皇（大王）が即位した。すなわち、権力の空白期間があった。そして、通常、飛鳥時代は王位継承候補者が何人もいたので、その間に王位継承をめぐって闘争がくりひろげられた。天武が即位するにあたっての壬申の乱は、そのもっとも規模の大きなものであった。

　天武の没後もその例にもれない。天武と皇后鸕野《うの》（持統）との間には草壁《くさかべ》がおり、皇位継承の有力な候補者ではあったが、皇太子ではなかった。そもそもこの時期に皇太子の制度そのものがまだなかった（最初の皇太子は草壁の子の軽《かる》で、のちの文武《もんむ》）。天武には他にも鸕野の姉にあたる太田《おおた》とのあいだに大津《おおつ》がいた。太田が早くに亡くなったため、大津は草壁よりも候補者のランクは下であったが、太田が生存していたならば、その立場は逆転していたかもしれない。

　また、大津は『懐風藻《かいふうそう》』によると「幼年にして学を好み、博覧にして能《よ》く文を属《つづ》る。壮に及びて武を愛《この》み、多力にして能く剣を撃つ」と記される。『日本書紀』称制前紀では、「容止墻《みおかおたか》く岸《さが》しくして、音辞《みことば》俊《すぐ》れ朗《あきらか》なり」、「長《ひととなる》に及《いた》りて弁《わきわき》しくして才学《かど》有《ま》す。尤《もつと》も文《ふみ》筆《つくること》を愛《この》みたまふ。詩賦《しふ》の興《おこり》、大津より始れり」と評される。天武一二年二月には「大津皇子、始めて朝政《みかどのまつりごと》を聴《きこ》しめす」とあり、天武の期待も大きかった。

　ところが、天武が亡くなった年の九月に大津の謀反《むほん》が発覚し、一〇月に訳語田宮《おさだのみや》で死を賜る。鸕野と草壁による陰謀説が有力である。最大のライバル大津を抹殺し、草壁即位に向って順調に進むはずであったが、今度は持統三年四月、その草壁が突然二八歳という若さで死去してしまう。そして、持統四年（六九〇）正月、鸕野は即位して持統となる。『日本書紀』にその場所は明記されていないが、持統は飛鳥浄御原宮の大極殿《だいごくでん》で即位したと推定される。飛鳥宮Ⅲ—B期のエビノコ郭が該当する。

持統の即位儀礼

その即位のようすは、「公卿《まえつきみ》百寮《つかさつかさ》、羅列《つらな》りて匝《あまね》く拝《おが》みたてまつりて、手拍《てう》つ」と記される。「羅列匝拝《られつそうはい》」は、百官が、天皇を列をなして囲み、その周りをめぐって拝礼したというもので、本来、律令制以前におこなわれていた登壇《とうだん》即位にともなう固有の儀礼であった。持統の即位にあたっては、大極殿という新しい舞台装置が使われているにもかかわらず、ヤマト王権以来の古い儀礼が完全に払拭されてはいないところに、持統の立場が象徴的に示されていて興味深い。

こうした儀礼にともなう大極殿の使われ方は、飛鳥宮Ⅲ—B期のエビノコ郭の形態がよりふさわしいという。また、のちの大極殿にはみられない要素でもある（熊谷公男「持統の即位儀と『治天下大王』の即位儀礼」『日本史研究』四七四　二〇〇二年）。

持統の王都建設

持統は、飛鳥浄御原宮をそのまま使用し、天武が目指した新しい国づくり、すなわち律令国家の形成に邁進《まいしん》することになる。

そして、持統は、天武が晩年に計画し、未完に終わった新しい王宮・王都の建設をはじめる。藤原宮《ふじわらきゅう》・藤原京である。持統四年（六九〇）一〇月壬申《じんしん》条に「高市皇子《たけちのみこ》、藤原の宮《みや》地《どころ》を観《みそなわ》す」、一二月辛酉《しんゆう》条に「天皇、藤原に幸《いでま》して宮地を観す」という記事があり、持統は即位して、まもなく新しい王宮造営にとりくんだ。

持統五年（六九一）一〇月甲子《かっし》条には、「使者《つかい》を遣《まだ》して新益京《あらましのみやこ》に鎮《しず》め祭らしむ」とあり、「新益京」の地鎮祭《じちんさい》がおこなわれる。「新益京」の初出である。天武朝では、「新城《にいき》」と呼ばれていたものが、持統朝になると「新益京」と呼ばれることになった。「京」と呼ばれることになったのは、藤原宮の位置が決定され、王宮の所在地となったからである。このことからも「新城」の段階には、その中には核となる王宮は計画されていなかったとみてよい。また、「新城」と「新益京」とは、名称も変わっていることから、その指し示す範囲もまったく同じであったとは限らない。

そして、持統六年（六九二）正月戊寅《ぼいん》条には「天皇、新益京の路《おおじ》を観す」とあり、条《じょう》坊《ぼう》制の導入そのものがはじめてであったためであろうか、方形街区《がいく》をみる儀式がおこなわれる。

持統六年五月丁亥《ていがい》条では、「藤原の宮地を鎮め祭らしむ」、続けて庚寅《こういん》条では、「使者《つかい》を遣《まだ》して、幣《みてぐら》を四所《よところ》の、伊勢《いせ》・大倭《やまと》・住吉《すみのえ》・紀伊《き》の大神《おおかみ》に奉《たてまつ》らしむ。告《もう》すに新宮《にいしきみや》のことを以《も》てす」とあり、藤原宮の地鎮祭がおこなわれ、そのことを伊勢・大倭・住吉・紀伊の大神に報告している。藤原宮の位置が決定されたのは天武一三年（六八四）三月であり、この時期に至って本格的な造営が開始された。

その後、造営は順調に進んだらしく、持統六年六月、七年八月、八年正月にも持統による藤原宮への行幸があり、持統八年（六九四）一二月乙卯《いつぼう》条に「藤原宮に遷《うつ》り居《おわ》します」とあり、持統は藤原宮に遷る。

条坊制導入の複雑な様相

ところで、藤原京の造営は、天武五年（六七六）の「新城」の造営にはじまる。そして、一度中断して、天武一一年（六八二）頃から造営が再開され、天武一三年（六八四）に藤原宮の位置が決定される。しかし、天武の死（六八六年）とともに、造営はふたたび頓挫する。それを継承したのが持統の藤原宮・京であった。『日本書紀』には「新益京」と記される。持統八年一二月の遷居まで、造営の開始から、じつに二〇年近い年月が経過していた。また、その間には、「新城」から「新益京」へと名称を変えることになった。藤原京の造営にあたっては、さまざまな紆余曲折があったことがわかる。条坊制導入期の複雑な様相をみてとることができる。

遷都の実態

しかし、これで藤原宮は完成したわけではない。おそらく遷都当初は、持統の住まいである内裏《だいり》がある程度であったのではないか。藤原宮・京の造営はその後も続き、大極殿の文献上の初見は文武二年（六九八）、同じく朝堂《ちょうどう》は大宝《たいほう》元年

（七〇一）であるので、その頃になって、やっとのことで藤原宮はその体裁を整えつつあったのではないかと思われる。平城遷都が政治日程にあがるのは慶雲《けいうん》四年（七〇七）二月であり、藤原宮は完成とともに、もしくは未完成のままで平城遷都のことが議論されたというのが実情であったのではないだろうか。

これは何も藤原宮の造営が特別に遅れたというわけではない。近年の発掘調査の成果では平城宮などでも、その宮の完成は遷都から相当遅れるということがいわれており、長岡宮でも同じである。

遷都というと、心機一転、新しい王宮・王都での新しい政治というイメージを抱くのが普通だと思うが、日本における遷都は、まず天皇が新しい宮に移御し、その事実をもって、遷都することを既成化して、遷都反対派を振り切るという手法がとられることが多い。藤原宮以降の都城においては、とくにその傾向が強い。だから、遷都にあたっては、まず天皇の住まいである内裏と支配にかかわる最小限の建物だけがつくられた。

藤原宮

藤原宮は、東西約九二五<ruby>メートル</ruby>、南北約九〇六<ruby>メートル</ruby>のほぼ方形を呈し、条坊《じょうぼう》が施工されたほぼ中央付近におかれた。藤原宮は『日本書紀』にも記された「京」ということで、歴史的な呼称である。いっぽう、藤原京は藤原宮の周囲につくられた「京」ということで、明治になってから喜田貞吉《きたさだきち》が命名した学術用語で、歴史的な呼称ではない。

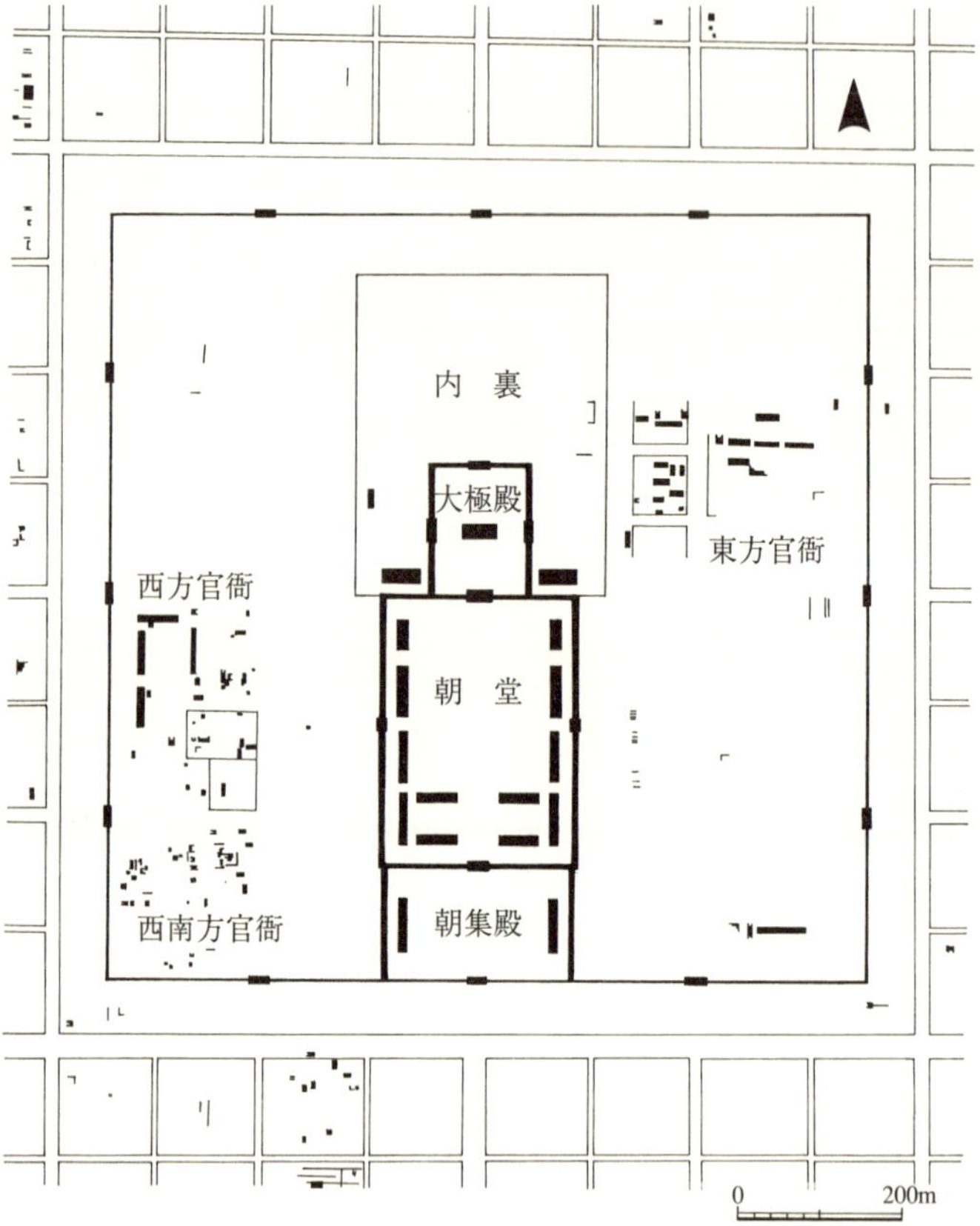

図48　藤　原　宮

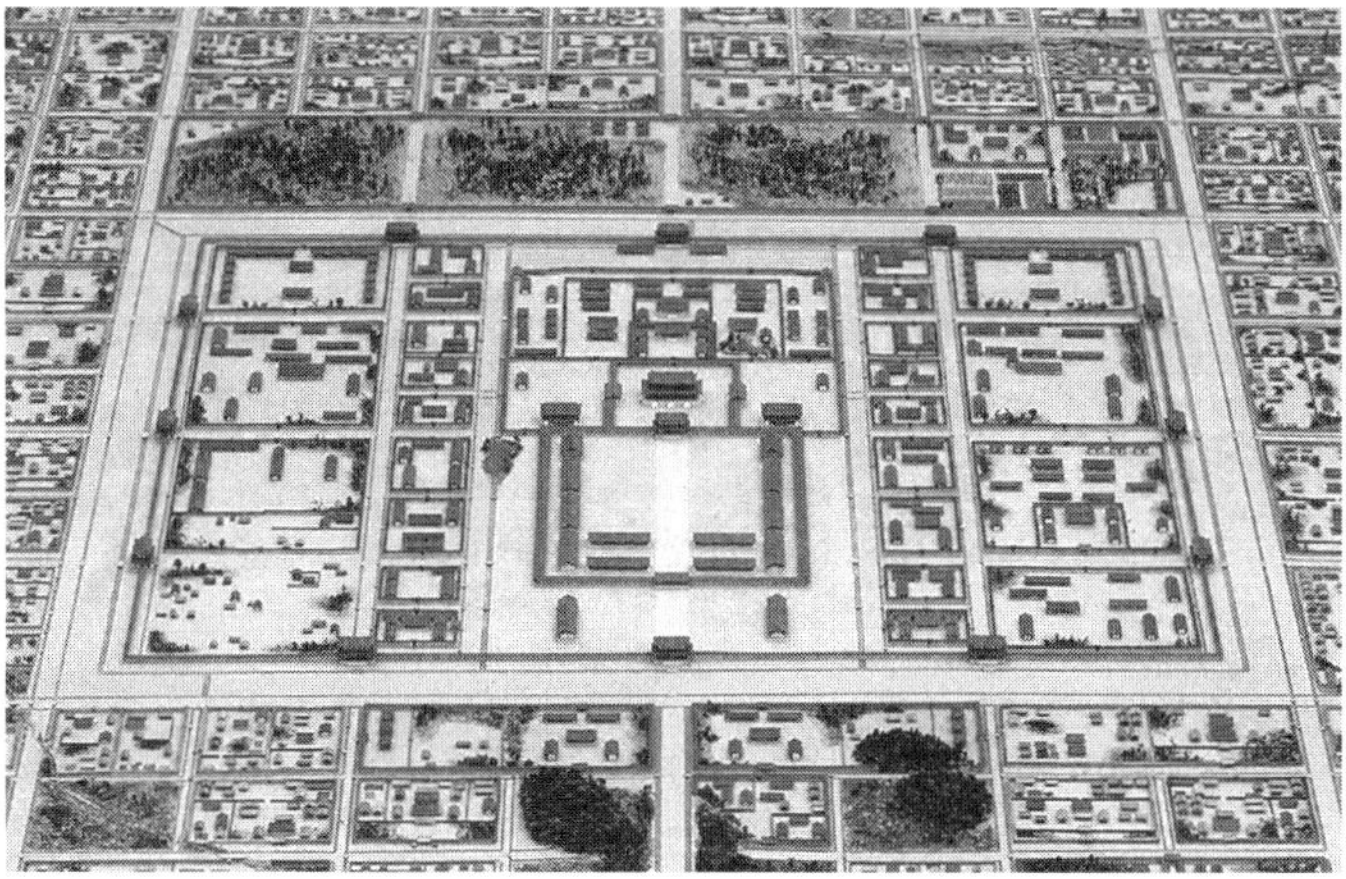

図49　藤原宮復元模型（橿原市教育委員会提供）

当時は、藤原宮にともなう「京」は「新益京」とよばれていたらしいが、この「新益京」と呼ばれた範囲と条坊が施工され、一般的に藤原京と呼ばれている地域が一致していたかは、厳密な意味で確証はない。

藤原宮で王宮のかたちが、はじめて方形となった。条坊制の方形街区《がいく》の導入にともない、王宮のかたちも、それとの整合をとるため方形となった。条坊制導入以前の飛鳥では、もちろん王宮のかたちは方形ではない。

ところで、藤原宮は北から内裏・大極殿・朝堂が配置される。そして、その周囲には官衙《かんが》がおかれた。内裏と大極殿は飛鳥浄御原宮、飛鳥宮Ⅲ—B期から継承したものであり、朝堂は前期難波宮《なにわのみや》から継承したものである。内裏と大極殿とは、飛鳥宮Ⅲ—B期でみられた不自然な位置関係は解消され、内裏内郭のすぐ南に大極殿は造営された。いっぽう朝堂は、前期難波宮で東西各七堂の合計一四堂であったものが、礎石《そせき》建ちの瓦《かわら》葺《ぶ》き建物となり、東西各六堂の合計一二堂となった。すなわち、藤原宮は、飛鳥宮と前期難波宮が統合された宮であった。

宮中枢の形態の原形

それでは、なぜこのような形態の宮中枢が出現したのであろうか。天武朝には、前期難波宮（白雉《はくち》二年〈六五一年〉の孝徳《こうとく》の難波長柄《ながら》豊碕宮《とよさきのみや》を継承したもの）と飛鳥宮Ⅲ—B期（飛鳥浄御原宮）とが、後者が正宮であったが、確実に併存していた。そして、天武一二年（六八三）一二月の複都《ふくと》の詔《みことのり》によって、難波宮もあらためて正宮となる。

天武は、飛鳥宮と難波宮という二つの宮を拠点に新たな支配機構の整備を進めつつあった。飛鳥宮Ⅲ—B期と前期難波宮とでは、その構造が大きく異なる。飛鳥宮は天皇の居住する宮であり、前期難波宮は西国支配と外交、経済に重きをおいた宮であった。

ところが、朱鳥元年（六八六）正月乙卯条に「難波の大蔵省《おおくらのつかさ》に失火《みずながれ》して、宮室《おおみやことごとく》悉に焚《や》けぬ」とあり、難波宮は焼失してしまう。実際、前期難波宮の主要な遺構の柱の抜き取り穴には大量の焼けた壁土や炭が混じっており、焼失したことは事実とみてよい。

天武が、飛鳥と難波にある二つの宮をもとに、新たな支配体制の整備を構想していたとすると、難波宮の焼失は、天武の新しい国づくりにとっては大打撃であった。飛鳥宮と難波宮の二つの宮の具体的な役割は明らかではないが、難波宮の焼失にともなって、難波宮が担うはずであった役割も、飛鳥宮、すなわち飛鳥浄御原宮、飛鳥宮Ⅲ―B期遺構で果たさなくてはならない事態となったと推定される。

私は、これが藤原宮の本格的な造営をはじめる直接的な原因となったとみる。すなわち、もともと二つの宮で構想されていた新しい支配体制を飛鳥浄御原宮という一つの宮でおこなわねばならなくなり、さまざまな困難が発生して対応しきれなくなり、にわかに藤原宮の造営が現実味を帯びることになったと考える。

また、このことが藤原宮において、飛鳥宮Ⅲ―B期と前期難波宮とを統合した新たな宮形態を成立させる最大の原因となったと考える。すなわち、藤原宮では飛鳥浄御原宮のもつ内裏・大極殿の機能と、難波宮がもつ朝堂の機能を一つの宮に統合したため、内裏・大極殿・朝堂が南北に配列される宮中枢が形成された。

さらに、飛鳥宮と難波宮とを統合した結果、飛鳥宮の大極殿（エビノコ郭正殿）は天皇位を象徴する独立した殿舎であったが、藤原宮においてはじめて朝堂の正殿としての機能をも兼ね備えることになった。この形態が平城宮《へいじょうきゅう》の東区下層・上層などに継承されていくことになる。

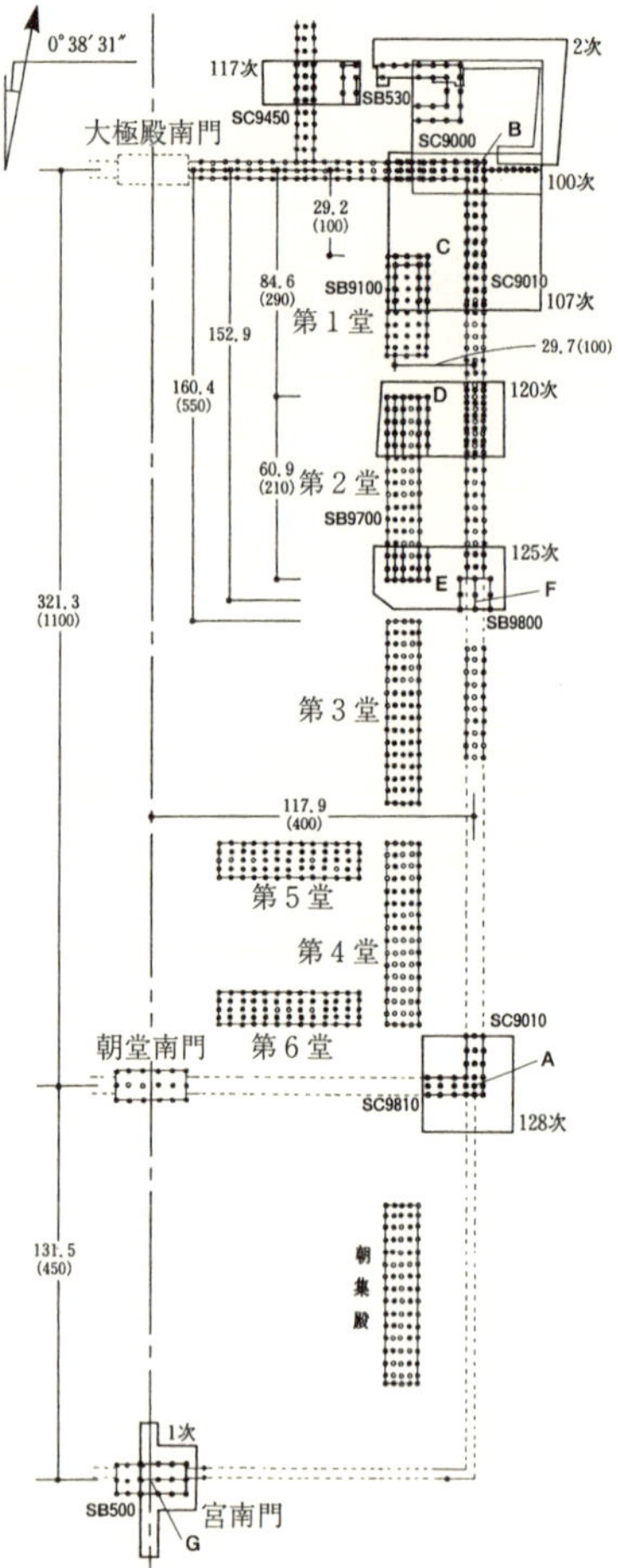

図50　藤原宮朝堂配置図（『奈良文化財研究所紀要2003』所収，一部加筆）

朝堂の発掘調査

近年、藤原宮の朝堂が計画的に発掘されている。調査されたのは東第一堂・第二堂・第三堂・第四堂と第六堂である。東第一堂から第四堂までは南北棟、第六堂は東西棟の建物である。

東第一堂は、四面に庇《ひさし》をもち、入母屋《いりもや》造り、もしくは寄棟《よせむね》造りの屋根で基壇《きだん》の外装には、凝灰岩《ぎょうかいがん》の切石が使われた。建物内部は床束《ゆかづか》を検出できなかったことから、土間形式であったと考えられる。

図51　藤原宮朝堂東第六堂（奈良文化財研究所提供）

いっぽう、第二堂、第三堂、第四堂は東と西、第六堂は北と南とに庇をもつ切妻《きりづま》建物であった。第二堂は東西五間、南北一五間で、第三堂と第四堂は、東西四間、南北一五間で、ともに当初五間で計画されていたものを建設途中で四間に変更していた。第六堂は、南北四間、東西一二間。これらはすべて床束が検出されており、床張りの建物であった。また、基壇の外装は第一堂とは異なり、木装であった可能性が指摘されている。基壇の高さも約三〇センチとそれほど高くはない。

朝堂は、第一堂と第二堂以下とでは、その形態がかなり異なることが明らかとなり、それ以下の中でも形態が違うことが判明した。第一堂を除き、第二堂以下は床張りの建物であることもわかった。朝堂にはかなりのバラエティがあったのである。また、第二堂以下の基壇外装が木装であったことは、前期難波宮の朝堂との類似性が指摘できる。

これまで、朝堂は、漠然と荘厳な儀式をおこなう土間形式の立派な建物をイメージされてきたが、発掘調査の結果、床張りの建物もあり、木装の基壇もありと、儀式だけではなく、日常の政務もおこなわれていた可能性が出てきた。朝堂の機能を考えるうえで貴重な成果といえる。このような朝堂が、前期難波宮、平城宮東区の朝堂（下層と上層）といかなる関係にあるのかを今後は検討していく必要がある。おそらく、平城宮の東区下層まではこういった形態が継承されたものと推定する。

内裏と官衙

藤原宮の内裏は、後世の醍醐池《だいごいけ》の掘削のため破壊され、その内部のようすはよくわからない。平城宮などから類推すると、大極殿の北に内裏の内郭にあたる施設が存在したとみるのが自然であろう。その中には、飛鳥浄御原宮でみられた「大安殿《だいあんでん》」「内安殿《ないあんでん》」に相当する建物が存在していたのであろう。

藤原宮では宮中枢の周囲に官衙《かんが》が配置された。藤原宮ではじめて宮のなかに官衙が統合された。しかし、実際の調査成果をみてみると、建物群が密に配置されている地区や散在的に配置されている地区、建物がほとんど検出できない低湿地の地区などがある。また、大規模な建て替えがおこなわれている地区もあり、官衙の具体的な様相やその評価にあたっては、今しばらくの検討が必要であろう。

ところで、藤原宮では、天皇の住まいである内裏と、儀式や朝政《ちょうせい》の場であった大極殿・朝堂といったいわば宮中枢の周囲に官衙が配置されていた。中国の隋唐長安城《ずいとうちょうあんじょう》や洛陽城《らくようじょう》のように皇帝の空間である宮城《きゅうじょう》と役所が配置される空間である皇城《こうじょう》が、南北に明確に分かれる形態ではなかった。隋唐長安城や洛陽城では宮城だけではなく、皇城における官衙の配置まで左右対称が厳格に守られたのに対し、藤原宮では宮中枢のみが左右対称で、その周囲の官衙の配置まで、左右対称を貫徹することはなかった。

浄御原令と大宝令

また、藤原宮期の前半は、持統三年（六八九）六月に班賜《はんし》された浄御原令《きよみはらりょう》が施行されていた。そして、その後半は大宝元年（七〇一）年三月に発布された大宝律令《りつりょう》の時代であった。王宮・王都の形態は、こうした法律を実際に施行していくためにつくられるわけであるから、当然のことながら、そういった法律の条文に強く規制される。法律の枠組みを地上に反映したものが王宮・王都であり、官衙の建物配置であった。

そこで、藤原宮ではその前半と後半とで依拠する法律が異なることになる。その違いが、王宮・王都の構造にいかに反映されているのかを今後は検討していく必要がある。

藤原宮の東方官衙地区では、藤原宮期で大規模な建て替えが認められている。これを大宝令による法体系の整備にともなう再編によるものとする意見もある。

大宝令は、平安時代に編纂された私撰の法律の注釈書である『令集解《りょうのしゅうげ》』で養老令《ようろうりょう》の条文の注釈にかかわって記された「古記《こき》」によって復元することが可能である。しかし、それよりもさらにさかのぼる浄御原令《きよみはらりょう》については、復元の手がかりがない。宮殿遺跡などから出土する木簡《もっかん》など限られた文字史料から検討されているにすぎない。そこで、大宝令と浄御原令とがどういった関係にあるのかということも未解明である。ほとんど同じであったという意見から、かなり違っていたという意見までさまざまである。こうしたことも藤原宮・京の問題を考えていく時には、十分に考慮する必要がある。また、藤原宮・京の詳細な変遷が、考古学の立場から明らかになれば、そういった問題にも発言できることが可能となるかもしれない。これもこれからの課題である。

宮内先行条坊と建物群

藤原宮の下層には、なぜか条坊道路の痕跡がある。条坊道路の側溝を埋め、整地したうえで藤原宮の建物などが造営される。これを宮内先行条坊《きゅうないせんこうじょうぼう》という。そしてこの宮内先行条坊は、のちに詳しく紹介する王宮の周囲に展開する藤原京の条坊と何ら変わるものではない。藤原宮はなぜか一度、条坊が施工された地域にあらためて整地し、更地にしたうえで造営されている。こうした宮内先行条坊は、平城宮の一部をのぞいて、他の王宮では検出されていない。藤原宮の大きな特徴である。ところで、藤原宮の宮内先行条坊にともなって、建物群がみつかっている。王宮、あるいは王都の造営のための役夫たちの住まい、造営キャンプの可能性が指摘されている。

しかし、宮内先行条坊にともなってみつかっている建物群は、まとまって分布するものではなく、王宮内の各所に散在している。造営キャンプのような施設であれば、集中管理が必要であろう。建物群はそういった様相をもたない。また、宮内先行条坊の交差点付近、もしくは道路に面して位置するものが多く、明らかに条坊道路の利便を考えて占地されている。さらに、建物群は一棟の主屋を中心として、二〜三棟の小さな付属建物、井戸などから構成される例が多く、この時期の畿内の一般集落の建物群と変わるところはない。

私は藤原宮の下層でみつかる建物群を、官僚制の整備などにともない増大した官人や、それを支えた人々の住まいと考える。そもそも宮や京の造営のためのキャンプを、もっとも大規模な造営工事が予定されている宮の中に強いてつくるであろうか。

王宮の位置決定はいつか

藤原宮はその造営当初から、宮の位置がすでに決まっていたという意見がある。すなわち、もともとから東西十坊、南北十条の都を計画し、その中央に王宮を配置するように計画されていたというのである。

藤原京の条坊に継承される方形街区の造営がはじまるのは、天武五年（六七六）である。

そして、藤原宮の位置が決定されるのが天武一三年（六八四）三月である。この間、わずか八年たらずであり、この短い期間に近い将来、王宮となる場所に、役人をはじめとした一般の民衆の家を建てさせることを許可することが実際あるのであろうか。藤原宮の造営がはじまると、すぐに立ち退きをさせなくてはならないところに家を建てさせるということが果たしてあったであろうか。

そこで私は藤原京の条坊にともなう方形街区（新城）がつくられはじめた段階では、王宮の位置は決まっていなかったとみる。だから、のちに王宮となる地域にも、方形街区がつくられることになり、役人をはじめとした一般民衆の建物群がつくられることになったと考える。王宮の位置すら、決定されていなかったのであるから、藤原京が東西十坊、南北十条に当初から計画的に造営されたという意見も、単純に成立するとは思えない。

王宮周囲の空閑地

また、藤原宮の周囲には、不自然ともいえる遺構が何も検出できない空閑《くうかん》地《ち》がひろがっている。北面では約六四・二メートル、東面では約六〇・五メートル、西面では約六一・七メートル、南面では約六三・五メートルと宮の各面の大垣《おおがき》とそれを囲む条坊道路との間に空閑地がひろがる。このような空閑地も藤原京以外の都城では存在しない。ちなみに平城京では、王宮の南面大垣のすぐ南を二条大路がとおるが、その北側溝までの距離は約一二・四メートルであり空閑地はない。これも、藤原宮・京だけにみられる特徴である。

王宮と王都の不整合

これは、藤原京が一里、令大尺で一五〇〇尺（一尺は三五・二一〜三五・六センチ）、約五三〇メートルを一つの単位として、それをほぼ均等に分割（令大尺七五〇尺＝約二六五メートル、令大尺三七五尺＝約一三二メートル）することによって、条坊道路の位置を割り付けているのに対して、王宮は、それとは無関係に令大尺で整数値になるように割り付けるという設計上の問題から、こういった空閑地ができたと考えられている。すなわち、王宮と王都とで、設計の単位が異なっていたのである。これは、王宮と王都とが別々に設計されたことを意味することに他ならず、藤原宮と藤原京は一体で設計されていなかったことを示している。このことはからずも、藤原京の造営がはじまったときに、宮の位置が決まっていなかったということとも対応する。

外濠の存在

さらに、藤原宮の四周を囲む各面の大垣の外側では外濠《がいごう》がみつかっている。北面では幅約五・三メートル、南面では幅約五・三メートル、東面では幅約五・三メートル、西面では約一〇・六メートルである。藤原宮の場合、大垣の内側にも内濠《ないごう》がみつかっている。藤原宮では四周を囲む区画施設は、きわめて厳重なものであったことがわかる。こういった外濠・内濠がめぐるのも藤原宮だけにみられる特徴である。

藤原宮の歴史的位置

藤原宮では、王宮の四周を不自然ともいえる空閑地が囲んでいた。また、外濠・内濠によって厳重に警備されていた。これらは平城

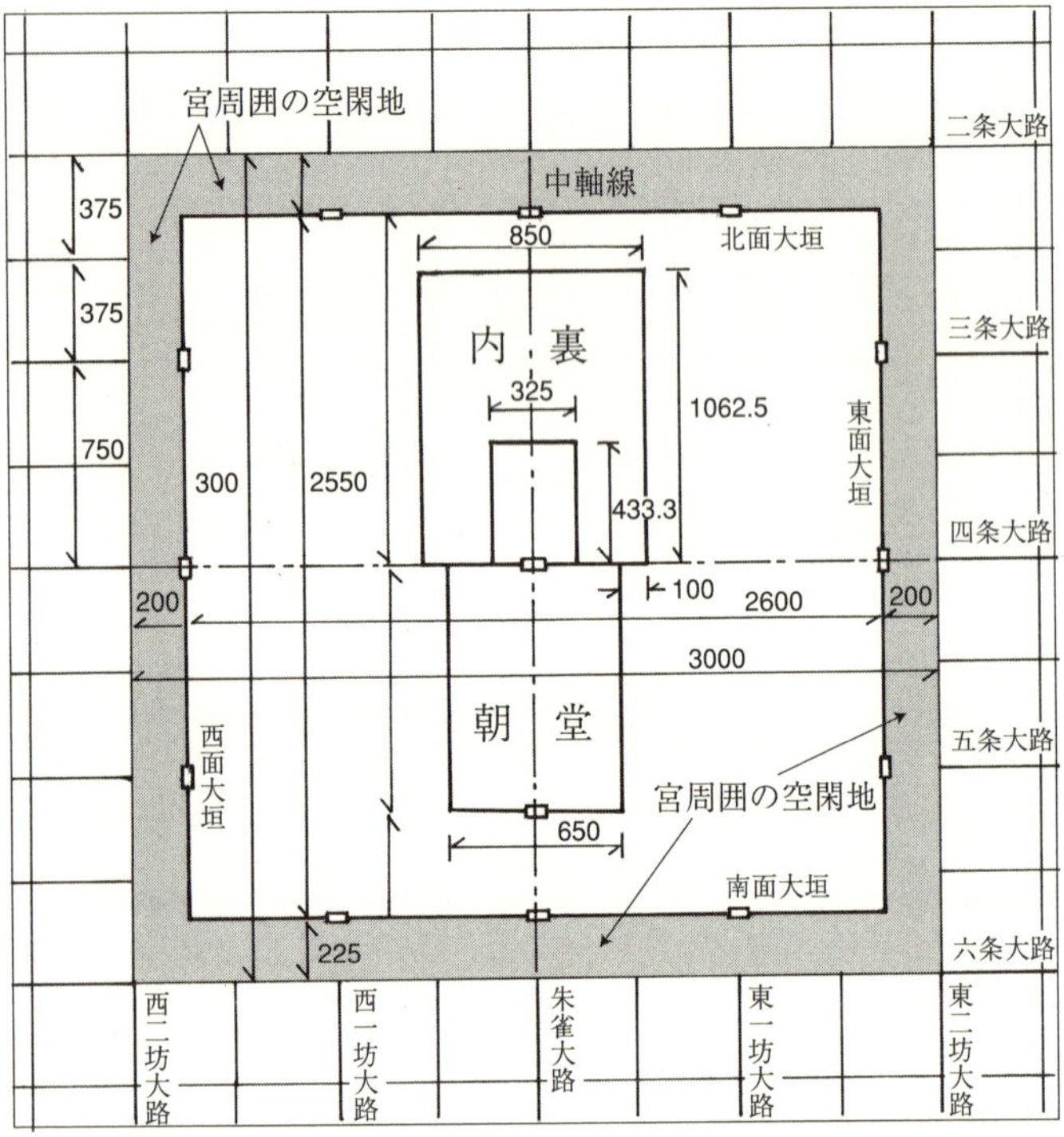

図52　宮の設計と京の設計（寺崎保広『藤原京の形成』所収，一部加筆）

京以降の都城にはみられない特徴であった。このような特徴は、藤原宮が、条坊の方形街区に対して、相対的に独立性が高かったことを示す。藤原宮が、まだ一時代前の王宮が単独で存在し、周囲に条坊がなかった時代の特徴を、なお留めているものと考えることができる。このことは、藤原宮の規格と藤原京の条坊の規格とが異なっていたことともかかわり、藤原宮と藤原京の造営とが一体でなされたものではなかったことを示している（図52）。

もともと藤原宮以前の王宮は単独で存在した。たとえば飛鳥宮がそうであったように、不整形なかたちをして王宮は単独で存在した。王宮の周囲には、一部での確認にとどまるが、大垣とその外側に大規模な石組溝《いしぐみみぞ》が存在した。そして、藤原京ではじめて条坊制が導入された。王宮も条坊の方形街区に合わせて施工された。藤原宮の場合、それが最初であったため、このような不自然な空閑地や外濠などの厳重な区画施設といった王宮が単独で存在した時代の特徴がそのまま残ったと考える。考古学ではこういったものをルジメント（痕跡器官）と呼ぶ。

そういった意味では、藤原京は、条坊制を最初に導入した都城ではあったが、藤原宮には王宮が単独で存在した時代の施設が残るという過渡的な様相をもっていたことになる。これが藤原宮・京の古代宮都の変遷に占める歴史的位置を明確に示している。

「新益京」と藤原京

藤原京と「新益京」

つぎに藤原京についてみていこう。さきに藤原京は歴史的な用語ではなく、「新益京《あらましのみやこ》」が本来の呼称であることについてのべたが、ここでは慣例にしたがい条坊が施工されている地域を藤原京と呼んで記述を進めたい。また、厳密な使い分けが必要なときには「新益京」という歴史的用語も使用する。

すでに天武朝に飛鳥・藤原地域に正方位を指向した空間整備がおこなわれ、条坊制こそ導入されていないが、「飛鳥京」とも呼ぶべき空間が出現していることを指摘した。それを受けて、藤原京では、どのような展開がみられ、評価できるのであろうか。

藤原京は、わが国ではじめて条坊制を導入した都であった。それでは、藤原京における条坊制の導入をいかに評価すればよいのか、「飛鳥京」とどのように違うのであろうか。

まず、藤原京の条坊制について具体的に検討を加えていこう。

日本の都城には羅城《らじょう》（外郭《がいかく》）は存在しない。そのため、その範囲が明確ではない。とくに藤原京は平城京への遷都後、条里制《じょうりせい》が施工されたため、条坊の痕跡は地上から完全に消し去られてしまった。発掘調査によってはじめて条坊復元が可能となる。

藤原京の条坊復元

藤原京にはいくつもの京域復元案がある（図53）。かつては、一九六六年からはじまった国道一六五号線バイパス建設にともなう調査で明らかとなった成果をもとに岸俊男《きしとしお》が復元した案がもっとも有力な学説であった（岸俊男「緊急調査と藤原京の復原」『日本古代宮都の研究』岩波書店　一九八八年）。これは、奈良盆地の古道である中ツ道、下ツ道、横大路を厳密に確定し、文献史料との整合も考えて復元されたものである。東西八坊、南北一二条（この場合の一坊は一辺約二六五㍍）に復元された。その後も岸の想定どおり、条坊道路が確認され、長く定説でありつづけた。

しかし、一九七九年になって岸説藤原京の外側にあたる橿原《かしはら》市葛本《くずもと》町や、橿原市八木《やぎ》町の院上《いんのうえ》遺跡から藤原京の条坊に合致した道路が発見されるに至り、にわかに再検討が必要となった。そして、「大藤原京説」なるものが提唱されることになった。

岸説藤原京の外側での条坊道路の発見はその後も続き、それらの遺構を再検討した阿部

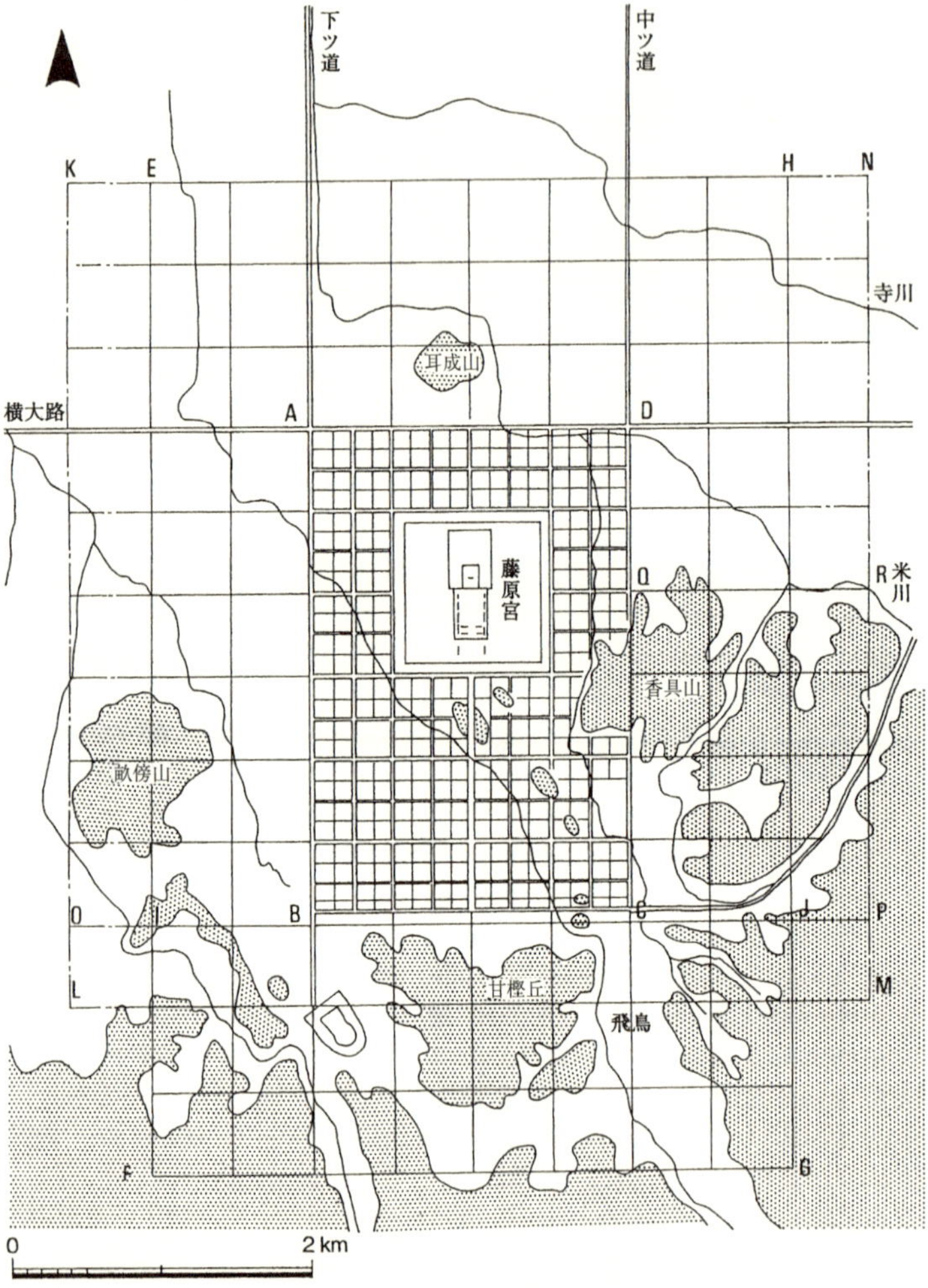

図53　藤原京の京域復元の諸説
（ＡＢＣＤ＝岸俊男説，ＥＦＧＨ＝阿部義平・押部佳周説，ＥＩＪＨ＝秋山日出雄説，ＫＯＰＮまたはＫＯＣＱＲＮ＝竹田正敬説，ＫＬＭＮ＝小澤毅・中村太一説　小澤毅『日本古代宮都構造の研究』所収，一部加筆）

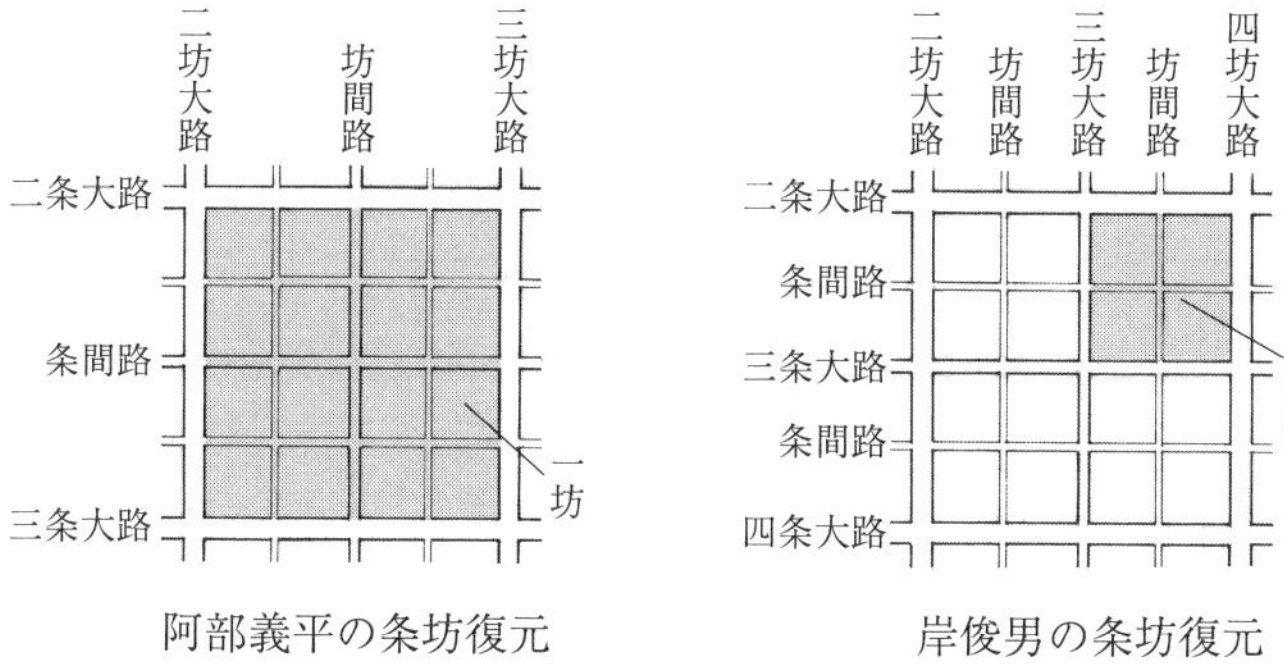

図54　藤原京の条坊復元（寺崎保広『藤原京の形成』所収，一部加筆）

義平氏と押部佳周氏は、ほぼ時を同じくして、藤原京の一坊は岸俊男が復元した半里（一里は約五三〇メートルでその半分、約二六五メートル）四方ではなく、岸俊男復元の偶数大路に囲まれた範囲で一里（約五三〇メートル）四方が一坊であったのではないかという説を発表した（図54）。

四条遺跡の発掘調査

藤原京は岸俊男説藤原京よりも大きかったのか、それともその周辺は都に付随した特別な地域であったのか、さまざまな議論がなされているなかで、一つの重要な遺跡の発掘調査が一九八七年から翌年にかけて実施された。橿原市四《し》条《じょう》遺跡である。この遺跡は、岸俊男説藤原京の西京域から西約四〇〇メートルのいわゆる「京外」に位置していた。

私事で恐縮であるが、四条遺跡の発掘調査は、私が古代宮都の研究へと進むことになる、きっかけとなっ

図55　四条遺跡（奈良県立橿原考古学研究所提供）

た遺跡である。そういった意味で思い出ふかい遺跡である。

　四条遺跡の調査では、藤原京の四条大路の西への延長と考えられる東西道路、それまで西京極と考えられていた下ツ道から西へ一坊半、約三九八メートル西にあたる南北道路（西六坊坊間路）の交差点がみつかった。東西道路の幅は約一六・五メートル、南北道路の幅は約六・五メートル。そして、道路に囲まれた区画には多くの掘立柱《ほったてばしら》建物があり、道路に沿っては掘立柱塀もあった。「京内」の宅地と何ら変わらないことが明らかとなり、ここも藤原京であることは疑いようのない事実となった。また、このときには藤原京の造営により、六世紀前半の方墳《ほうふん》を壊していることも判明し、その造営過程についてもさまざまなことが明らかとなった。

　私の藤原京に対する関心は、この遺跡の発掘調査のときに抱いた素朴な疑問に端を発するものが多い。二〇年たった今でも、その素朴な疑問に対する明確な解答が見つけられずいる自分に内心忸怩《じくじ》たるものがあるが、自分の研究生活の方向性を決めてくれた遺跡として、今でもその遺跡の横をとおると、暑い夏の季節の中で測量をしたことや、吹雪の中で冷たい水に浸かった遺物を氷を割りながらとり上げたことが昨日のことのようによみがえる。

その後も岸俊男説藤原京の周辺では、藤原京にかかわる条坊の発見が続いた。藤原京が岸俊男による復元よりも大きいことがまちがいないとしたら、どこまでが京域であったのか。私はこの大きな問題に対して答えを出せずに考えあぐねていた。本書では、あとでこの問いに対する現段階における私の解答をしるすが、まだ検討の余地がある。

京極の発見と十条十坊説

そういったなかで、四条遺跡の調査から一〇年がたった一九九六年、橿原市土橋《つしはし》遺跡、桜井《さくらい》市上之庄《かみのしょう》遺跡において、藤原京の西の京極《きょうごく》、東の京極と推定される道路が発見された。土橋遺跡は下ツ道（岸俊男説の西京極）から西へ六坊（この場合の一坊は岸説で半里、約二六五メートル）、上之庄遺跡は中ツ道（同じく東京極）から東へ六坊の位置にあたり、藤原京は岸俊男復元で東西二〇坊、約五・三キロまでひろがることが明らかとなった。

そして、小澤毅氏、中村太一氏による東西十坊、南北十条（この場合の一坊は一里、約五三〇メートル）に復元する案が登場する。発掘調査の成果と文献史料を整合的に解釈したもので、

図56　土橋遺跡（橿原市教育委員会提供）

近年、もっとも有力となりつつある説である。藤原京は、東西十坊、南北十条に復元でき、その中央に藤原宮を配置するというもので、中国の古典である『周礼《しゅらい》』考工記匠人営国条にそのかたちの原形をもとめた理念先行型の都であったとされた（小澤毅「古代都市『藤原京』の成立」『日本古代宮都構造の研究』青木書店　二〇〇三年、中村太一「藤原京と『周礼』王城プラン」『日本歴史』五八二　一九九六年）。

そして、藤原京から平城京への遷都についても、藤原京を造営していた天武・持統朝には遣《けん》唐使《とうし》の派遣はない。そのため、中国の最新都城に対する情報が途絶し、中国の古典である『周礼』に依拠し、藤原京を造営したが、大宝二年（七〇二）、粟田真人《あわたのまひと》を代表とする遣唐使が約三三年ぶりに派遣されると、大唐帝国の都である長安城と藤原京との違いは明確となり、東アジア世界の中で外交などにかかわって、その体面を保つため、遣唐使が持ち帰った長安城に対する新しい情報をもとに、あわてて平城京を造営したという。ただ単に、王都のかたちを検討するだけでなく、律令国家の形成や当時の国際情勢もからめた解釈は魅力的できわめて説得力のある意見であり、これ以降、藤原京はこの説があたかも定説のように扱われることになる。

藤原京の実像

しかし、私はこの意見にはまだ検証しなくてはならない点が多々あると考えている。図57は現在、藤原京の発掘調査で、条坊が検出されている地点に重点をおいて、その京域を復元をしたものである。藤原京は計画として東西十坊、南北十条であった可能性は私も否定しないが、実際に造営された藤原京のすがたというものは、図57に示したものであったのではないかと考える。すなわち、奈良盆地東南部の丘陵部を避け、容易に条坊が施工できる平坦な地形を選んで方形街区を設定し、そのほぼ中央付近に藤原宮を造営した。

それでは、その藤原京の実像とはどういったものであったのであろうか。発掘調査の成果にもとづきつつ具体的にのべてみたい。

藤原京の条坊

藤原京の京域はいまだ確定していないが、その条坊の設定方法は明らかとなっている。藤原京は一五〇〇大尺（約五三〇メートル）、七五〇大尺（約二六五メートル）、三七五大尺（約一三二メートル）を単位として基準線を設定し、それに道路の中心がく

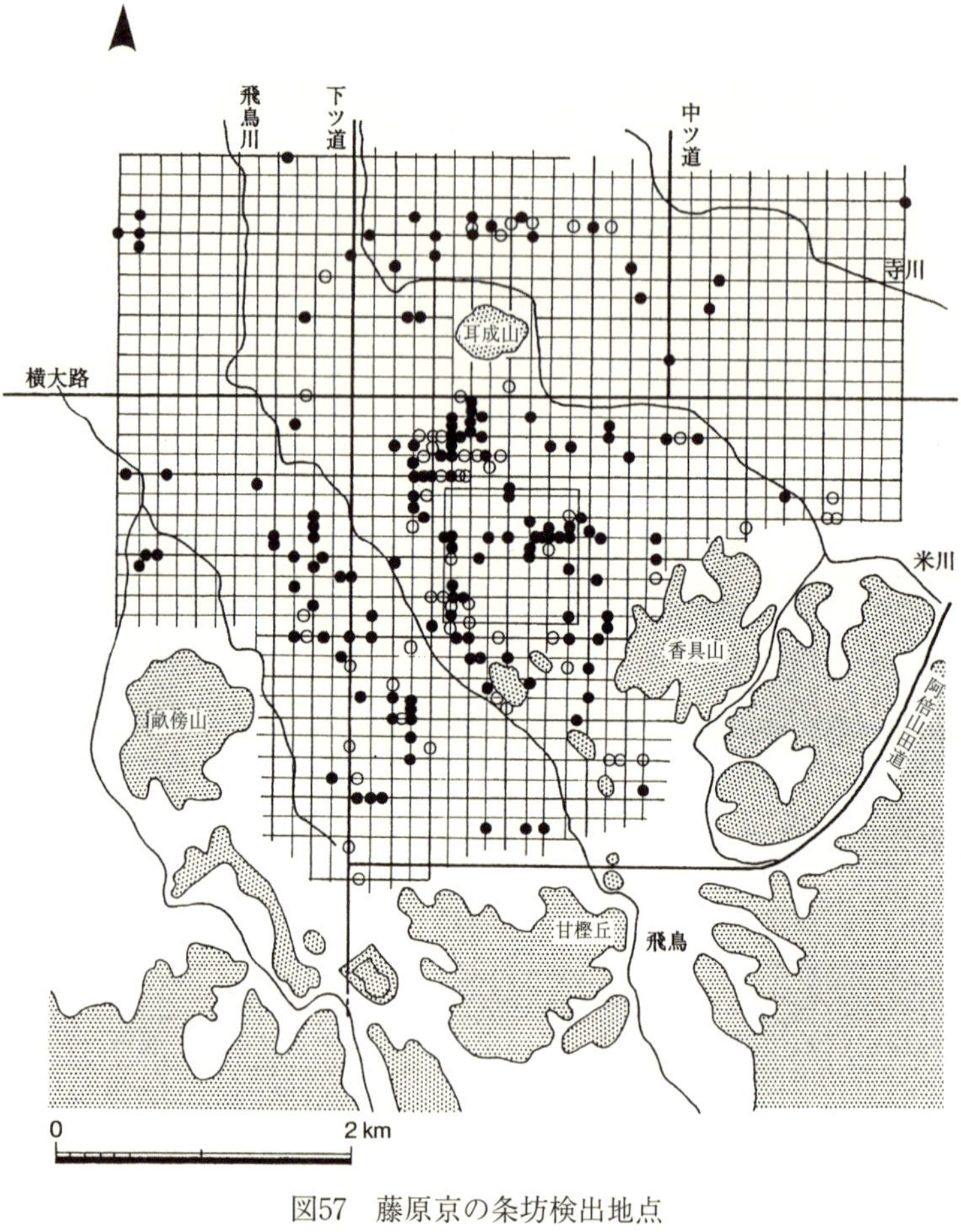

図57　藤原京の条坊検出地点

(2005年3月現在。●は両側溝を確認した地点　○は一方の側溝のみを確認した地点を示す)

図58　藤原京復元模型（橿原市教育委員会提供）

るように条坊道路が設定されている。そこで道路幅の広い道路に面した宅地は、それだけ道路敷として割かれることになるので宅地面積は狭くなる。すなわち、藤原京では条坊道路に囲まれた宅地の大きさが同じではないという特徴がある。いわゆる分割方式の条坊の宅地割りがなされている。宅地よりも道路を優先したものであった。この方式は平城京などにも継承される。

藤原京の条坊道路

藤原京の条坊道路は、大路が幅約一六メートル、条間路・坊間路が幅約九メートル、小路が幅約六・五メートルで設定されている。朱雀大路《すざくおおじ》や京内をとおる横大路、下ツ道（西四坊大路）、中ツ道（東四坊大路）をのぞくと、基本的にこの三ランクの道路であった。

いっぽう、平城京ではその用途や使用頻度に応じて最大規模の朱雀大路から小路まで、さまざまな道路幅の条坊道路が設定されていた。厳密には道路の路面幅や側溝幅なども含めて詳細な検討が必要であろうが、藤原京での条坊道路の設定は、単純で形式的なものであった。藤原京では、道路そのものに意味が付されることはなかった。これは条坊制導入期の特徴とみてよい。

「朱雀路」

『続日本紀《しょくにほんぎ》』和銅《わどう》三年正月壬子《じんし》条には「天皇、大極殿に御《おわ》しまして朝を受けたまふ。隼人《はやと》・蝦夷《えみし》ら、亦《また》、列《つら》に在《あ》り。左将軍《さしょうぐん》正五位上大伴宿禰《おおとものすくね》旅人《たびと》、副将軍従五位下穂積朝臣老《ほづみのあそんおゆ》、右将軍正五位下佐伯《さえき》宿禰石湯《いわゆ》、副将軍従五位下小野《おの》朝臣馬養《うまかい》ら、皇城門《こうじょうもん》の外、朱雀《すざく》の路の東西に分頭《ぶんとう》して、騎兵《きへい》を陳列《ちんれつ》し、隼人・蝦夷らを引きて進む」と記される。これまでは、ここにみられる「大極殿」が、その年の三月に平城遷都がおこなわれることから、平城宮の大極殿を指すものと考えられてきた。しかし近年の平城宮の発掘調査の成果から、平城宮の大極殿の造営はかなり遅れることが明らかとなり、この記事に示された「大極殿」は藤原宮の大極殿であることが明らかとなった（渡辺晃宏「平城宮中枢部の構造—その変遷と史的位置—」義江彰夫編『古代中世の政治と権力』吉川弘文館　二〇〇六年）。

そこで、ここに一連の儀式で使われた「皇城門」と「朱雀路」も藤原宮のものとするのが自然であろう。藤原宮では南面中門は「皇城門」とよばれ、その南にのびる大路は「朱雀路」と呼ばれていた。

不完全な朱雀大路

藤原京の朱雀大路は、宮南面では幅約二四㍍で検出されている。藤原京では一般の大路の幅は約一六㍍であるから、視覚的に朱雀大路が広いとは認識できなかったと思われる。平城京では朱雀大路は幅約七四㍍である。宮南面を東西にとおる二条大路は幅約三五㍍である。一般の大路との規模の違いは歴然としている。平城京では、朱雀大路や二条大路を使ってさまざまな儀礼がおこなわれたという。そのためこれだけの広い空間が必要であった。

ところで、藤原京では、近年の発掘調査で朱雀大路は都の南端までは施工されていなかったことが明らかとなった。さらに羅城門にあたる場所には、丘陵が張り出してきており、とうてい、そのようなものがつくれる状況ではなかった。藤原京では朱雀大路を舞台とした儀式空間の整備は十分ではなかった（北村優季「藤原京と平城京」『東北文化論のための先史学歴史学論集』一九九二年）。

藤原京の朱雀大路は、藤原宮が条坊の施工された範囲のほぼ中心付近におかれた関係で、宮の北にものびていた。その道路幅は約一六㍍であり、一般の大路と同規模であり、とくに隔絶した規模はもっていなかった。朱雀大路がこういった状況であったので、藤原京は南北中心軸がはっきりとしない都であった。

また、藤原京の造営にあたっては、王都の中央をとおる朱雀大路ではなく、大和の古道である横大路と下ツ道がその基準となって条坊の方形街区の設計がなされた可能性が強い。平城京でも下ツ道をそのまま朱雀大路として、それを基準に王都づくりがなされている。つまり、もとからあった古道を王都づくりの設計の基準としていたのである。長岡京や平安京ではこういったことはみられないので、藤原京、平城京といった古代日本の前期都城にみられる特徴といえる。もちろん、日本の都城の源流である中国都城にも、このような設計原理はみられない。日本独自の特徴である。

王都づくりの基準

中国では都城の造営にあたっては、その南北軸の決定がきわめて重視された。その原点をどこに設定するのか、そして、南北軸線をどのように設定するのかは、きわめて重要なことがらであった。その重要性の意味は本書の冒頭でものべた。そこで、王宮や都城の造営にあたっては、都の南北軸をどこにおくのかということがまず決定された。中国では正しい方位の測定は、世界の運行と分類の原理を知る聖なる技術であったといわれている。中国ではこのような認識のもと、王宮や王都の造営がおこなわれ、その王権の正統性が保証された（妹尾達彦『長安の都市計画』講談社　二〇〇一年）。

南北軸の決定

藤原京では確かに条坊制を導入しているが、都の南北中心軸である朱雀大路ですら、先にのべた状況である。また、王都づくりの基準は、既存の大和の古道がそのまま利用された可能性が高い。藤原京の造営にあたっては、もちろん中国都城や、それを支える思想的な背景についてはは十分知っていたであろうが、生かしきれていないというのが実情ではないだろうか。このあたりにも条坊制導入期の都城の特徴が端的にあらわれている。

中国都城のイメージ

藤原京では条坊制がはじめて導入される。条坊制とは中国では坊《ぼう》里制《りせい》と呼ばれ、北魏洛陽城《ほくぎらくようじょう》（四九四〜）ではじめて形成された。まだ整然としたグリッドプランとはいえず、ラフな方格地割《ほうかくじわり》がある程度であった。そして、隋唐長安城《ずいとうちょうあんじょう》や洛陽城において、整然としたグリッドプラン（方形に区画された街並み）が完成する。とくに隋唐長安城にみられるごとく、北辺中央に宮城《きゅうじょう》と皇城《こうじょう》をおき、その南には朱雀門街《すざくもんがい》という南北中心軸を重視した方形街区を並べ、そこにさまざまな施設を左右対称に配置する形態はその完成型といえる。日本をはじめとした東アジアの国々の王都にも多くの影響を与えることになった。

平城京が中国都城の影響を強く受けているということは、読者のみなさんもご存知のとおりだと思う。そして、そのときイメージされるのは大唐帝国の都、長安城であり、洛陽城であろう。それは正しいし、私もそのように思うのであるが、これらを中国都城の代表として考えることには、問題はないであろうか。

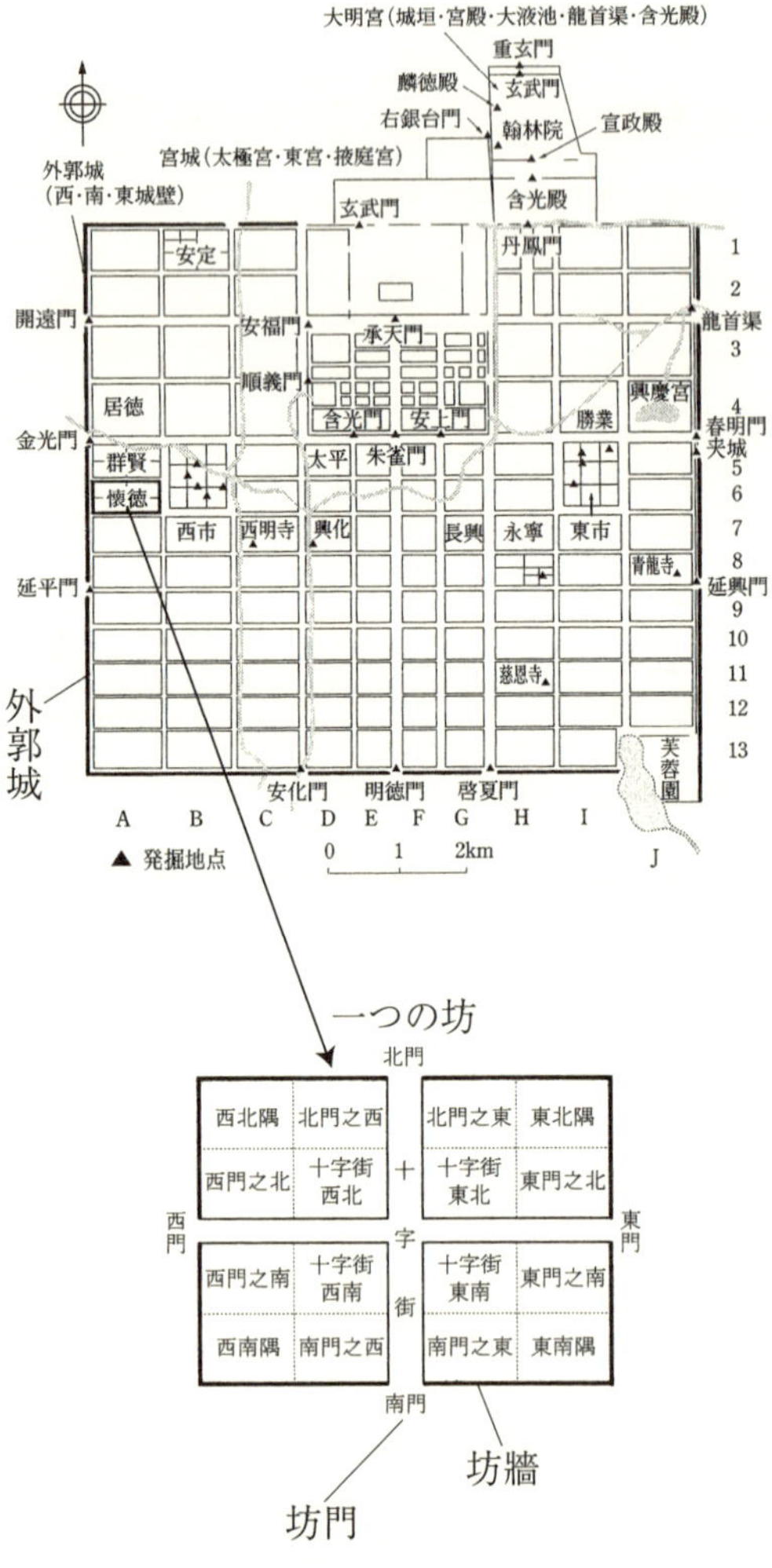

図59　隋唐長安城と坊里制・坊牆制
（妹尾達彦『長安の都市計画』所収，一部加筆）

中国の都城の歴史において、坊里制を導入した都としては、隋唐長安城や洛陽城が、もっとも典型的なものであり、その完成形態であることはまちがいない。しかし、こういった整然と整備された都の形態は、その前の時代にもなければ、後の時代へも継承されないのである。中国都城の中でも坊里制を導入して整然と整備された隋唐長安城や洛陽城は、むしろ特殊な存在としてみなくてはならない。中国都城の代表例には決してならないのである。日本の古代宮都と中国都城を比較検討するときには、この点はとくに留意しなくてはならないことと考える。

グリッドプランの幻惑

これと同じことは条坊制についてもいえる。条坊制は、もちろん中国都城の影響のもと導入された。とくに隋唐長安城や洛陽城の影響が大きい。このことそのものは誤りではない。

そもそも条坊制は中国の坊里制に起源する。中国の坊里制は、坊の周囲を高い壁、坊牆《ぼうしょう》で囲む。これを坊牆制という。住民の維持と治安管理・防御のためにつくりだされた。多様な民族やさまざまな宗教、そしてさまざまな階層の人々をすみ分けさせる装置として、坊牆は出現したと考えられている。そういった坊牆で囲まれた一つ一つの坊が集積されて、また、都全体が大きな城壁である羅城《らじょう》（外郭城）で囲まれるのである。中国都城は、まさに都全体を囲む壁（外郭城）に囲まれた空間の中に、壁（坊牆）に囲まれた坊があって、その中にさらに壁に囲まれた宅地がある。中国の坊里制は壁、また壁の世界で、きわめて閉鎖的な空間であった（図59）。

しかし、日本の条坊制は、同じ方形街区を導入しているとはいえ、きわめて開放的であった。中国都城の坊里制のもつ本来的な意義である、壁で区画するという意識があったと

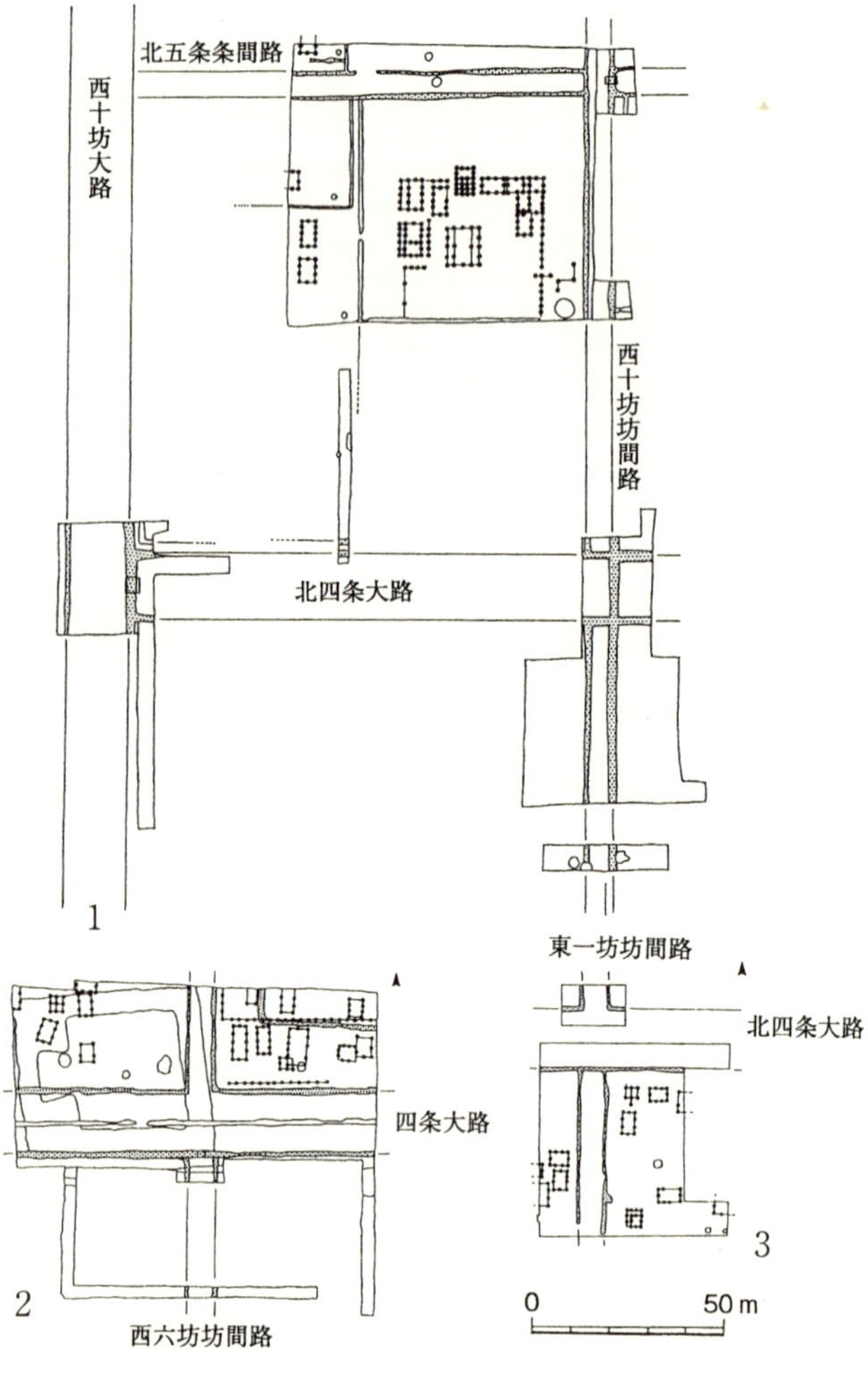

図60　藤原京の宅地
（1，右京北四・五条十坊　2，右京四条六坊　3，左京北四条一坊）

は思えない。藤原京では、坊を区画する壁である坊牆はなく、掘立柱塀や簡易な施設で区画されるだけであった。もちろん坊の入り口である坊門にあたる施設もあるわけがない。これは、平城京に遷都しても朱雀大路に面した一部で築地《ついじ》が導入される程度で、それほど変わらない。そういった意味で日本の条坊制はきわめて開放的なものであった（図60）。

藤原京や平城京は、方形のグリッドプランを導入しているという点では中国の隋唐長安城や洛陽城ときわめて類似しているが、その内実は大きく異なっていた。平面図という二次元で比較すると、確かに隋唐長安城と藤原京、平城京は同じグリッドプランを導入しているということでは共通しているが、それを三次元にして比較すると、まったくイメージが違ってくるのではないかと考える。これでほんとうに似ているといえるのであろうか。ただ単に平面形態を比較するだけではなく、その立面形態も含めた都城制全体を比較検討していく視点がこれからは必要であろう。

蛇足だが、隋唐長安城や洛陽城でみられた坊牆制は、つぎの宋《そう》代になるとすでに崩壊をはじめる。宋の開封《かいほう》や元《げん》の大都《だいと》、明《みん》の南京・北京、清《しん》の北京の都城をみるとき、あたかも隋唐長安城や洛陽城に似た方形街区が存在するのに気づくが、それは隋唐の坊牆制とはまったく異なるものなのである。

また、「ミヤコ」の表記には「京」と「都」とがある。日本の宮都研究では、そこまで意識されることは少ないが、中国、とくに唐代の文献にかかわって、「京」と「都」は、その示す内容が異なり、「京」は長安、「都」は洛陽と、厳密な意味で使い分けがなされているという。日本の文献史料がこのような厳密な使い分けをしているのかは、今後、検討を進める必要があるであろう（礪波護「文物に現れた北朝隋唐佛教」『佛教史学研究』四八―一　二〇〇五年）。

条坊制導入の意義

条坊（坊里）制の日中での違いについては、ここでひとまずおく。とにかく、藤原京ではその条坊制がはじめて導入された。それでは藤原京でなぜ条坊制という方形街区が導入されることになったのであろうか。藤原京以前の天武朝において、条坊制こそ導入されていないが、正方位を指向した空間整備が飛鳥・藤原地域でおこなわれ、その地域が周辺地域とは視覚的に異なる空間を形成していたことは前章で詳しくのべた。それを「京」もしくは「飛鳥京」と呼んでもとくに問題はないことも指摘した。天武朝における「飛鳥京」の成立を受けて、藤原京における条坊制の導入をどのように評価すればよいのであろうか。

藤原京の条坊制は、中国の坊里制とは大きく異なるものであったが、方形街区で構成されるということでは類似していた。この時期に方形街区をつくり、それを宅地としてその中に建物をたてるということは、藤原京をおいて他には見当たらないので、視覚的にも周辺地域とはまったく異なる景観をつくりだしたことはまちがいない。天武の「京」が正方位に揃えて空間整備をしたこととは大きな違いであった。

条坊制というグリッドプランは、よりいっそう明確なかたちで支配拠点である「京」を荘厳にみせる装置であり、そのために導入された。もちろん、その前提として天武段階における正方位による空間整備があることは言うまでもない。周辺地域からみたとき、視覚的に異質な特別な空間をより明確に認識させるために条坊制という方形街区がかぶせられ、整備されたと考える。これは、藤原宮から宮中枢の大極殿・朝堂だけが基壇をもつ礎石《そせき》建ちの瓦葺きの建物となることと、まったく同じ意味をもつものとみてよい。

もちろん、支配拠点である王都の荘厳化は、地域支配の進展と表裏の関係にあったことは言うまでもない。まさに目に見えるかたちでの王都の荘厳化であった。

ただ、藤原京の条坊制の導入を単純に過大に評価してはならないだろう。天武による「飛鳥京」の整備が前提としてあって、はじめて導入できたことを忘れてはならない。また、藤原京では、その制度としても実際の施工面においても、さまざまな未熟な側面があったことは否めない。また、それが条坊制導入期の都城の特質であったと考える。これは、先に藤原京の実像として紹介したとおりである（林部均「条坊制導入期の古代宮都」『古代宮都形成過程の研究』青木書店　二〇〇一年、同「藤原京の『朱雀大路』と京域」『条里制・古代都市研究』二〇　二〇〇四年)。

ここまで、藤原京の発掘調査で確認される実態について詳しくのべてきた。また、それをもとに藤原京とはどういった王都であったのかということについて検討を加えてきた。藤原京は東西十坊、南北十条であるかどうかは、未だ結論が出ていないというのが実情であり、今後も検討を重ねていく必要があろう。

十条十坊説の行方

藤原京と『周礼』

先にものべたように、藤原京が、『周礼《しゅらい》』考工記匠人営国条にもとづいて造営された理念先行型の都であるという意見がある。しかし、この説は、『周礼』という書物の中から、「匠人営国、方九里、旁三門、国中九経九緯、経塗九軌、左祖右社、面朝後市、市朝一夫」という都城にかかわる条文だけをとり上げて、日本都城の復元に当てはめており、方法論的に疑問がある。

『周礼』は戦国時代につくられ、前漢《ぜんかん》末の王莽《おうもう》によって権威づけがなされたといわれ、その時代に考えられていた中国の理想社会であったといわれる古代周《しゅう》王朝の政治組織を記した書といわれる。天武が『周礼』をもとに、それらの政治の仕組みをも含めて受容し、その結果として、支配のための王都(この場合は藤原京)にもその条文が反映されたというのであれば納得がいく。しかし、天武がつくった支配システムは基本的には『周礼』にもとづくものではない。にもかかわらず、王都だけが『周礼』にもとづいてつくられているということは考えにくいのではないだろうか。

繰り返し強調しておくが、王宮・王都には支配システムが端的に反映される。つまり、支配システムを地上に投影したものが王宮・王都であった。そこで王宮・王都だけが別の思想にもとづいてつくられるということが、果たしてあり得るのであろうか。疑問とせざるをえない。単行法があったということも考えられないわけではないが、それならば、その存在を検証することがまず先決であろう。いずれにしても、日本都城と『周礼』とのかかわりはその背後にある思想とその解釈までを考慮して、慎重に検討しなくてはならない課題である。

「アラマシノミヤコ」

さて、藤原京は「新益京」と呼ばれたことは、ここまで何回ものべてきた。「新益京」には「アラマシノミヤコ」と訓みが与えられている。新《あら》たに益《ま》した「京」と解するのが妥当であろう。そうすると、藤原京には他の平城京や長岡京《ながおかきょう》などとは異なって固有の地名にもとづく名称はなく、ただ単に「京」とだけ呼ばれていたことになる（橋本義則「『藤原京』造営試考」『研究論集』XI　奈良国立文化財研究所　二〇〇〇年）。

ここでは、藤原京に固有名詞が与えられなかった理由も含めて、「新益京」と呼ばれた理由を考えることにより、その京域などの問題について考えてみたい。

藤原京は「新益京」と呼ばれた。新たに益した「京」である。新たに益した「京」であるから、もともとの「京」があって、それに対して新たに益したと解釈するのが自然である。私はこのもともとの「京」こそが、天武が整備した「飛鳥京」であったと考える。「飛鳥京」も含めて、新たに益した「京」であったため、「新益京」と呼ばれた。

持統八年（六九四）一二月、持統は飛鳥浄御原宮から藤原宮へと遷る。しかし、「新益京」を名称の意味のとおりに解釈してもよいとするならば、もともとの「飛鳥京」と一体となってはじめて機能したとみるのが自然であろう。藤原京には条坊制都城として、いまだ多くの不完全な側面があり、「飛鳥京」も、いまだ一体として利用されたため、それを含めて「京」となり、そこで「新益京」と呼ばれたのである。

「新益京」の実態

実際、藤原京への遷都後も飛鳥は使われ続けた。たとえば、飛鳥寺《あすかでら》西の槻《つき》の樹《き》の広場では、持統九年（六九五）年五月丁卯《ていぼう》条には「隼人《はやと》の相撲《すまい》とるを西の槻の下《もと》に観る」とあり、王権への服属儀礼《ふくぞくぎれい》がおこなわれている。そういった場としてしばらく使用されたのであろう。酒船石《さかふねいし》遺跡の導水施設では、藤原宮期に改修を加えてなお使用されたことが発掘調査で明らかとなっている。

このように飛鳥には「宮」としての機能の一端が残されていた。藤原京への遷都後も、少なくとも大宝令が制定・施行されるまでは、藤原宮・京には支配のためのシステムは完全に統合されていなかったのではなかろうか。「飛鳥京」と一体となって、はじめて機能したと考えたい。

先に天武朝になると飛鳥宮の周辺に多くの有力氏族の邸宅や皇子宮《みこのみや》が正方位でつくられることを指摘したが、それらが藤原京への遷都にともなって、条坊が施工された範囲、すなわち藤原京に住まいを移した形跡がない。五条野向《むか》イ遺跡や五条野内垣内《うちかいと》遺跡では、藤原遷都の時期には変化せず、平城京への遷都にともなって廃絶している。さらに、その他で周辺に立地する建物群も、平城遷都とともに廃絶しているものが多い。

もちろん、条坊が施工された範囲に宅地班給《たくちはんきゅう》を受けている可能性も皆無ではないが、条坊制の導入が一般的に言われているように、皇子や有力氏族の集住が目的であったとするならば、それはきわめて不徹底であったといわねばならない。しかし、これももともとの「飛鳥京」と一体で藤原京が機能していたと考えれば問題なく理解することができる。皇子宮や有力氏族の邸宅と考えられる建物群は、平城京への遷都によって廃絶する。

さらに、「飛鳥京」にあった飛鳥寺や川原寺《かわらでら》などの寺院は、天武朝につくられた大官大《だいかんだい》寺《じ》が文武朝に現在の位置に移された以外は、藤原京の中に移建されることはない。そのままの寺地が維持されている。そして、平城京への遷都にともなってはじめて寺地を移す。

藤原京には大宝令以降、東西の市があったといわれるが、それ以外にも宮の北方にも中市があったことが出土した木簡からわかる。また、「飛鳥京」以来の軽市《かるいち》や海石榴市《つばいち》も機能していたと思われる。

おそらく、交通体系も「飛鳥京」のときと変化がなかったと推定される。すなわち、流通・交通体系も、「飛鳥京」から「新益京」へと遷ったからといって何も変化しなかった。平城京への遷都にともなって、はじめて流通・交通体系の全面的な見直しがおこなわれたものと推定する。

このような飛鳥の「京」、すなわち「飛鳥京」と藤原京との一体性の問題は、藤原京を条坊制都城としてとらえる立場からは、うまく説明がつかないことであろう。藤原京を「新益京」と呼ぶのは、「飛鳥京」に対して、新たに益した「京」であり、大宝令が制定・施行される頃までは、「飛鳥京」と一体で機能していたと考えてはじめて解釈ができると思われる。

「新益京」の京域

本書ではここまで飛鳥における支配拠点の整備の過程を整理するなかで、「京」の成立にあたっては、王権がどの範囲を支配拠点として意識して空間整備をおこなうのかが重要であって、条坊制の施工の有無は絶対条件ではないことをのべてきた。そうすると、藤原京においてもその京域の検討にあたっては、これまでのような条坊の施工範囲にこだわった議論だけでは不十分であることは明らかであろう。

そして、ここまでのべてきた「飛鳥京」と藤原京との一体性をも考慮して考えると、「新益京」の京域についても別のかたちのものが見えてくるのではないか。

王宮や王都のかたちには、当時の王権の支配システムが反映される。法律に規定された支配システムを地上に視覚的にわかるかたちで表現したものが王宮であり、王都であった。だからまず支配のためのシステムである法律が定められ、それを実施・施行していくための王宮・王都がつくられると考えるのがきわめて自然である。

持統三年（六八九）六月、浄御原令《きよみはらりょう》が班賜《はんし》された。そして大宝元年（七〇一）八月、大宝律令が公布され、翌年頒下された。そして、さらに養老二年（七一八）に養老律令が編纂される。実際の施行は遅れ、藤原仲麻呂《ふじわらのなかまろ》政権下の天平宝字元年（七五七）五月まで下がる。

藤原京、平城京が実際どの法律にもとづくかということになると、その造営・遷都の年代から、藤原京のかたちを規制したのは浄御原令とするのが自然であろう。また、平城京の造営やかたちを規制したのは、大宝令とみるのが適切であろう。藤原京は浄御原令にもとづく支配体制を体現した都であったのである。

条坊の形態・管理支配を規定した条文で確認できるものは、今のところさかのぼっても大宝令（七〇一年）までである。そこには、右京と左京に分けて都の支配のための制度が記されている。しかも、藤原京において、右京と左京の存在が文献で確認できるのは大宝令以降である。ところが、藤原京の造営は天武朝末年から持統朝（六八〇〜六九〇年代）である。年代的にも齟齬《そご》が生じる。少なくとも大宝令の条文を使って藤原京を復元することには問題があることは明らかであろう。

さらに、大宝令の前の浄御原令（六八九年）は現存せず、大宝令と同じ条文があったのか、また、大宝令とどの程度の違いがあったのかは、現段階では明らかではない。藤原京を東西十坊、南北十条に復元する意見では、養老令の戸令《こりよう》と職員令《しきいんりよう》の条文を大宝令までさかのぼらせて検討を加えて、みつかっている遺構との一致を指摘するが、この条文が大宝令以前に造営された藤原京を規制した保証はなく、この方法で藤原京の京域を復元することには、その前提としてまず検証しなくてはならない問題があるであろう。そこで、仮に現在、復元されているような整然とした藤原京ができたとしても、それは大宝令以降のことであったと考えるしかない。

それまでは条坊制が施工されている地域も、そうでない地域も含めてかなり広い範囲が「京」という特別な空間として認識され、行政的にも区別された存在であったと考えたい。すなわち、大宝令が施行されるまでは、「飛鳥京」も含めて「京」であったのではないかと考える。そのため、藤原京は「新益京」と呼ばれることになった。

そして、大宝令以降あらためて条坊が施工された範囲が、制度上は、右京と左京とに分かれた条坊制都城になったと考えたい。これが仮に現在有力となりつつある東西十坊、南北十条であったとしても、それは何ら差し支えない。また、条坊が施工された範囲だけであったとしてもかまわない。

大宝令後の藤原京

『続日本紀』慶雲《けいうん》元年（七〇四）一一月壬寅《じんいん》条に「始めて藤原宮の地《ところ》を定む。宅《いえ》の宮中《みやのうち》に入れる百姓《ひゃくせい》一千五百五烟に布《ぬの》賜《たま》ふこと差《しな》有《あ》り」という記事がみえる。これまでは、遷都からすでに一〇年を経過しているにもかかわらず、藤原宮の位置を決めたということで不可解な記事と考えられてきたが、これまでのべてきたごとく、この段階に京域があらためて確定されたと考えれば整合的に解釈できる。すなわち、「藤原宮」を「藤原京」と解し、京域の確定にあたって、新たな条坊施工も含めて藤原京の再整備がおこなわれ、その時に支障となった「宅」を立ち退かせたと考えればこの記事は解釈がつく。このことは藤原京が大宝令の施行後、その京域も含めて大きな改変がなされたという先の解釈ともうまく整合する。

こうした考え方はこれまでもなかったわけではない（仁藤敦史「倭京から藤原京へ」『古代王権と都城制』吉川弘文館　一九九八年、山中章「古代都市の構造と機能」『考古学研究』四五―二　一九九八年）。しかし、どれも大宝令後、岸俊男説藤原京の京域、すなわち東西八坊、南北十二条に確定されたというもので、私の考えとは異なる。

また、大宝令以後、岸俊男説藤原京になったいわゆる京域は縮小したとする意見は、岸俊男説藤原京の周囲でみつかっている条坊遺構や建物群などの遺構が、平城遷都前後の時期まで存続し、遷都ともに廃絶している事実とも矛盾し、成り立つものではない。

大宝令と藤原京との齟齬

このように「新益京」と大宝令との関係を整理してみると、法律に示された支配のための制度を地上に視覚的に表現したものが、王宮・王都であったとするならば、藤原京の場合、さきに実態として王都が存在し、そのあとから支配制度にかかわる法律（この場合は大宝令）がつくられたことになる。そこには当然のことながら、法律のうえに示された制度と、実際にすでにある王都の形状との間に齟齬が生じたであろう。こうしたことは、王権の正統性を保証する王都には、あってはならないことであった。

平城京への遷都にあたっては、大宝元年（七〇一）に任命され、翌年出発し、慶雲元年（七〇四）七月に帰国した粟田真人《あわたのまひと》を代表とする遣唐使のもつ意味を高く評価する意見が強い。私もそれをまったく否定するわけではないが、こうした王都の支配のための制度と実態としての王都の形状の不整合ということが大きな問題となり、王権の威厳や正統性を揺るがしかねないことであったので、平城京への遷都が慶雲四年（七〇七）二月頃から政治日程としてあがることになったと考える（北村優季「藤原京と平城京」『東北文化論のための先史学歴史学論集』一九九二年。しかし、藤原京を岸俊男説で考えるなど、その京域や形成過程などについての事実関係とその解釈は、ここでのべたこととはかなり異なる）。

これまでの京域論の問題点

いずれにしても、これまでの藤原京の京域にかかわる議論は私も含めて条坊が施工された範囲や、条坊の方形街区のかたちや数にこだわりすぎていたのではないか。また、大宝元年（七〇一）の大宝令の制定を境に、その前後で王都を支配するための制度が変わっていたかもしれないのに、それを区別せずに議論してきたことにも問題があった。

条坊の方形街区を管理・規制する条文は、今のところさかのぼっても大宝令までであるから、条坊の方形街区の枠組みをはずして「京」の問題を考えると、意外とこれまでとは違った藤原京のすがたがみえてくるのではないかと考える。

藤原京のモデル

それでは、藤原京のモデルはどこにあるのであろうか。藤原宮の時代も含めて飛鳥時代の制度には、中国でも隋唐時代より古い魏晋南北朝時代（五～六世紀）の影響がみられるといわれる。そうすると、藤原京も隋唐よりも古い北朝の北魏の洛陽（四九三～五三四年）であるとか、南朝の東晋《とうしん》から陳《ちん》に至る建康《けんこう》（三一七～五八九）といった魏晋南北朝時代の中国都城の影響があったとみるのが適切ではないだろうか。少なくとも、大まかに平面図を比較するかぎり、いくつかの共通点を見出すことができる。今後の大きな課題である。

四条遺跡の調査から二〇年

これが私が一九八七年に橿原市四条遺跡の発掘調査に携わって以来、考え続け到達した藤原京の京域にかかわる、現段階における解答である。ただ、この二〇年間を振り返ると、こういった議論を繰り返すうちに、確実に藤原京のもつ歴史的な意義にかかわる研究が厚みを増したということだけは自信をもっていうことができる。これが四条遺跡発掘の最大の意義であろう。

平城京の京域はいかに

二〇〇五年八月、大和《やまと》郡山《こおりやま》市下三橋《しもみつはし》遺跡の発掘調査において、平城京の条坊が南の京極大路である九条を越えて、さらに南にのびていることが確認された。平城京の条坊呼称をそのままあてはめると、十条条間北小路、十条条間路、十条条間南小路と東一坊大路・東一坊坊間西小路・東一坊坊間路の南への延長道路が検出された。また、これらの条坊道路にともなって建物群があったことも確認された。そして、二〇〇七年六月には、十条大路が発見され、それよりも南には条坊は展開しないことが明らかとなった（図62）。

ここまでのべてきたように、条坊は周辺地域から「京」という空間をより明確に区別するための装置のひとつであったとみてよいので、この新たに条坊がみつかった空間も

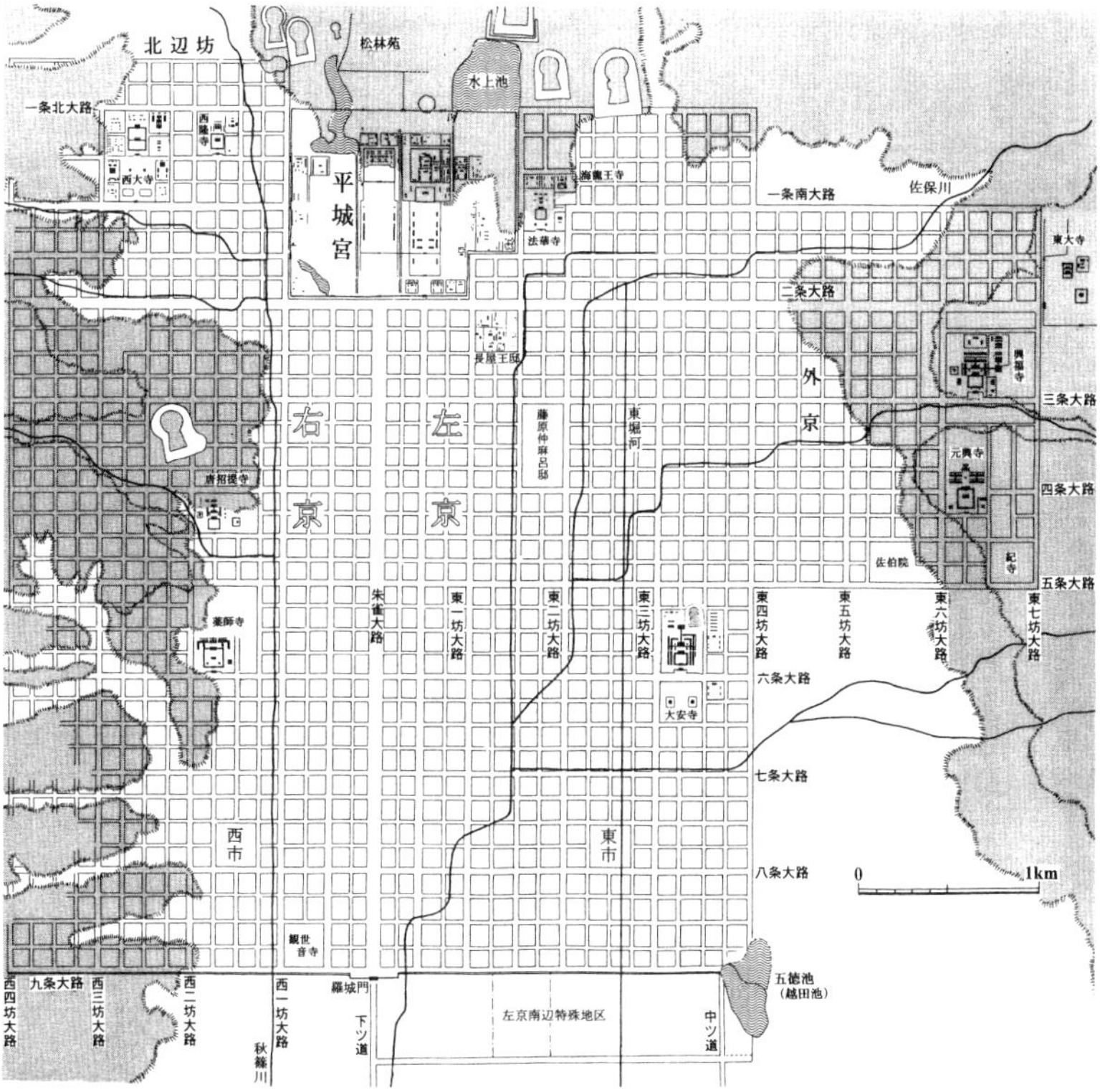

図61　平城京条坊復元図（『東アジアの古代都城』所収，井上和人原図）

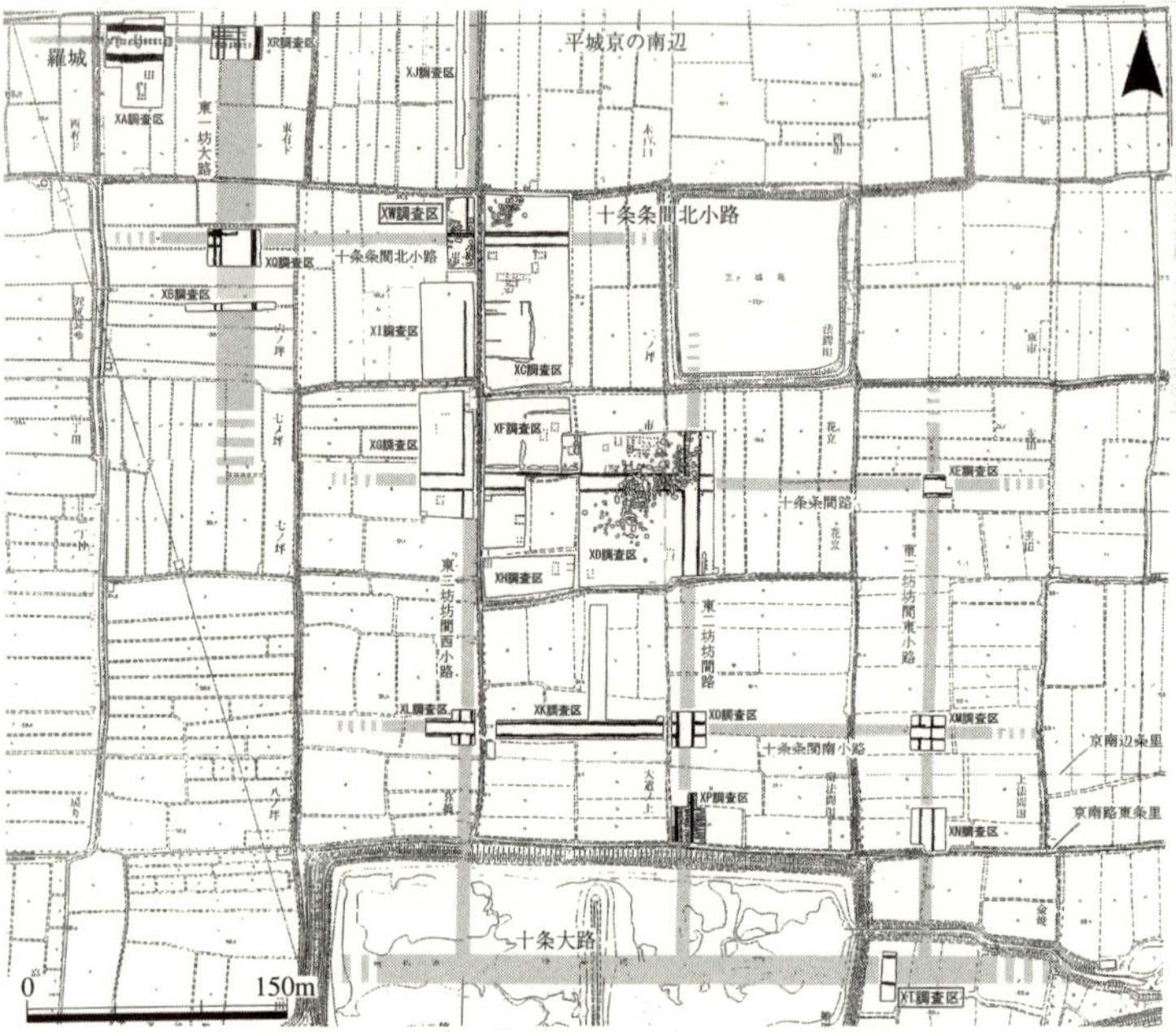

図62　平城京と下三橋遺跡
（財団法人元興寺文化財研究所・大和郡山市教育委員会提供）

「京」であったとみるのが自然であろう。すなわち、平城京は右京や外京の南のようすがわからないので東西規模は明らかではないが、少なくともその造営当初は南北十条であったことが確実となった。この発見は、大宝令以降の藤原京の京域を考えるうえで重要である。

見せかけの羅城

下三橋遺跡の発掘調査で検出された条坊は、奈良時代の前半に埋め立てられる。そして、九条大路の位置まで後退したうえで羅城門《らじょうもん》を造営し、東西各一坊大路の位置まで羅城がつくられる。羅城の外には羅城外濠《がいごう》がめぐる。羅城は南北二列の掘立柱塀《ほったてばしらべい》で、その内部に土を積み上げた痕跡はない。羅城は見た目には大きな壁であったが、内部は中空であり、まさに映画のセットのような

図63　下三橋遺跡　条坊道路
（財団法人元興寺文化財研究所・大和郡山市教育委員会提供）

図64　下三橋遺跡　羅城
（財団法人元興寺文化財研究所・大和郡山市教育委員会提供）

ものであった。そういった羅城が平城京の正門である羅城門から東西に各一坊分（約五三〇メートル）だけ、すなわち、羅城門前に立ったときに見える範囲にだけつくられていた。どれだけ当時の国家が、王都の見た目を気にしていたかがわかる。

また、もともと南北十条に施工された条坊を埋め立て、九条大路の位置まで後退し、その位置に羅城門・羅城をつくっている事実は、平城京も最初は南北十条が京域として予定されていたにもかかわらず、奈良時代

日本古代都城の完成形態

の前半（七三〇年前後）に廃棄され、南北九条に京域を確定したことを示し、そこに奈良時代中ごろ羅城門・羅城をつくり、王都をより荘厳に整備したことを示す。

この南北九条に確定した平城京の形態が平安京《へいあんきょう》へと継承され、王都のかたちの原形となる。私はこれを日本都城の完成形態とみたい。この段階に至り、厳密な意味で条坊の施工範囲と京域とが一致することになったとみたい。

近年の下三橋遺跡の調査成果の重要性は、日本都城の完成形態の出現の過程が、発掘調査された遺構のうえから検証できることにつきると考える。

奈良時代前半から中ごろにかけて確定した平城京の南北九条、東西八坊（平城京は外京《げきょう》があるので、それを含めると十一坊）を基本形とした京域は平安京へと継承され、日本古代都城の大枠を規制することになる。

藤原京の歴史的位置

しかし、藤原京は、わが国で最初に条坊制を導入した都城であるにもかかわらず、その形態は平城京にも継承されることはなかった。平城京が発掘調査の結果、その造営当初は南北十条で設定されていたことが明らかとなったが、奈良時代中ごろまでには九条まで後退して京域が確定されるわけであるから、結局のところ南北十条、東西十坊の形態は継承されなかったとみるほかない。

これは、藤原京を造営時の複雑な様相や、その未成熟性を考えれば、当然のこととも言えようが、この点にこそ藤原京の歴史的な位置が端的に示されていると考える。

平城京へ

平城京はその造営当初は南北十条でつくられていた。この南北十条は、大宝令以降の藤原京の形態を反映している可能性が高い。そうすると、平城京はその造営当初はこれまで言われてきたような隋唐の長安城を意識して造営されたのではなく、藤原京をモデルにしていたことになる。

これまで平城遷都の理由は、大宝二年（七〇二）に派遣された遣唐使の影響が強く、その見聞した唐長安城の形態が、あまりにも藤原京とは異なっていたため、平城京が造営され、遷都がおこなわれたという意見が有力であったが、それならば最初から平城京は長安城をモデルにして造営されたはずである。しかし、実際には大宝令以降の藤原京をモデルにしていたのである。平城京の造営に大宝の遣唐使が強い影響を与えたのかは、疑問と言わねばならない。ただ、平城京にはその宮の位置や朱雀大路《すざくおおじ》・五徳池《ごとくいけ》（越田池《こしだいけ》）など、長安城からの影響があったことは事実であるので、なぜ京域が南北九条になったのかも含めて今後の検討が必要である。平城京の南北九条への改変、そして羅城の整備などに唐長安城などの中国都城の影響であったとするならば、年代的にも大宝の遣唐使だけではなく、それ以降の遣唐使の影響も考えなくてはならないであろう。

環境史の視点からみた都城——エピローグ

本書では、ここまで飛鳥の諸宮と藤原京について、できるだけ最新の調査成果にもとづきつつ、具体的に検討を加えて、それぞれの宮の特徴、そして研究の現段階・問題点・歴史的な位置・課題についてのべてきた。古代宮都(王宮・王都)という限られた視点からであるが、飛鳥時代の歴史を大まかにとらえなおしたつもりである。そこで、ここではそれらをまとめるということはあらためてせず、「都城研究の今後」ということで今、私が構想している都城研究の新たな視点をのべて、まとめにかえたい。

都城研究の今後

これまで古代宮都は本書もそうであったように、主に政治史的な視点から研究が進められてきた。古代宮都の形態、建物配置の変遷などから律令国家の形成など、支配システムの変化を読みとろうという視点が多かった。王宮・王都には王権のかたちや支配のシステムが端的に反映されると考えられるので、古代宮都の研究にあたっては、まず取り組まなくてはならない課題であろう。私もつい最近までそうした視点から古代宮都をみてきた。

そのような中で古代宮都の問題を考えていくにあたって、何か新しい視角はないものかと模索を続けていた。そして、環境史という視点から古代都城をみたらどうなるのか、古代都城に生活した人々の目線で周りの景観や、その生活環境をみたらどうなるのかといったことを漠然と考えるようになった。これはまた、私が専門とする考古学がもっとも本領を発揮できる分野ではないかとも考えるようになった。

日本の古代都城は、飛鳥から藤原京、平城京、長岡京、平安京へと変遷したが、その中で何が変わり、そして変わらなかったのかを分析することにより、これまでとは違った視点から都城にスポットを当てることができるのではないかと思い至るようになった。

また、こうしたことを考えることによって、今、地球上の各地で頻発する地球温暖化にともなう環境の変化、都市問題などについても、直接に解決方法が見つかるわけではないが、それらを考えていく手がかりは見つかるのではないかと考えた。

ということで、環境史の視点からみた古代宮都の研究を少しずつはじめることとした。構想は大きかったが、研究は遅々として進まない。環境史の視点から日本都城をみる視点はこれまでほとんどなかったので、未開拓ゆえの困難さが絶えずつきまとった。分析にかかわる方法論も確立されていない。ここでは、そういった段階ではあるが、その見通しの一端を紹介して、古代宮都の研究の新しい視点を提示したい。

中国における環境史研究

さて、環境史からみた都城、あるいは古代都市という視点は、日本では未開拓な分野であるが、中国都城にかかわってはすでに多くの研究がなされている。

中国では、華北《かほく》を中心とした地域の砂漠化といった環境問題は深刻であり、また、都市への人口の集中がさまざまな都市問題・社会問題を発生させている。環境の問題は現代の中国にとって国家の重要な問題である。そのため、環境史にかかわる研究は国家的なプロジェクトとして進められている。

私も二〇〇七年三月に中国の西安《シーアン》の陝西師範《せんせいしはん》大学の西北歴史環境・経済社会発展研究センターを訪れる機会があり、そういった研究にじかに接し、大いに刺激を受けた。そして、たくさんの環境史にかかわる専門の著書が刊行され、論文が発表されていることを知った。これらの研究から、日本の古代宮都研究も学ぶべき点が多々あると考えた。

藤原京の環境問題

ところで、古代宮都（王宮・王都）、とくに藤原京は、わが国で最初に造営された条坊制《じょうぼうせい》を導入した都城であった。その造営はさしずめ、現代の言葉におきかえれば大規模開発プロジェクトであった。大規模な地形改変にともなう自然環境の破壊、生態系をはじめとした生活環境の改変があったと思われる。また、環境変化（悪化）にともない、その地域に住む人々の居住環境などにも大きな影響を与えた。さらに、藤原京が完成し、そこに多くの人々が集まって住むようになると、さまざまな都市問題や社会問題が発生したものと推定される。

ここでは、実際、藤原京で何が起こっていたのかについて、いくつかの例をあげて環境史の視点から見た都城の研究の有効性を確認しておきたい。

方形街区の導入

藤原京は、わが国で最初に条坊制を導入した王都であった。条坊制という都市計画のもと、このような方形の街区《がいく》が広範囲にわたって出現するのは日本の歴史のなかでも、おそらくはじめてのことであったであろう。好むと好まざるとにかかわらず、人ははじめて四周を道路に囲まれた方形の宅地といった環境の中で生活することになった。その結果として何がおこったのか。具体的にみてみよう。

ゴミ問題

飛鳥などでは、飛鳥宮をはじめとして皇子宮や有力氏族の邸宅なども、とくに方形の街区に囲まれているわけではないので、ゴミはその周辺の谷地形に一括して捨てられた。飛鳥宮の周辺、そしてその周囲でみつかる建物群から構成される遺跡の周辺の谷からは、おびただしい量の土器などが出土する。土器だけが捨てられたとは考えられないので、他のさまざまなモノと一括して捨てられたが、他のモノは腐って消滅してしまい土器など腐りにくいものだけが残ったと推定される。いずれにしても、土《ど》坑《こう》（穴）を掘ってゴミを捨てるということはあまりなかった。統計的にまったく例がなかったかといわれたらそこまでは言い切れないが、少ないことだけはまちがいない。

いっぽう、平城京などではゴミは一般的に宅地内に大きな土坑を掘って捨てるか、宅地を区画する条坊の側溝に捨てられた。平城京の宅地内にはいたるところに土坑が掘られ、中から大量の土器などが出土する。平城宮でも同じである。宅地内で穴を掘ってゴミを処理した後、また埋め戻せばまた更地となるわけで、有効なゴミの廃棄方法であったと推定される。

ただ、ここでひとつ注意しておきたいことは、ゴミを燃やした痕跡があまりないということである。モノには、たとえゴミとなっても生命が宿るものと認識されていたのであろうか。このあたりが現代とは大きく違うところである。

では、この変化がなぜ発生したのか。飛鳥では正方位を指向した空間整備はおこなわれていたが、いかなる方形街区も存在しなかった。そこで、住空間の周辺の谷地形などに簡単にゴミを捨てることができた。

しかし、条坊制が導入され方形街区がつくられると、宅地の周囲がまず道路によって囲まれてしまう。周囲に頻繁にゴミを捨てることは基本的に不可能となった。当時は現代のように定期的にゴミを回収していくシステムもない。そうかといって平城京の外まで捨てに行くこともできない。そこで、周辺の条坊の側溝や宅地内に大きな穴を掘ってゴミを捨てることになったのではないかと考える。

周辺の谷や川にゴミを捨てるのを「飛鳥型」とすると、宅地内に穴を掘ってゴミを捨てる、条坊の側溝にゴミを捨てる処理方法は、「平城京型」とも呼んでもよい。

「飛鳥型」と「平城京型」

条坊制の方形街区の導入にともなって、「飛鳥型」から「平城京型」へとゴミの廃棄方法が変化していた。住民の生活にかかわって、まさにゴミ問題が発生していた。

このような視点からゴミの捨てられ方を分析すると、先にもとりあげた前期難波宮《なにわのみや》では、明らかにゴミは上町《うえまち》台地の起伏に富む地形の低地部に一括して捨てられている。近年に発見され話題を呼んだ「戊申年」木簡《もっかん》や絵馬《えま》などは、まさに宮周辺の谷地形に廃棄されたものであった。そのような意味で難波宮でのゴミの処理方法は、先の分類では「飛鳥型」となる。このように、ゴミの捨てられ方からも、難波宮に条坊制がともなった可能性は低いといわねばならない。

上水の確保

さて、藤原京の宅地では多くの井戸がみつかっている。とくに宮内先行条坊にともなう建物群には、必ずといってよいほど井戸がともなう。

飛鳥などではもともと上水をはじめとした生活用水は、谷から流れ出る自然の浄水が利用されていた。そのため、飛鳥宮の発掘調査では内郭の北東に位置する石敷をともなう立派な井戸をのぞいて井戸の検出例はない。また、周辺の建物群でも井戸の存在をあまり聞かない。自然の浄水が利用されたのであろう。

ところが、藤原京がつくられると広い範囲にわたって土地造成がなされた。自然地形が大規模に改変されたため、浄水の確保が困難となった。しかも、上水の供給が整備されていたわけではないので、井戸を掘るしか水を確保する方法はなかった。平城京でも井戸の検出例は多い。これも同じ理由によるものであろう。すべてが井戸に変わったわけではないかもしれないが、条坊制が導入され井戸の利用が極端に増加したことは確実である。

トイレの発見

また、藤原宮でトイレの跡と推定される遺構がみつかっている。藤原京右京七条一坊では、大きな土坑がみつかり、汲み取り式のトイレが復元されている。藤原京右京九条四坊では道路側溝から溝を掘って、宅地内に水を引き入れ、そして、ふたたび宅地の外へと排出する水洗式のトイレがみつかっている。

排泄《はいせつ》行為も本来はトイレのような施設は必要ではなかった。しかし、都市空間が整備されてくると、衛生問題などにかかわってつくられたものと推定される。ただ、垂れ流しであることには変わりはないので、衛生環境は悪く、悪臭が漂っていたものと推定する。

実際、藤原京では、『続日本紀《しょくにほんぎ》』慶雲《けいうん》三年（七〇六）三月丁巳《ていし》条に「また、如聞《きくな》らく、『京城《きょうじょう》の内外《ないげ》に多く穢臭《えしゅう》有り』ときく」という記事があり、悪臭が漂っていたことがわかる。

伝染病の流行

このような衛生条件のもとで多くの人々が住むわけである。伝染病が流行るとひとたまりもなかった。藤原京でも慶雲三年閏正月庚戌《こうじゅつ》条に「京畿《けいき》と紀伊《きい》・因幡《いなば》・参河《みかわ》・駿河《するが》等との国、並に疫《えやみ》す」という記事がある。人々は、伝染病という見えない敵と闘わねばならなくなった。そのため人形《ひとがた》、馬形、舟形、鳥形という木製祭祀具を使って身についた病や穢《けが》れを水に流すまじないが流行した。また、墨書《ぼくしょ》人面土器、呪符木簡《じゅふもっかん》なども、穢れを流すという意味で水に流された。

藤原京の時代から、このような祭祀にかかわる遺物が大量に出土するようになる。飛鳥ではあまりみられなかった遺物である。これも、藤原京という都市空間が出現して、はじめて顕著となった現象といえる。

さらに、このような伝染病が都の中に入ってこないような祭祀もおこなわれるようになった。道饗祭《みちあえのまつり》である。藤原京でも都にアクセスする幹線道路である下ツ道や中ツ道においてそのような祓《はら》えの儀式がおこなわれたらしく、その側溝から金属製の人形やミニチュアの海獣《かいじゅう》葡萄《ぶどう》鏡《きょう》、木製の祭祀具をはじめとして、多種多様の祭祀遺物がまとまって出土している。王都を中心とした境界の祭祀が整備されるのもこの頃である。

森林伐採　藤原京という巨大な都市の出現によって、宮だけではなくその周辺に多くの建物が建てられた。その建築用材だけでも膨大な量であったと推定される。すべてが藤原京の造営のために用意されたものではなく、飛鳥宮とその周辺から移築されたものもあったが、その量は膨大なものであった。

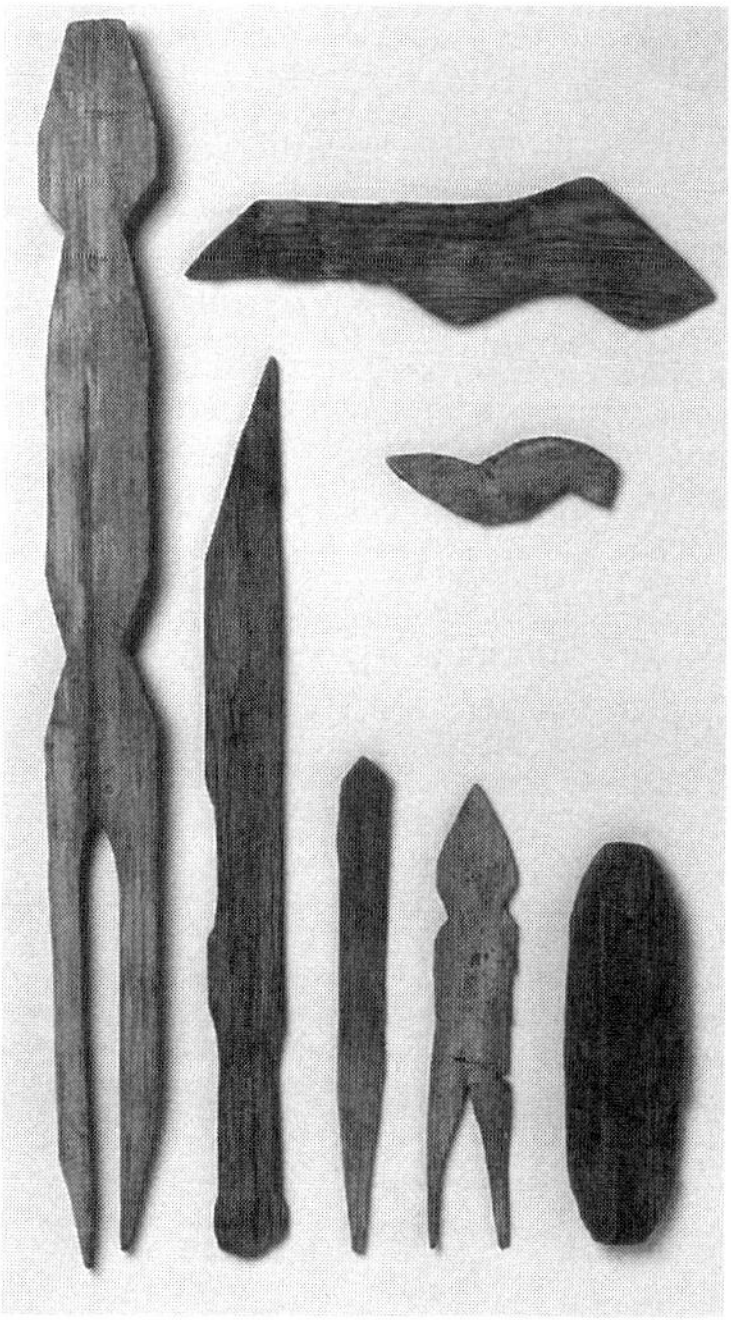

図65　斎串と人形
（奈良県立橿原考古学研究所）

すでに飛鳥・藤原地域では、推古《すいこ》がはじめて豊浦宮《とゆらのみや》を造営して以来、約一〇〇年にわたって多くの宮が営まれ、そして多くの寺院が造営されていた。そのため、その周辺ではすでに木材は不足がちとなっていたのであろう。

藤原宮の造営にあたっては、遠く近江国《おうみ》の田上山《たなかみやま》に求めたことが、『万葉集《まんようしゅう》』巻一―五〇「藤原宮の役民《やくみん》の作る歌」によって知ることができる。滋賀県南部の田上山で伐採した木材は、宇治《うじ》川を下り、巨椋《おぐら》池《いけ》に出て、そしてふたたび木津《きづ》川をさかのぼり、京都府南部の泉《いずみの》津《つ》で引き上げ、そこからは陸路で下ツ道を使って藤原宮へと運ばれた。

藤原宮の造営のための森林伐採はかなり激しかったようで、田上山は現在もその森林は復旧していないという。乱開発の典型である。洪水や土砂流出などの災害を引き起こしたものと推定される。

また、飛鳥宮とその周辺地域は、私たちの想像をはるかに越える規模で自然破壊が進んでいたのではないだろうか。その証拠として、飛鳥の丘陵や山などは、どこを掘っても飛鳥時代の土器が出土し、何らかの開発の手が加わっていたことを示す。今でこそみずみずしい木々に覆われ、豊かな自然に恵まれた飛鳥ではあるが、飛鳥時代、とくに斉明《さいめい》による飛鳥の整備、天武《てんむ》による飛鳥・藤原地域の整備以降は、飛鳥を含めて周辺の丘陵や山には樹木は、すでに伐採されてなく、地肌が露出する殺風景な景観が広がっていたのではないだろうか。このようなかたちで飛鳥を復元すると、これまでのイメージとはまったく違う、まさに古代都市・飛鳥となるのではないかと思う。

葬地の問題

その他にも、藤原京と葬地《そうち》の問題がある。藤原京が成立し、多くの人々が集まって住むようになると、そこに住んだ多くの人々はどこに葬るのかという、遺体の処理にかかわる問題が発生する。当時はまだ火葬は一般的ではなく、遺体を埋める土葬が中心であった。住まいのすぐ側に埋葬することは、思想的(穢《けが》れの観念)にも、また、衛生的にも健全な処理方法ではない。どこかに墓地をつくらなくてはならない。

このような人の死とその処理が大きな環境問題となることは、すでに平安京などでは指摘されている。平安京では処理されない死体が大きな問題となり、さまざまな史料にその実態が記されている。「屍臭《ししゅう》都市」とも「死骸都市」とも表現される惨状であった(勝田至『死者たちの中世』吉川弘文館　二〇〇三年、安田政彦『平安京のニオイ』吉川弘文館　二〇〇七年)。

都城の環境史

これらの問題を整理し、平城京、長岡京、平安京と変遷していく中で、それがどのように変化したのか。また、当時の王権は、こうした問題に対して、どのようなとりくみをしたのかを検討していけば、都城における環境問題・都市問題・社会問題について明らかにすることができる。そして、政治史的な視点とは違った角度から、それぞれの都城のもつ特質を明らかにすることができると考える。また、政治史的な視点とは違った歴史が描けるかもしれない。そのような研究を進めることによって、現代社会がもつ都市問題や社会問題に対しても、何らかの解決策がみつかるかもしれない。
藤原京は、わが国ではじめて本格的な都市問題、社会問題に直面した都市であった。その藤原京の実態をみていくことは、そのような問題を考えるうえでも無意味なことではなかろう。現代の都市問題・社会問題の原点は藤原京にあるといっても過言ではない。こうした点からも、環境史の視点からみた都城（古代宮都）の研究は意義があるものと確信する。

環境史というと、自然科学的な方法やコンピューターを駆使して、何か大がかりな分析をするというイメージがある。実際、中国では国家的なプロジェクトとして大きなスケールで研究が進められ、興味深い成果があがっている。もちろん、そういった学際的な研究も必要であることはいうまでもないが、こういった身近なところ、そして私たちの生活に密着したところにも研究の糸口は転がっているのである。それをていねいにとり上げ、分析の俎上《そじょう》にのせることが、まずもって重要なことではないだろうか。結局のところ、藤原京をはじめとした古代都城をとりまく環境史の問題とは、それをいかに現代の問題として、私たちの身近な問題としてとらえなおすかということにあるようだ。

まだ研究ははじまったばかりである。

あとがき

本書は、飛鳥の諸宮と藤原京の近年の発掘調査の成果を紹介するとともに、研究の現段階について整理を試みたものである。飛鳥の諸宮や藤原京だけではなく、難波宮や近江大津宮にもふれているので、古代宮都からみた飛鳥時代の歴史としてもみていただけると思う。

飛鳥時代は、わが国が中国や朝鮮半島の影響を受けつつ、律令国家という新しい国づくりをめざし、さまざまな改革をおこなった激動の時代であった。古代宮都もそれにともない大きく変化した。本書では、その過程をたどりつつ、意義を考えることを意図した。本書の試みが成功したかどうかは読者諸賢の判断にゆだねたい。忌憚のないご批判をお願いしたい。

さて、私は二〇〇三年からはじまった飛鳥宮の内郭中枢の発掘調査を担当することになった。調査は新たな知見の連続で、五年にわたって飛鳥宮の、しかもその中心部を発掘するという経験は、私にとって何ものにも代えがたい財産となった。そういった貴重な機会を与えてくれた奈良県立橿原考古学研究所に感謝したい。

また、飛鳥宮をはじめとした飛鳥・藤原地域の主だった遺跡は、「飛鳥・藤原の宮都《きゅうと》とその関連資産群」として二〇〇七年一月に世界遺産への登録の暫定リストに登載された。今後、この豊かな文化遺産を活用し、将来に生かしていく方法が大きな課題となろう。そのためにも、問題意識を明確にもった古代宮都の新しい研究を模索したいと思う。さらに、「飛鳥」とは何か、「飛鳥時代」とは、どういった時代であったのかということを私なりに構想できるよう努力したいと考える。

本書は、二〇〇二年一一月に国立歴史民俗博物館で開催された研究会「古代王権の空間支配」で報告した内容を基本としている。その後、それを発展させるかたちで、二〇〇五年二月、明治大学で開催された「古代都城のシンボリズム」でも報告をおこなった。また、藤原京については、同年三月に中央大学の「東アジアの都市史と環境史―新しい世界へ―」、同年七月に奈良女子大学の「古代の条坊制」で報告した内容が骨子となっている。また、飛鳥宮については、二〇〇七年三月に奈良女子大学の「都城制研究集会―宮中枢部の形成と展開―」で報告した内容をもとにしている。それぞれ個別の研究報告として別に発表しているが、それらを総括して一般の方々にも手に取っていただけるようまとめたのが本書である。これらの研究会では多くの先生方から有益なご意見をいただいた。本書に何ほどかの価値があるとするならば、そういった研究会でいただいた多くの刺激にあることは言うまでもない。貴重な機会を与えていただいた各代表の先生方には心から感謝したい。

また、最近は、山口大学で開催される東アジア比較都城史研究会から受ける刺激が大きい。日本考古学という枠組みの中に閉じこもりがちな私にとって、日本古代史・中国史・朝鮮史の先生方との研究会は、東アジアの中での日本都城という新しい展開をもたらしてくれた。環境史という視点も、中央大学での研究会、そして山口大学での研究会から生まれたものである。

本書執筆のきっかけは、二〇〇五年五月、吉川弘文館編集部の石津輝真氏から、執筆依頼のお手紙をいただいたことにはじまる。ちょうど、そのような文献がないのを残念に思っていたところであったので、お受けすることにしたが、飛鳥宮の発掘調査とも重なり、多忙を極め、二回、三回と原稿の締め切りをのばしてもらうはめになった。おそらく、石津さんの懇切丁寧な催促がなかったら、途中で挫折していたのではないかと思う。まずもって石津さんに感謝したい。

また、本書は多くの先学諸賢の研究成果に負っている。いちいちお名前は記さないが、その学恩に感謝したい。さらに私を支えてくれている家族にも感謝することをお許しいただきたい。

二〇〇七年九月

林　部　均

参考文献

(1)本書全体に関わるもの

井上和人『古代都城制条里制の実証的研究』学生社、二〇〇四年
今泉隆雄『古代宮都の研究』吉川弘文館、一九九三年
小澤　毅『日本古代宮都構造の研究』青木書店、二〇〇三年
鎌田元一『律令公民制の研究』塙書房、二〇〇一年
岸　俊男『古代宮都の探求』塙書房、一九八四年
岸　俊男『日本古代宮都の研究』岩波書店、一九八八年
岸　俊男『日本の古代宮都』岩波書店、一九九三年
木下正史『飛鳥・藤原の都を掘る』吉川弘文館、一九九三年
木下正史『藤原京―よみがえる日本最初の都城―』中央公論新社、二〇〇三年
妹尾達彦『長安の都市計画』講談社、二〇〇一年
寺崎保広『藤原京の形成』山川出版社、二〇〇二年
寺崎保広『古代日本の都城と木簡』吉川弘文館、二〇〇七年
仁藤敦史『古代王権と都城』吉川弘文館、一九九八年

早川庄八『天皇と古代国家』講談社、二〇〇〇年
橋本義則『平安宮成立史の研究』塙書房、一九九五年
林部　均『古代宮都形成過程の研究』青木書店、二〇〇一年
八木　充『研究史　飛鳥藤原京』吉川弘文館、一九九六年
山中　章『日本古代都城の研究』柏書房、一九九七年
吉川真司「律令体制の形成」『日本史講座一　東アジアにおける国家の形成』東京大学出版会、二〇〇四年
吉川真司「王宮と官人社会」『列島の古代史三　社会集団と政治組織』岩波書店、二〇〇五年
和田　萃『飛鳥—歴史と風土を歩く—』岩波書店、二〇〇三年

(2)本書に関わる著者の論文

「飛鳥の諸宮と藤原京の成立」広瀬和雄・小路田泰直編『古代王権の空間支配』青木書店、二〇〇三年
「古代宮都と前期難波宮—その画期と限界—」石野博信編『古代近畿の物流の考古学』学生社、二〇〇三年
「古代宮都と国家形成」『歴史評論』六五五号、二〇〇四年
「藤原京の『朱雀大路』と京域—最近の藤原京南辺における発掘調査から—」『条里制・古代都市研究』二〇、二〇〇四年
「古代宮都と天命思想—飛鳥浄御原宮における大極殿の成立をめぐって—」吉村武彦編『律令制国家と

古代社会』塙書房、二〇〇五年
「伝承飛鳥板蓋宮跡Ⅲ期の構造と変遷―後飛鳥岡本宮から飛鳥浄御原宮へ―」『飛鳥文化財論攷（納谷守幸氏追悼論文集）』二〇〇五年
「難波宮から飛鳥宮へ」『難波宮と飛鳥宮―新たな歴史像を語る―』大阪市文化財協会・大阪歴史博物館・都城制研究会、二〇〇六年
「飛鳥宮を考える―その調査成果と課題―」『飛鳥宮を考える』奈良県立橿原考古学研究所、二〇〇六年
「飛鳥の諸宮と藤原京―都城の成立―」吉村武彦・山路直充編『都城　古代日本のシンボリズム』青木書店、二〇〇七年
「飛鳥宮―大極殿の成立―」『都城制研究集会第一回　宮中枢部の形成と展開』奈良女子大学、二〇〇七年

著者紹介

一九六〇年、大阪府に生まれる
一九八三年、関西大学文学部史学地理学科卒業
二〇〇一年、博士（文学）
奈良県立橿原考古学研究所総括研究員を経て、
現在、国立歴史民俗博物館研究部考古研究系准教授

主要著書
古代宮都形成過程の研究
平城京誕生（共著）

歴史文化ライブラリー
249

飛鳥の宮と藤原京
よみがえる古代王宮

二〇〇八年（平成二十）二月一日　第一刷発行
二〇一一年（平成二十三）十月一日　第二刷発行

著　者　林《はやし》部《べ》　均《ひとし》
発行者　前　田　求　恭
発行所　株式会社 吉川弘文館
東京都文京区本郷七丁目二番八号
郵便番号一一三―〇〇三三
電話〇三―三八一三―九一五一〈代表〉
振替口座〇〇一〇〇―五―二四四
http://www.yoshikawa-k.co.jp/
印刷＝株式会社 平文社
製本＝ナショナル製本協同組合
装幀＝マルプデザイン

ISBN978-4-642-05649-6

歴史文化ライブラリー

1996.10

刊行のことば

現今の日本および国際社会は、さまざまな面で大変動の時代を迎えておりますが、近づきつつある二十一世紀は人類史の到達点として、物質的な繁栄のみならず文化や自然・社会環境を謳歌できる平和な社会でなければなりません。しかしながら高度成長・技術革新にともなう急激な変貌は「自己本位な刹那主義」の風潮を生みだし、先人が築いてきた歴史や文化に学ぶ余裕もなく、いまだ明るい人類の将来が展望できていないようにも見えます。このような状況を踏まえ、よりよい二十一世紀社会を築くために、人類誕生から現在に至る「人類の遺産・教訓」としてのあらゆる分野の歴史と文化を「歴史文化ライブラリー」として刊行することといたしました。

小社は、安政四年(一八五七)の創業以来、一貫して歴史学を中心とした専門出版社として書籍を刊行しつづけてまいりました。その経験を生かし、学問成果にもとづいた本叢書を刊行し社会的要請に応えて行きたいと考えております。

現代は、マスメディアが発達した高度情報化社会といわれますが、私どもはあくまでも活字を主体とした出版こそ、ものの本質を考える基礎と信じ、本叢書をとおして社会に訴えてまいりたいと思います。これから生まれでる一冊一冊が、それぞれの読者を知的冒険の旅へと誘い、希望に満ちた人類の未来を構築する糧となれば幸いです。

吉川弘文館

歴史文化ライブラリー

考古学

農耕の起源を探る イネの来た道——宮本一夫
縄文の実像を求めて——今村啓爾
O脚だったかもしれない縄文人 人骨は語る——谷畑美帆
吉野ケ里遺跡 保存と活用への道——納富敏雄
〈新〉弥生時代 五〇〇年早かった水田稲作——藤尾慎一郎
交流する弥生人 金印国家群の時代の生活誌——高倉洋彰
古　墳——土生田純之
銭の考古学——鈴木公雄
太平洋戦争と考古学——坂詰秀一

古代史

邪馬台国　魏使が歩いた道——丸山雍成
邪馬台国の滅亡 大和王権の征服戦争——若井敏明
日本語の誕生 古代の文字と表記——沖森卓也
日本国号の歴史——小林敏男
古事記の歴史意識——矢嶋　泉
古事記のひみつ 歴史書の成立——三浦佑之
日本神話を語ろう イザナキ・イザナミの物語——中村修也
〈聖徳太子〉の誕生——大山誠一
聖徳太子と飛鳥仏教——曾根正人
倭国と渡来人 交錯する「内」と「外」——田中史生
大和の豪族と渡来人 葛城・蘇我氏と大伴・物部氏——加藤謙吉
飛鳥の朝廷と王統譜——篠川　賢
飛鳥の宮と藤原京 よみがえる古代王宮——林部　均
飛鳥の文明開化——大橋一章
古代出雲——前田晴人
エミシ・エゾからアイヌへ——児島恭子
古代の蝦夷《えみし》と城柵《じょうさく》——熊谷公男
悲運の遣唐僧 円載の数奇な生涯——佐伯有清
遣唐使の見た中国——古瀬奈津子
白村江の真実　新羅王・金春秋の策略——中村修也
古代の皇位継承 天武系皇統は実在したか——遠山美都男
持統女帝と皇位継承——倉本一宏
高松塚・キトラ古墳の謎——山本忠尚
壬申の乱を読み解く——早川万年
骨が語る古代の家族 親族と社会——田中良之
家族の古代史 恋愛・結婚・子育て——梅村恵子
万葉集と古代史——直木孝次郎

歴史文化ライブラリー

古代の都はどうつくられたか 中国・日本・朝鮮・渤海——吉田　歓
平城京に暮らす 天平びとの泣き笑い——馬場　基
すべての道は平城京へ 古代国家の〈支配の道〉——市　大樹
古代の都と神々 怪異を吸いとる神社——榎村寛之
平安朝　女性のライフサイクル——服藤早苗
平安京のニオイ——安田政彦
天台仏教と平安朝文人——後藤昭雄
藤原摂関家の誕生 平安時代史の扉——米田雄介
安倍晴明 陰陽師たちの平安時代——繁田信一
源氏物語の風景 王朝時代の都の暮らし——朧谷　寿
古代の神社と祭り——三宅和朗
時間の古代史 霊鬼の夜、秩序の昼——三宅和朗

民俗学・人類学

歴史と民俗のあいだ 海と都市の視点から——宮田　登
神々の原像 祭祀の小宇宙——新谷尚紀
女人禁制——鈴木正崇
民俗都市の人びと——倉石忠彦
鬼の復権——萩原秀三郎
海の生活誌 半島と島の暮らし——山口　徹
山の民俗誌——湯川洋司
雑穀を旅する——増田昭子
自然を生きる技術 暮らしの民俗自然誌——篠原　徹
川は誰のものか 人と環境の民俗学——菅　豊
番と衆 日本社会の東と西——福田アジオ
記憶すること・記録すること 聞き書き論ノート——香月洋一郎
番茶と日本人——中村羊一郎
踊りの宇宙 日本の民族芸能——三隅治雄
日本の祭りを読み解く——真野俊和
江戸東京歳時記——長沢利明
柳田国男 その生涯と思想——川田　稔
婚姻の民俗 東アジアの視点から——江守五夫
アニミズムの世界——村武精一
海のモンゴロイド ポリネシア人の祖先をもとめて——片山一道

各冊一七八五円～一九九五円（各5％の税込）
▽残部僅少の書目も掲載してあります。品切の節はご容赦下さい。